唐龙尧　张祝平 等◎著

杭州市
公众人文社会科学素养
调查报告

Suvey of Humanities and
Social Science Literacy
of Hangzhou Citizens

社会科学文献出版社
SOCIAL SCIENCES ACADEMIC PRESS (CHINA)

《杭州市公众人文社会科学素养调查报告》
领导小组

组　　长　　魏皓奔

副组长　　辛　薇

成　　员　　唐龙尧　　杨泽伟　　陈宏萍　　张秋涛　　王晓华
　　　　　　梅　棣　　来小平　　章海萍　　沈志刚　　戚金海
　　　　　　仰忠明　　张关华　　方红星　　吴元标　　章剑清
　　　　　　朱宝华　　陈　炜　　张祝平

《杭州市公众人文社会科学素养调查报告》
课　题　组

组　　长　　唐龙尧

副组长　　杨泽伟　　张祝平

成　　员　　李一凡　　孙　虹　　钭利珍　　章　琼
　　　　　　沈　芬　　吴　爽　　秦均平　　潘玮丽

目　录

上篇　总论

下篇　分论

前　言

社会科学承载着"认识世界、传承文明、创新理论、咨政育人、服务社会"的重要使命，它的繁荣与发展既取决于社会科学研究的深化，又体现为社会公众对社会科学基础知识认识、理解、掌握和运用的程度。近十余年来，杭州市社会科学界认真贯彻落实《中共中央关于进一步繁荣发展哲学社会科学的意见》（中发〔2004〕3号）精神，紧紧围绕各级党委、政府的中心工作，依托杭州历史人文资源和社科人才优势，坚持贴近实际、贴近生活、贴近群众，务实创新，着力推进马克思主义时代化、中国化、大众化，探索实践社会主义核心价值体系大众化、具体化、生活化的"杭州路径"，不断提高社会科学普及工作的针对性、实效性和科学化水平，在服务杭州经济社会发展、提升城市文化生活品质、促进城乡公众人文社会科学素养提升和人文精神培育等方面发挥了积极作用。

党的十八届三中全会吹响了我国进入全面深化改革新时期的号角，改革的总目标是完善和发展中国特色社会主义制度，推进国家治理体系和治理能力现代化。为深入贯彻落实党的十八届三中全会精神，中共杭州市委做出了《关于全面深化重点领域关键环节改革的决定》，提出要再创十个方面的体制机制新优势，为实现高起点上的新发展和建设"东方品质之城、幸福和谐杭州"提供强大动力。改革的全面深化和推进是一个复杂的、综合的系统，要确保其始终沿着正确的轨道发展，实现社会治理体系和治理能力的现代化，人的素养水平，尤其是人的社会科学素养水平始终是关键性因素。

杭州市开展公众人文社会科学素养调查活动的目的，在于更好地把握当前全市的公众人文社会科学素养水平，知晓公众的人文社会科学知识和理论需求，掌握公众的理论倾向性，提出有针对性的措施，努力提升公众人文社会科学素养，引导社会思潮，传播先进文化，促进杭州文化名城强市建设，为全面深化改革凝聚力量。其实，调查活动本身也是一次大规模的社会科学普及过程，扩大了公众对社会科学的认知和理解，无论是对于调查活动的组织者、调查人员，还是对于受访者来说，都是一次社会科学知识的再教育，此次调查活动在社会上引起了广泛的关注和期待。

本次调查以入户调查为主，共发放问卷 2000 份，同时辅以个案访谈和座谈会形式，样本按统计抽样方法选取，覆盖了杭州市 13 个区、县（市）。整个调查研究从公众获取人文社会科学知识的渠道、公众对人文社会科学的认知和理解、人文社会科学对公众行为与态度的影响，以及公众对人文社会科学知识普及的需求等方面进行考察，比较系统地反映了杭州市公众人文社会科学素养的整体状况，也比较全面地了解了杭州市公众对人文社会科学知识普及的需求状况，包括公众学习人文社会科学知识的目的、偏好、需求特性等，并研究了人文社会科学知识传播的有效渠道，提出了一系列具体对策建议，使我们今后开展人文社会科学普及工作的目标更加明确、思路更加清晰。

此次调查活动是在中共杭州市委宣传部的大力支持下完成的，杭州市委常委、宣传部部长翁卫军对调查活动非常重视，亲自审定了"调查实施方案"，市委宣传部常务副部长魏皓奔亲自担任调查活动领导小组组长，各区、县（市）委宣传部密切配合、通力协作，确保了调查工作的高效、高质开展。调查样本有效回收率高、覆盖面广，涵盖了城乡各阶层、各群体人员。本次调查活动也是杭州市社会科学界联合会、杭州市社会科学院深入开展党的群众路线教育实践活动的具体举措，广大社会科学工作者和研究人员都参与了调查活动的全过程，并以此为契机，深入基层、下乡进企入校、走村入户，与城乡公众零距离接触，开展社会科学普及工作，既增强了情感交流，也深切地感受到了广大公众对于人文社会科学知识的渴求和自身的责任与使命。在调查活动中，杭州师范大学与浙江大学城市学院的师生也积极参与，为调查工作的顺利开展贡献了力量。本书正是在大家高质量调研的基础上，由课题组的专家们精心撰写而成，力争做到结构严谨、资料翔实、数据准确、分析透彻、深入浅出、简洁明了。

杭州市公众人文社会科学素养调查是一次全市范围较大规模的社会抽样调查，为便于参考和比较，调查问卷借鉴同期开展的浙江省人文社会科学素养调查样卷知识点，在此基础上做了删减，补充了具有杭州地域特征的若干知识点，既具有全省的一般性，又具有杭州特色。"他山之石，可以攻玉"，在调研报告撰写过程中，我们也认真阅读了相关文献，比较和借鉴了同类城市公众人文社会科学素养培育的相关资料。当然，调研工作是一项复杂的系统工程，由于经验不足，可资参考利用的相关资料也非常有限，因而这项工作还存在诸多缺陷。例如，问卷设计过于烦琐，在科学性、系统性、严密性方面还有待完善；统计分析工作还有大量的可进一步深入之处，对人文社会科学普及和公众人文素养培育提升的相关基础理论的研究和掌握还需要进一步加强。我们也认识到，公众人文社会科学素养及需求状况的调查是深入开展社会科学普及的一项基础性的工作，需要长期持续地进行，唯有如此，才能促进社会科学普及工作的内容创新和方式方法创新，在全社会营造普遍重视和积极开展社会科学普及工作的浓厚氛围，增强社会科学普及工作的生机与活力。

第一章　绪论

第一节　公众人文社会科学素养的界定

一　人文社会科学素养的基本内涵

人文社会科学是人类对社会和自身存在与发展的规律性认识，是人类在社会实践中长期形成的系统的知识体系，而公众人文社会科学素养就是公众所具有的人文社会科学知识水平以及在此基础上形成的价值取向和社会实践能力，是指公众对人文社会科学知识、方法和精神的认识、理解、掌握和应用程度的外在表现，它是"知"和"行"的统一体。可以说，人文社会科学素养主要是通过后天的实践得到的，是建立在一定知识拥有和内化的基础上所形成的一定学识和修养，反映了一个人的人格、气质、情感、世界观、人生观、价值观等方面的品质和能力。它一般包括知识结构、价值观念（包括信仰体系、道德准则等）、思维方式、国家意识、公民意识（包括主体意识、权利与义务意识、民主与法制观念）等，在深层次上决定着人们的生活态度和生活方式。公众人文社会科学素养有益于提高公众对人文社会科学知识体系认识、理解、掌握和应用的能力和程度，也有益于公众形成认识世界和认识社会的科学理性方法。

科学对社会的影响取决于两个方面：一是科学技术发展的水平；二是科学技术为公众理解的程度，即公众的科学素养水平。因此，公众人文社会科学素养不仅是一个知识体系，而且是一个实践体系，它是衡量一个国家发展水平的重要指标，也是决定公民能否适应现代社会生活的基本指标之一。任何一种科学知识，只有走出实验室和研究所，运用到社会生产和生活实践中去，并为更广泛的普通公众所认知，才能得到检验，不断完善和发展。我们对一个人的人文社会科学素养的考察，不仅要看其了解多少人文社会科学知识，而且要看其是否具备有效地使用它们解决实际问题、调适和环境互动关系的能力。国际经济合作组织、国际学生科学素养测试大纲、欧盟国家科学素质调查领导人 J. 杜兰特和国际科学素养促进中心主任米勒（Miller）教授都曾对科学素养的含义做过界定。其中，米勒教授认为，科学素养是公众所应具备的最基本的对于现代科学事业的理解能力，它包括以下三方面的内容：一是理解科学概念和观点的能力，这是把握科学的基础；二是理解科学研究的一般过程和方法的能力；三是理解科学技术的科学效力的能力。米勒教授的"公众理解科学"（Public Understanding of Science，PUS）模式①已逐渐成为国际社会测定公众科学素养的基本参照标准。20 世纪 90 年代以来，国外又有学者提出了公众科学素养的"KAP"模式，其中 K（Knowledge）是指公众对科学知识的理解；A（Attitude）是指公众对科学知识及其社会效应的态度；P（Practice）是指公众是否以科学的方式从事生活实践。"KAP"模式是"PUS"模式的衍生和拓展，它更能反映公众的人文社会科学素养状况。

二 公众人文社会科学素养的测量方法

在三大科学当中，自然科学独立发展和取得合法地位的历史最久，投入的人力、财力、物力最多，取得的成就和达到的水平也最高。由此带来一个不可避免的现象就是：自然科学在人类全部科学系统中处于基础性和前提性的地位，它对社会科学和人文科学具有理论先导、实践开拓、建构范型和物质保障等多方面的重要作用。这主要表现在：自然科学作为技术之母和首要生产力，是社会科学和人文科学发展必不可少的物质技术条件；自然科学的许多定量分析方法和理论建构方法，是社会科学和人文科学摆脱单纯的经验描述、模糊定性、主观思辨状态所必须借鉴和运用的方法；社会科学和人文科学要逐步走向成熟、完善和现代化，更要广泛学习和吸收自然科学的知识、方法、范式、经验以及组织方式、方针政策和调控机制。

---

① Miller J. D. ，"The Measurement of Civic Scientific Literacy"，*Public Understanding of Science*，1998，7（3）．

米勒教授认为，一个具备基本科学素养的人，应该同时具有足够的可以阅读报刊上各种不同科学观点的词汇量和理解科学技术术语的能力、理解科学探究过程的能力，以及关于科学技术对人类生活和工作所产生的影响的认识能力。因此，在他的 PUS 测量方法中，只有当各方面的能力都达到标准（答题正确率≥67%）时，该个体才被认为具备良好的科学素养。一般来说，某一地区的公众科学素养水平用该地区具备良好科学素养的人数百分比来衡量[1][2]。

美国科学促进协会为美国"2060 计划"出版的核心著作《面向全体美国人的科学》[3] 的第七章着重介绍了人类社会，至此社会科学介入了科学素养领域。根据学科的划分，通常把公众科学素养分为自然科学素养和人文社会科学素养。先前的研究中所谓的科学素养大多特指自然科学素养。公众人文社会科学素养指的是公众对人文社会科学知识、方法和精神的认识、理解、掌握和应用程度的外在表现[4]。目前，我国对公众人文社会科学素养的测量方法主要参考米勒教授的方法，从公众对人文社会科学基本知识和基本概念的了解、对人文社会科学知识及其社会效应的态度，以及公众如何以科学的方式生活和工作三个维度展开调查。但是，我国对公众人文社会科学素养测量的研究尚处于起步阶段，相较于米勒教授的测量方法，到目前为止所有相关测量工作中存在以下不足：第一，维度的确定依赖于学者主观的判断而没有客观的数据支持，因而缺乏一定的结构效度，并且维度的划分不统一；第二，题目的难度系数、信度、效度等都未经过测定；第三，常模缺失，达标的衡量标准不统一，有些学者定义"具备基本人文社会科学素养的人"为各个维度都达标（答题正确率≥67.7% 或 75%）的个体，有些学者定义的标准是总体正确率≥75% 的个体，而有些学者则不采用任何衡量标准，只描述和比较答题正确率；第四，有学者指出，先前的研究方法对参与者的达标率要求极为苛刻，致使达标率极低，因

①　Miller J. D., "The Measurement of Civic Scientific Literacy", *Public Understanding of Science*, 1998, 7 (3).

②　Miller J. D., "Scientific Literacy: A Conceptual and Empirical Review", *Daedalus*, 1983, 112 (2).

③　美国科学促进协会:《面向全体美国人的科学》，中国科学技术协会译，科学普及出版社，2001。

④　黄卉:《南京公众人文社会科学素养现状及其提升路径研究》，南京师范大学硕士学位论文，2007。

而提出一种创新的测量指数模型，但这一模型缺乏一定的理论依据和实证数据验证①。可见，公众人文社会科学素养的测量工作存在测量工具的可信度和有效度低、衡量标准不规范等问题。测量结果缺乏说服力，各个测量结果之间无法进行比较。

第二节　公众人文社会科学素养调查的意义和开展情况

一　公众人文社会科学素养调查的意义

人文社会科学的繁荣发展是社会主义文化大发展大繁荣的重要组成，在全面建成小康社会、实现中国梦的伟大进程中具有不可替代的作用。提升公众人文社会科学素养是繁荣发展人文社会科学的基础工程，是提升国家文化软实力、建设社会主义文化强国的重要手段，是满足人民群众日益增长的精神文化需要的重要途径，在提高国家自主创新能力、实现经济社会全面协调可持续发展、建设创新型国家和构建社会主义和谐社会等方面具有举足轻重的作用。

党的十八大报告在论述扎实推进社会主义文化强国建设时深刻指出，"建设社会主义文化强国，关键是增强全民族文化创造活力"，"让一切文化创造源泉充分涌流，开创全民族文化创造活力持续迸发、社会文化生活更加丰富多彩……科学文化素质全面提高、中华文化国际影响力不断增强的新局面"。报告强调，丰富人民精神文化生活，就是要"普及科学知识，弘扬科学精神，提高全民科学素养"。2012 年习近平同志在中央书记处听取中国科协党组汇报后的讲话中也曾指出，要在全社会大力弘扬科学精神，普及科学知识，倡导移风易俗，抵制封建迷信，为提高全体人民思想道德素质和科学文化素质发挥积极作用。党和国家的重要战略部署以及中央领导同志的重要讲话精神，进一步彰显了全民科学素质工作的重要性。人文社会科学素养作为科学素质的重要组成部分，具有学科涵盖面广等特点，包括文学、历史学、哲学、法学、教育

---

① 马世骁、董文艳等：《公众人文社会科学素养指数建立与实证分析》，《调研世界》2011 年第9 期。

学、经济学、管理学七大学科门类中的基本概念、基础方法和热点问题。它还包含世界观、人生观、价值观等根本问题的丰富内容，为人们的活动提供科学认识、价值观念和行为规范，培养人们形成正确的世界观、人生观和价值观，同时也为教育人们树立科学的理想、信念和信仰提供必要手段与知识源泉。也就是说，人文社会科学的理论和方法一旦为社会实践主体所掌握并运用于指导人类生活与实践活动，就会从"认识世界、传承文明、创新理论、咨政育人、服务社会"等方面发挥关怀人生、推进历史发展、促进社会前进的积极作用。

二　公众人文社会科学素养调查的开展情况

　　国际上对公众科学素养的研究始于 20 世纪 70 年代，目前尚处于研究完善阶段。我国对公众科学素养的研究始于 20 世纪 90 年代。美国从 1972 年开始每两年进行一次公众科学素养调查，至今没有停止过，其调查结果体现在《科学和工程学指标》（*Science and Engineering Indicators*）报告中。欧盟（欧共体）分别于 1992 年和 2001 年对其成员进行了公民科学素养和科学技术态度调查，并于 2001 年 12 月 4 日正式制订了"科学和社会行动计划"（Science and Society Action Plan）。中国科学技术协会于 1992 年开启了"中国公众科学素养调查"，每五年开展一次[1]。然而，对于公众人文社会科学素养的调查始于 2000 年，目前尚处于起步阶段。全国范围内已有河北省（2000年）[2]、浙江省（2003 年）[3]、安徽省（2004 年）[4]、江苏省南京市（2005年）[5]、山东省（2006 年）[6]、广西壮族自治区柳州市（2006 年）[7]、天津市

---

① 中国科学技术协会中国公众科学素养调查课题组编《2001 年中国公众科学素养调查报告》，科学普及出版社，2002。
② 河北省社科联课题组：《河北：城市公众社科素养不容乐观》，《社会观察》2004 年第 10 期。
③ 薛飞：《浙江省公众人文社会科学素养基本状况分析》，《浙江社会科学》2004 年第 9 期。
④ 安徽省社科联课题组：《安徽省城乡公众社会科学素养与需求调查报告》，《学术界》2004 年第 3 期。
⑤ 刘颂：《南京城区公众人文社会科学素养状况的调查与分析》，《南京人口管理干部学院学报》2005 年第 3 期。
⑥ 《山东省首届公众人文社会科学素养及需求调查》，http：//www.docin.com/p－23434574.html。
⑦ 谭界忠：《柳州市公众人文社会科学素养状况调查分析》，《经济与社会发展》2007 年第 7 期。

(2008 年)①、江苏省（2009 年）②、贵州省（2009 年）③、江西省（2011年)④、上海市（2011）⑤ 等十余个地区公布了公众人文社会科学素养的调查结果。其中，以 2003 年浙江省的调查影响最大，之后江苏省南京市、山东省、广西壮族自治区柳州市、江苏省等地区的调查都在很大程度上参考了浙江省 2003 年的研究方法。各地的调查结果可以归纳如下：第一，各地区的公众人文社会科学素养水平偏低；第二，城乡差距较大；第三，女性的人文社会科学素养略低于男性；第四，公众的人文社会科学素养和年龄成反比，和文化程度成正比。这些调查结果和我国公众自然科学素养的状况基本一致。

纵观各项调查，我们发现存在以下几个方面的问题。第一，调查的开展不成体系。目前这些地区的调查基本没有后续调查和纵向比较，从而无法获得某一地区公众人文社会科学素养的动态变化。第二，样本取样存在偏差。有些地区取样时只针对个别职业的群体，而不同职业群体的文化程度背景可能截然不同，从而导致得到的样本缺乏代表性。第三，调查手段及方法不规范。正如前文所述，目前采用的测量方法存在可信度和有效度不足、缺乏规范的衡量标准等问题。毋庸置疑，各地公众人文社会科学素养调查活动的开展，对于把脉当地公众人文社会科学素养及需求状况，加强人文社会科学工作的针对性、实效性起到了较好的作用。同时，通过向社会公开发布当地公众人文社会科学素养调研成果等形式，也扩大了地方影响力。

第三节　公众人文社会科学素养调查的基础数据和研究方法

本次调查的范围是杭州市 6 个主城区和 7 个县（市、区）18～69 岁的成

① 《天津公众人文社会科学素养总体达标率为 9.9%》，http：//www. tj. xinhuanet. com/2008 – 10/15/content_ 14640937. htm。
② 《江苏省公众人文社会科学素养及需求调查问卷》，http：//www. docin. com/p – 20658859. html。
③ 魏兰：《贵州公众人文社会科学素养如何》，《当代贵州》2009 年第 11 期。
④ 祝黄河、黄万林等：《江西省公众人文社科素养及需求调查》，《社会工作》（实务版）2011 年第 10 期。
⑤ 《上海首次发布"市民人文社会科学素养调查"报告》，http：//news. xinhuanet. com/photo/2011 – 12/19/c_ 122448271. htm。

年公众（不包括智力障碍者）。本研究共计发放问卷 2000 份，收回有效问卷 1987 份，有效率达 99.4%。其中 6 个主城区 741 份，占样本总体的 37.3%；7 个县（市、区）1246 份，占样本总体的 62.7%。各个地区的样本有效率均在 95% 以上。调查范围及样本的地区分布见表 1-1。

表 1-1　调查范围及样本的地区分布

单位：份，%

地区		发放问卷数量	有效问卷数量	问卷有效率
主城区	上城区	100	99	99.0
	下城区	100	99	99.0
	江干区	200	200	100
	西湖区	150	143	95.3
	拱墅区	100	100	100
	滨江区	100	100	100
县（市、区）	萧山区	250	250	100
	余杭区	200	200	100
	富阳区	200	200	100
	临安市	150	150	100
	建德市	150	150	100
	桐庐县	150	150	100
	淳安县	150	146	97.3
合　计		2000	1987	99.4

一　基础数据

（一）样本性别分布

在本次调查的受访者中，男性占 43.1%，女性占 56.9%（见图 1-1）。

（二）样本年龄分布

在年龄方面，以青年和中年群体为主，20～39 岁的受访者占 52.9%，40～59 岁的占 28.6%，20 岁以下和 60 岁及以上的分别占 9.7% 和 8.9%（见图 1-2）。

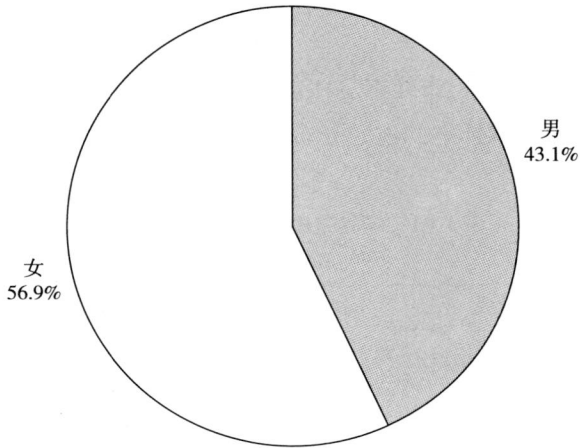

图 1－1　样本性别分布

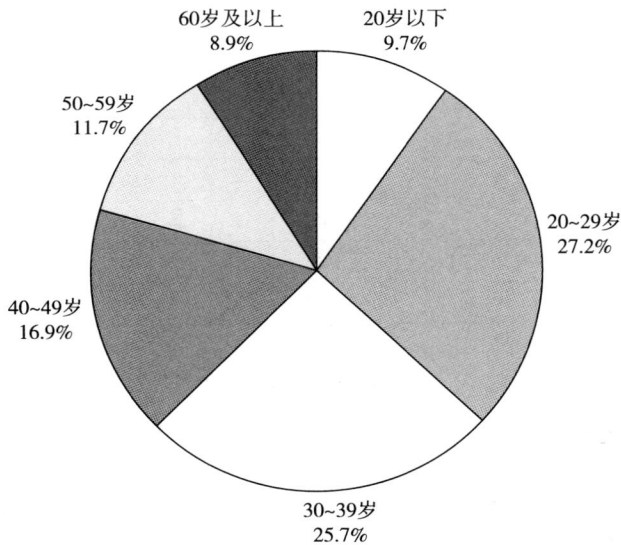

图 1－2　样本年龄分布

（三）样本婚姻状况

在婚姻状况方面，已婚者占 65.3%，未婚者占 30.1%，其他情况的受访者占 4.7%（见图 1－3）。

离异
3.4%
丧偶
1.1%
其他
0.2%

未婚
30.1%

已婚
65.3%

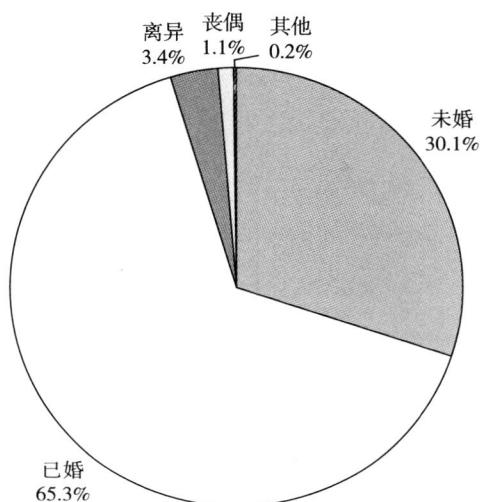

图 1-3 样本婚姻状况

（四）样本受教育程度

在文化水平方面，大专和本科文化水平的受访者占大多数，分别占 20.9% 和 34.3%；硕士及以上的占 7.3%；初中、高中和中专的占 33.8%；小学及以下的占 3.7%；其他占 0.1%（见图 1-4）。

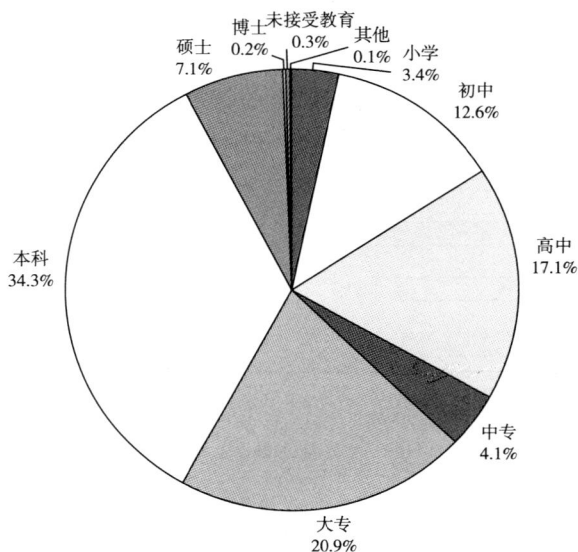

硕士
7.1%
博士
0.2%
未接受教育
0.3%
其他
0.1%
小学
3.4%
初中
12.6%

本科
34.3%

高中
17.1%

中专
4.1%

大专
20.9%

图 1-4 样本受教育程度

（五）样本职业分布

从职业方面来看，不同类型、不同行业、不同层次的受访者分布较为均匀，其中办事人员、学生和待升学人员以及专业技术人员占较大比例（见图1-5）。

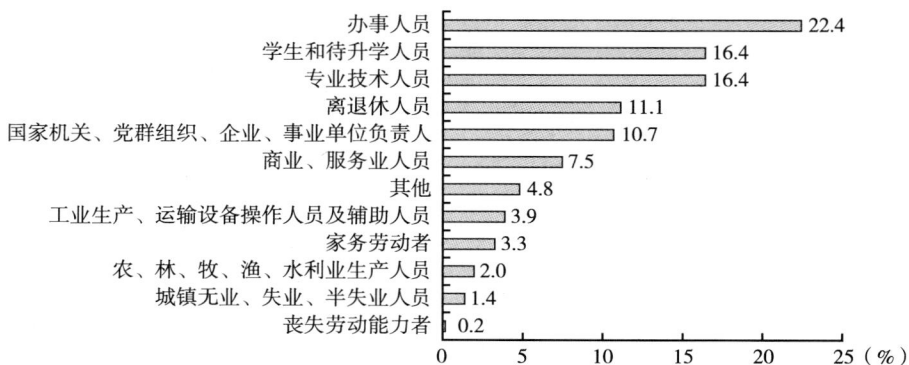

办事人员 22.4
学生和待升学人员 16.4
专业技术人员 16.4
离退休人员 11.1
国家机关、党群组织、企业、事业单位负责人 10.7
商业、服务业人员 7.5
其他 4.8
工业生产、运输设备操作人员及辅助人员 3.9
家务劳动者 3.3
农、林、牧、渔、水利业生产人员 2.0
城镇无业、失业、半失业人员 1.4
丧失劳动能力者 0.2

图1-5 样本职业分布

（六）样本收入水平

就收入水平而言，以月收入为2001～3500元和3501～5000元为主，大致呈现"纺锤形"结构（见图1-6）。

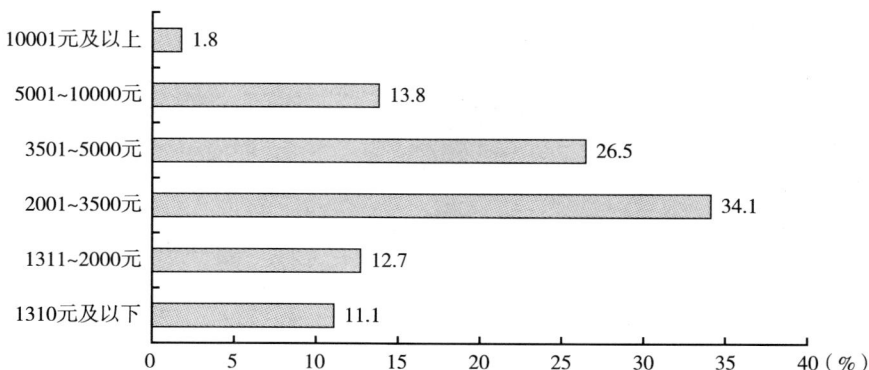

10001元及以上 1.8
5001~10000元 13.8
3501~5000元 26.5
2001~3500元 34.1
1311~2000元 12.7
1310元及以下 11.1

图1-6 样本收入水平

总体而言，本次调查的样本结构基本符合杭州市总体人口结构，样本的代表性较高。

二　研究方法

本研究采取多阶段分层整群随机抽样的方法，以入户访谈和问卷调查的形式为主，于 2013 年 10～12 月赴杭州市 6 个主城区和 7 个县（市、区），根据各个地区的相对人口规模分配问卷发放数。入户要求受访者填写调查问卷（调查问卷详见附录二），力求客观、真实、全面地把握目前杭州市公众人文社会科学素养水平。同时，也为今后有针对性地开展人文社会科学普及工作提供客观依据。

本次调查的目的是考察杭州市公众人文社会科学素养现状，并探索公众在人文社会科学方面的需求，以期提出切合实际的、有价值的政策建议。参考浙江省人文社会科学素养调查样卷编制"2013 年杭州市公众人文社会科学素养与需求调查问卷"，在考察杭州市公众人文社会科学素养现状方面，本次研究的问卷设计和 2003 年浙江省公众人文社会科学素养调查问卷设计一致，共设 59 题，主要涉及知识、态度和实践能力三个层面，覆盖社会学、政治学、法学、历史学、哲学、经济学等学科。人文科学实际上和极具普遍性的自然科学不同，它是一种地区色彩较浓的科学[1]。而且，对于地域人文社会环境的深入而清晰的认识有助于公众的人文社会科学实践。因此，我们认为公众人文社会科学素养还包括对地域的认知，鉴于此，我们另外增加了杭州市公众的地域认知板块。

在探索公众对人文社会科学的需求方面，问卷设计主要从公众对人文社会科学知识的兴趣所在和信息来源，以及科普工作的着力点展开。

数据采用 SPSS13.0 和 Excel 统计软件进行分析。

---

[1]　王国席：《人文科学概论》，合肥工业大学出版社，2007。

上篇　总　论

第二章　杭州市公众人文社会科学素养总体状况

第一节　杭州市公众对人文社会科学知识的掌握情况

杭州市公众人文社会科学知识掌握情况包括"术语的了解"、"观点的掌握"和"常识的理解"三个维度。其中"术语的了解"维度下有 5 道题目，"观点的掌握"和"常识的理解"维度下各有 9 道题目。对以往的研究进行分析可知，公众人文社会科学素养目前还没有一个具有说服力的、科学的衡量标准。因此，我们在此只报告答题正确率，而不设置任何达标标准。

一　总体状况

本次调研的问卷是基于 2003 年浙江省公众人文社会科学素养调查问卷进行修改完善的①，而且杭州是浙江省这个整体中的一部分，所以本次调查结果

---

① 公众人文社会科学认知状况部分做了如下修改。（1）在"观点的掌握"这一维度中，判断题"所有的法律都是根据宪法制定的"在 2003 年浙江省的调查结果中的答题正确率为 72.9%，远远高于该维度其他题目的答题正确率，这说明该观点在十年前就已经为大多数人所接受。考虑到该题目因此在本次调查中可能缺乏鉴别力，同时为了平衡三个维度的题目　（转下页注）

和 2003 年浙江省的调查结果有较大的可比性。通过和 2003 年浙江省公众人文社会科学素养的调查结果进行比较,我们可以对杭州市公众人文社会科学素养的总体情况有一个较为清晰的认识。

相较于十年前浙江省的情况,杭州市公众人文社会科学知识掌握情况有了明显的改善。图 2-1 展示了 2013 年杭州市和 2003 年浙江省公众人文社会科学知识掌握情况及其三个维度的平均答题正确率。调查显示,2013 年杭州市公众人文社会科学知识掌握情况尚可,在"术语的了解"、"观点的掌握"和"常识的理解"三个维度上的答题正确率都在 50% 以上,总体答题正确率为 69.5%。而十年前浙江省的调查结果中,答题正确率都在 50% 以下,总体答题正确率为 42.6%(见附录一:附表 1)。

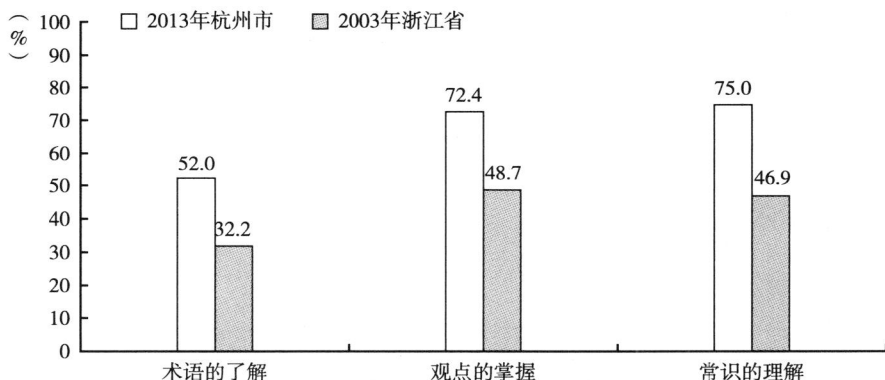

图 2-1 2013 年杭州市和 2003 年浙江省公众人文社会科学知识掌握情况的比较

相较于 2003 年浙江省的情况,2013 年杭州市公众人文社会科学知识掌握情况,在"术语的了解"维度上要高出 19.8 个百分点;在"观点的掌握"维

(接上页注①)数,最终删除该题目。(2)在"常识的理解"这一维度中,"浙江省内哪个城市曾是我国古代六大古都之一"(答案为杭州)可能会受实验者效应的影响。也就是说,本次调查是由杭州市委宣传部和杭州市社会科学界联合会联合发起、杭州市社会科学院承办的,受访者可能会因此预期"杭州"这一选项是调查人员想要的调查结果,从而倾向于选填"杭州"这一答案,造成一定的测量偏差。为此,将这道题修改为"西湖属于哪一类世界遗产"(答案为世界文化遗产)。(3)其他题目和 2003 年浙江省的调查问卷中所对应的题目基本保持一致,但提问的形式有一定的变化。

度上，2013 年杭州市调查所使用的问卷中删除了 2003 年浙江省调查所使用的问卷中答题正确率最高的一个题目，即便如此，仍然要高出 23.7 个百分点；在"常识的理解"维度上更是高出 28.1 个百分点。总体而言，2013 年杭州市公众人文社会科学知识掌握水平比 2003 年浙江省要高出 26.9 个百分点。同时，2013 年杭州市的调查结果中，每一题的答题正确率都比 2003 年浙江省相应题的答题正确率要高（见附录一：附表1）。因此认为，相较于十年前浙江省的情况，杭州市公众人文社会科学素养知识掌握情况有了明显的改善。这与十年来科学的发展、社会的进步及社会科学知识的普及有密切的关系。

但从调查结果来看，杭州市公众对人文社会科学类术语的了解仍然欠缺。在"术语的了解"维度上，杭州市公众的答题正确率平均为 52.0%，远远低于其他两个维度的答题正确率。这在一定程度上反映出，杭州市公众对术语的了解较为欠缺。原因可能是，对术语的理解和记忆本身就较为困难，而公众在接触某些术语时，又没有得到相应的、较为规范的解释，从而无法准确了解这些术语的具体含义。

二 群体差异分析

（一）受教育程度差异

考虑到受教育程度可能是影响公众人文社会科学素养的主要因素，我们首先考察了杭州市公众人文社会科学知识掌握水平和受教育程度的关系。从图2-2可以看出，随着文化水平的提高，公众人文社会科学知识掌握水平有明显的提升。值得注意的是，本科和研究生教育对"术语的了解"的提升作用尤其显著。

（二）主城区与县（市、区）差异

调查结果显示，主城区公众在"术语的了解"、"观点的掌握"和"常识的理解"三个维度上的答题正确率都要高于县（市、区）公众，并且主城区公众在每一道题目上的答题正确率也都高于县（市、区）公众（见图2-3）。总的来说，主城区公众（73.1%）的人文社会科学知识掌握水平要比县（市、区）公众（67.6%）高5.5个百分点。

然而，主城区大专及以上（大专、本科、研究生及以上）文化水平的人数占73.1%，县（市、区）大专及以上文化水平的人数占56.0%，主城区和

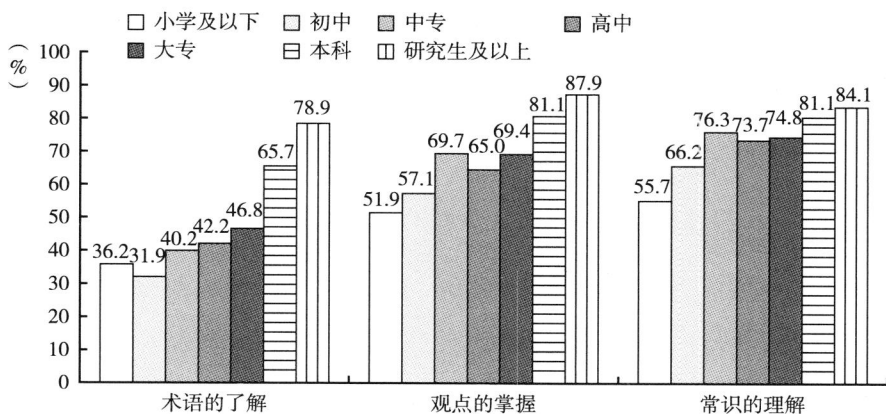

图 2 - 2　杭州市公众人文社会科学知识掌握情况的受教育程度差异

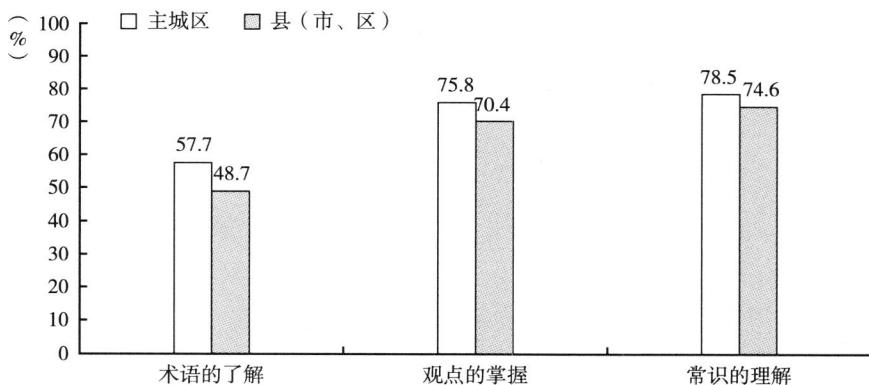

图 2 - 3　杭州市公众人文社会科学知识掌握情况的城乡差异

县（市、区）公众在受教育程度上有较大的差异（见附录一：附图 1）。因此认为，除了经济水平和社会文化的影响外，公众受教育水平的差异是造成杭州市主城区和县（市、区）公众人文社会科学知识掌握水平差异的原因之一。

（三）性别差异

在"术语的了解"维度上，男性的答题正确率比女性高 6.6 个百分点，并且 5 道题的答题正确率都要高于女性。在"观点的掌握"和"常识的理解"维度上，虽然在大部分题目上男性的答题正确率略高于女性（见图 2 - 4），但并非所有题目的答题正确率都是男性高于女性（见附录一：附表 2）。

总的来说，男性的人文社会科学知识掌握水平要略高于女性（男性71.7%、女性68.1%），但是这种差异并不明显。值得注意的是，在"哪个国家不是安理会常任理事国"（答案是德国）这个问题上，男性的答题正确率要比女性高23.9个百分点，这个差值要远远大于其他题目的正确率差值（见附录一：附表2）。男性和女性在各种人文社会科学知识上可能存在兴趣点和关注点的差异。

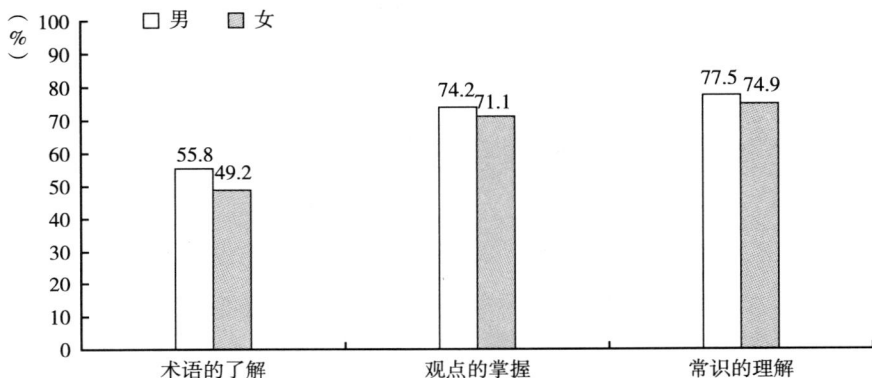

图2-4　杭州市公众人文社会科学知识掌握情况的性别差异

杭州市男性和女性的受教育程度基本趋同（见附录一：附图1），但在职业分布上有一定的差异（见附录一：附图2）。相对而言，男性担任国家机关、党群组织、企业、事业单位负责人的比例要明显多于女性，而女性更多的是担任办事人员的职务。不同的职业要求导致了对术语了解程度的差异，也导致了兴趣点和关注点的差异。

（四）年龄差异

从调查情况看，20岁以下的群体还处于人文社会科学素养的急速提升期，特别是在"术语的了解"维度上显著低于其他年龄段的群体（60岁及以上群体除外）。20~39岁的群体人文社会科学知识掌握水平最高，40~59岁的群体次之，60岁及以上的群体最低（见图2-5）。调查结果显示，随着年龄的增长，公众人文社会科学知识掌握水平在总体上呈下降趋势，公众的年龄差异可能是造成人文社会科学知识掌握水平差异的主要原因之一（见附录一：附图1）。

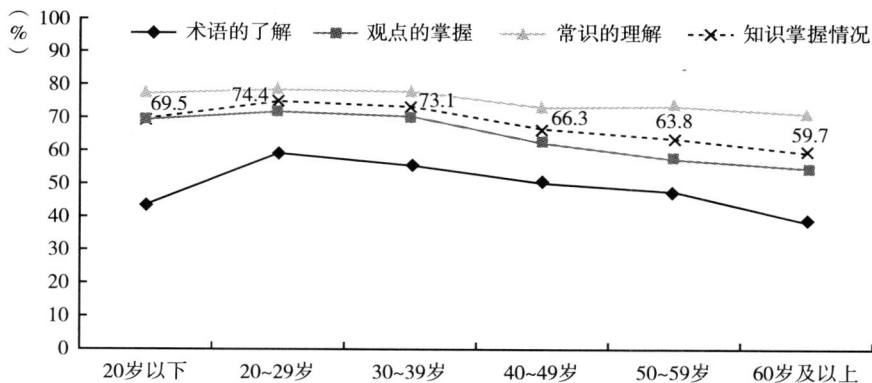

图 2-5 杭州市公众人文社会科学知识掌握情况的年龄差异

第二节 杭州市公众对人文社会科学知识的
综合运用状况

提高公众人文社会科学素养的目的就在于"以科学的方式生活和工作"，即"KAP"模式中的"实践行为"（Practice）。人文社会科学素养应该是知和行的统一。能否灵活运用掌握的基本观点和知识来正确地认识和分析社会生活中的问题、科学合理地支配自己的行为，是衡量公众是否具有良好科学素养的重要标志①。因此，我们在问卷中设置了"对社会问题的评价"和"对假定事件的处理"两个维度来考察杭州市公众人文社会科学的综合运用状况。

一 对社会问题的评价

"对社会问题的评价"维度，分别从公众的教育观念、民主意识、新型消费观念、纳税人意识和社会价值观五个方面进行探讨。

（一）杭州市公众的教育观念

和 2003 年浙江省的调查一致，我们在问卷中设置了 5 个与教育观念相关的观点让受访者选择，或赞同或不赞同。

---

① 薛飞：《浙江省公众人文社会科学素养基本状况分析》，《浙江社会科学》2004 年第 9 期。

1. 总体状况

调查结果显示，赞同"公民接受义务教育既是权利又是义务"观点的占94.0%；不赞同"上不上学是个人的事，政府无权过问"观点的占92.2%；不赞同"素质教育就是取消考试"观点的占89.6%；赞同"义务教育是指法律规定的公民必须接受的教育"观点的占87.7%；不赞同"民办学校的唯一办学宗旨是追求利益最大化"观点的占85.5%。对以上5个观点的正确判断率都在85%以上，和2003年浙江省的调查结果基本一致。由此可见，浙江省和杭州市各级政府一直以来对教育问题以及《义务教育法》等相关法律法规普及工作的重视，使得公众的教育观念得到了正确引导。

2. 群体差异分析

杭州市公民的教育观念不存在较大的城乡差异、性别差异和年龄差异，但是受教育程度不同的群体对于"素质教育就是取消考试"和"民办学校的唯一办学宗旨是追求利益最大化"这两个观点的认识有较大的差异。如图2-6所示，受教育程度越高，对这两个观点有正确认识的人数比例也越高。可见，学校教育有助于公众对素质教育和民办学校这两个相对较新的事物的认识。

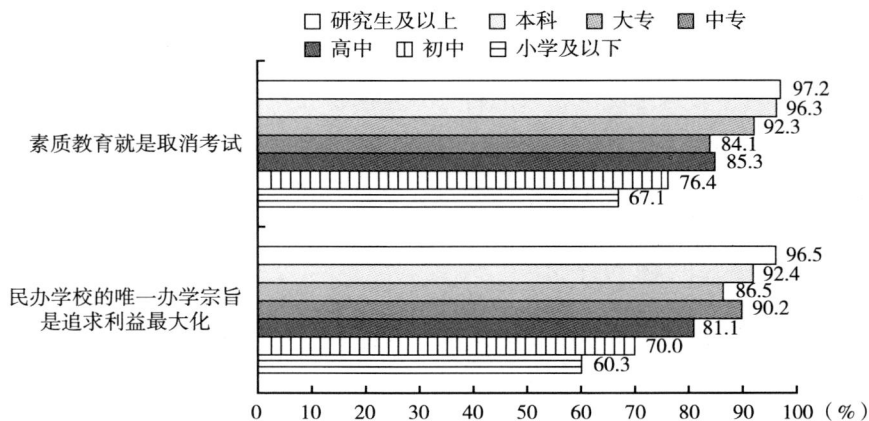

图2-6 杭州市公众教育观念的受教育程度差异（部分）

（二）杭州市公众的民主意识

人民当家做主是社会主义民主的核心，是社会主义民主政治建设的目标，也是衡量民主政治水平与建设成效的标准①。针对国情，我国学者提出，民主意识是中国现代人的基本素质之一②。我们通过公众"对私营企业主从政现象的评价"和"对基层民主选举问题的认识"来考察公民的民主意识。

1. 总体状况

对于私营企业主从政的现象，认为是"好现象，说明民主政治在发展"的公众占 49.8%；认为"无所谓，只要给百姓带来实在好处"的公众占 35.0%；认为是"坏现象，有钱人当权会滋生权钱交易等腐败现象"的公众占 15.2%。由于这一题和 2003 年浙江省调查中对应题的题型不同，因此无法做直观的比较。但是，无论是十年前的浙江省公众还是目前的杭州市公众，大部分人都对私营企业主从政现象持肯定态度，或认为"无所谓，只要给百姓带来实在好处"就行。

对于基层民主选举问题的认识主要以案例的形式来考察：某村进行村委会换届选举，选举结果是甲当选为村委会主任，他当选后一个月，镇党委、政府认为他不够称职，发文免去了他的村委会主任一职，另指定了一人来担任该村委会主任一职，请公众对此做出判断，镇党委、政府这样的做法是否合适？调查结果显示，认为"不合法，违反了国家法律"的公众占 65.5%；认为"合法，上级政府有权调整下级领导人选"的公众占 18.9%；认为"合法，无所谓，只要当选的人能给村民带来好处就行"的公众占 10.4%；表示"不知道，没有看法"的公众占 5.2%。

总体而言，杭州市公众已有较强的法制意识，对基层民主选举比较肯定，对行政干预民主选举的做法不认可。但公众的政治参与意识仍显不足，基层民众的民主政治观念还需要进一步提升。

2. 群体差异分析

（1）主城区公众对于这两个问题的认识略好于县（市、区）公众。主城区和县（市、区）公众认为私营企业主从政现象是好现象的分别占 54.4% 和

① 常樵：《社会主义民主的本质和核心是人民当家做主》，《科学社会主义》2008 年第 3 期。
② 金奇：《人的现代化素质略论》，《北京社会科学》2002 年第 2 期。

47.0%；主城区和县（市、区）公众认为案例中镇党委、政府的做法是违反国家法律的分别占 70.4% 和 62.5%（见图 2 - 7）。

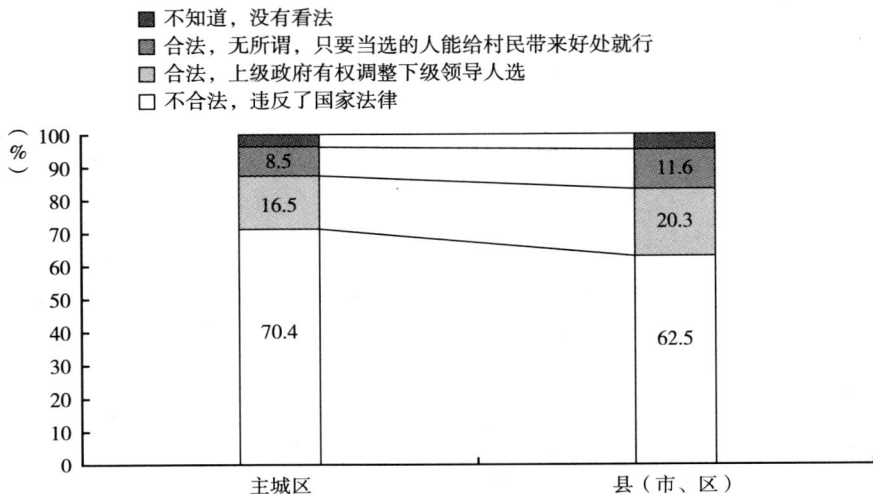

图例：
- 不知道，没有看法
- 合法，无所谓，只要当选的人能给村民带来好处就行
- 合法，上级政府有权调整下级领导人选
- 不合法，违反了国家法律

主城区：8.5，16.5，70.4
县（市、区）：11.6，20.3，62.5

图 2 - 7　杭州市公众对于基层民主选举问题评价的城乡差异

（2）对于私营企业主从政的现象不存在较大的性别差异，但是对于案例所述的基层民主选举问题，有 71.5% 的男性做出了正确的判断，而女性对此做出正确判断的只有 60.9%。

（3）对于这两个问题的看法，不同年龄段的公众表现出了较明显的差异。对于私营企业主从政的现象，40 岁以下的低年龄段群体持理性认识的比例较低，40 岁及以上的高年龄段群体随着年龄的增加对该现象持理性认识的比例明显增加（见图 2 - 8）。然而，对于基层民主选举问题，40 岁以下的低年龄段群体中能够做出正确判断的人数百分比随着年龄的增加而有明显增加，而40 岁及以上的高年龄段群体中能够做出正确判断的人数百分比并没有较大差异（见图 2 - 9）。可见，在民主政治生活中，不同年龄段群体的生活阅历对于民主意识不同方面的影响也是不同的。

（4）对于私营企业主从政的现象，在受教育程度方面并没有太多的规律性，但是对于基层民主选举的问题，大专、本科和研究生及以上文化程度的群体之间呈现较大的差异。可见，高等教育对于公众民主意识的培养是非常关键

■ 坏现象，有钱人当权会滋生权钱交易等腐败现象
▨ 无所谓，只要给百姓带来实在好处
□ 好现象，说明民主政治在发展

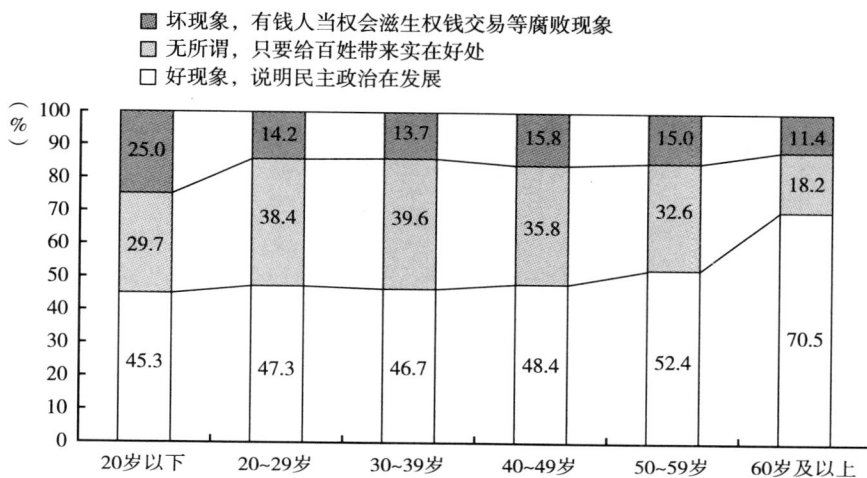

图 2-8　杭州市公众对于私营企业主从政现象评价的年龄差异

■ 不知道，没有看法
▨ 合法，无所谓，只要当选的人能给村民带来好处就行
▨ 合法，上级政府有权调整下级领导人选
□ 不合法，违反了国家法律

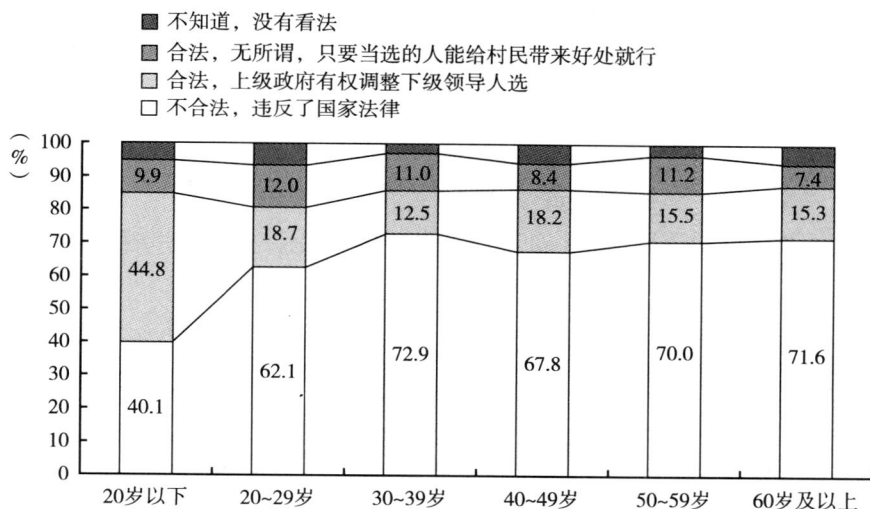

图 2-9　杭州市公众对于基层民主选举问题评价的年龄差异

的，不同水平的高等教育，对公众民主意识有很大的影响（见图 2-10）。

（三）杭州市公众的新型消费观念

经济发展和社会进步使人们逐渐摒弃了自给自足、万事不求人等传统消费观念，代之以量入为出、节约时间、注重消费效益、注重从消费中获得更多的

■ 不知道，没有看法
▨ 合法，无所谓，只要当选的人能给村民带来好处就行
▨ 合法，上级政府有权调整下级领导人选
□ 不合法，违反了国家法律

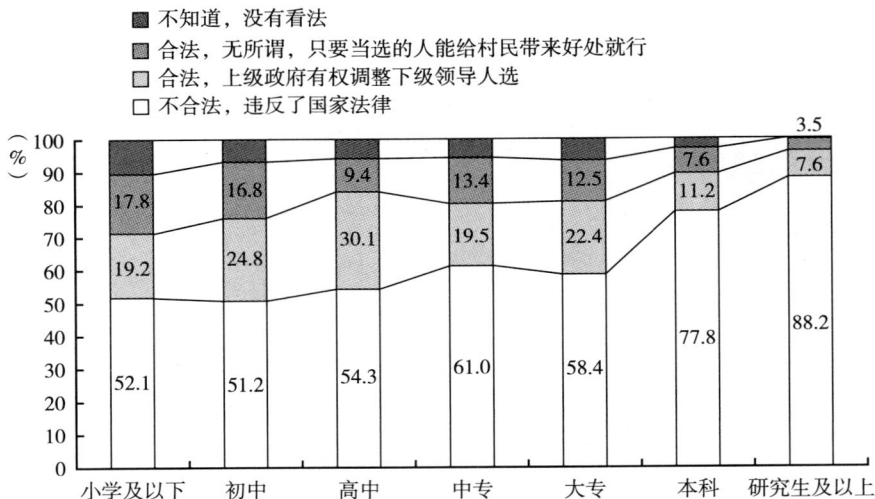

图 2 - 10　杭州市公众对于基层民主选举问题评价的受教育程度差异

精神满足等新型消费观念①。按揭消费这一新型消费观念在当今社会消费生活中占有越来越重要的位置。在问卷中，我们列举了 4 种社会上对银行按揭买房的主流看法，让受访者勾选其中自己认同的观点。

1. 总体状况

调查结果显示，有 70.4% 的杭州市公众赞同按揭买房是"现代消费观念，值得提倡"；有 67.4% 的公众认为按揭买房是"今天花明天的钱"的超前消费；有 16.0% 的公众认为按揭买房是"多花钱多赚钱"，可以刺激经济；有 11.2% 的公众认为按揭买房是"享乐主义，不值得提倡"；"没听说过"按揭买房或者"听说过但不清楚"的公众占 4.7%。和十年前的浙江省调查结果不同的是，对按揭买房不了解的比例大大减少；和十年前的浙江省调查结果一致的是，大部分公众认同按揭买房是一种现代消费观念，是一种超前消费行为（见图 2 - 11）。

2. 群体差异分析

（1）对于按揭买房这一新型消费观念的看法，不存在较大的城乡差异和性别差异。

① 智库·百科：消费观念，http：//wiki. mbalib. com/wiki/% E6% B6% 88% E8% B4% 9B% E8% A7% 82% E5% BF% B5。

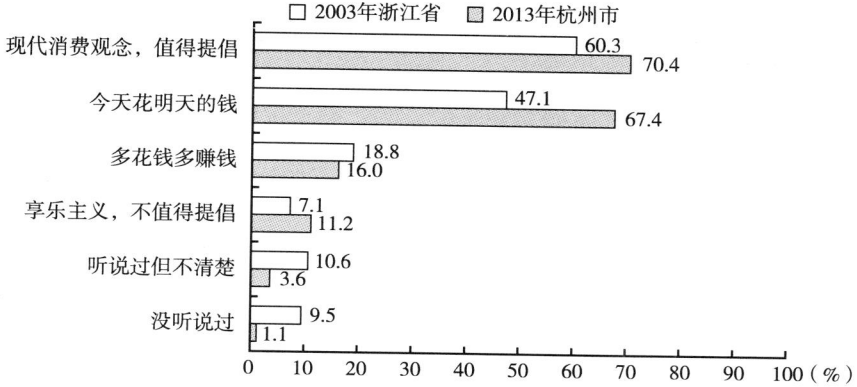

图 2 – 11　2013 年杭州市和 2003 年浙江省公众对按揭买房评价的比较

（2）图 2 – 12 显示，30 ~ 39 岁的群体中，只有 2.0% 的公众"没听说过"或"听说过但不清楚"按揭买房，这一年龄段的群体对这一新型消费观念的

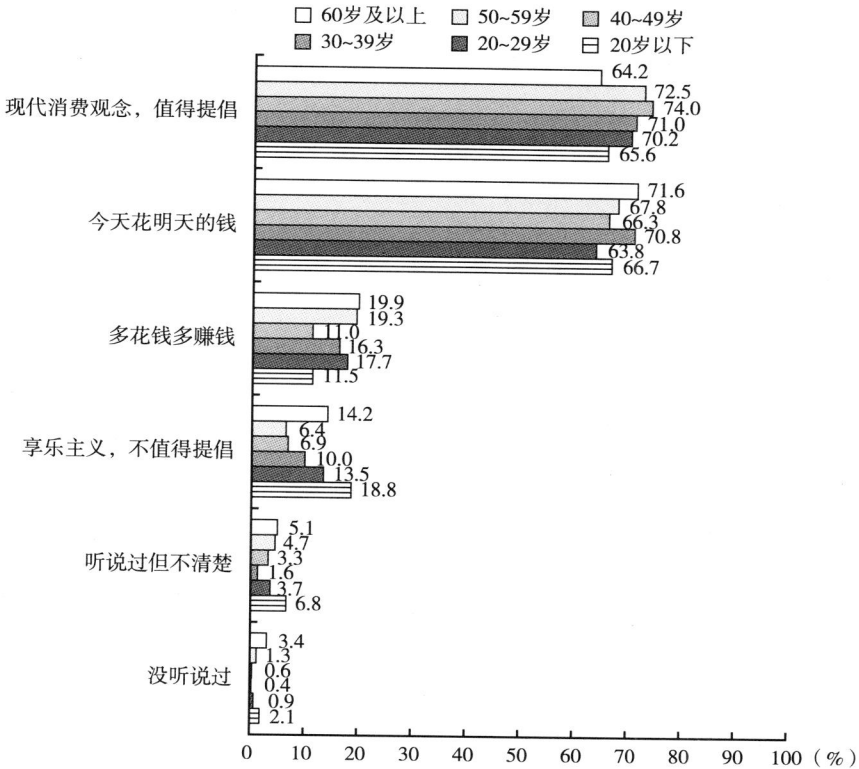

图 2 – 12　杭州市公众对按揭买房评价的年龄差异

了解度最高。其他年龄段的群体中，40～59岁的群体认为按揭买房是"现代消费观念，值得提倡"的比例最高。这可能是因为这一年龄段的群体在经济上有了一定的积累并且还未到退休年龄。对于有一定经济基础的公众来说，按揭买房是一种合理的超前消费；而对于经济基础还不是很扎实的低年龄段群体来说，按揭买房行为可能会使其面临更大的风险，更可能成为一种非理性的超前消费。

（3）从受教育程度来看，对于按揭买房的认知度和认同度都与受教育程度呈正相关，特别是小学及以下、初中和高中文化程度的群体之间，存在非常明显的差异。低层次的受教育水平会制约公众对于新型消费观念的接受能力（见图2-13）：

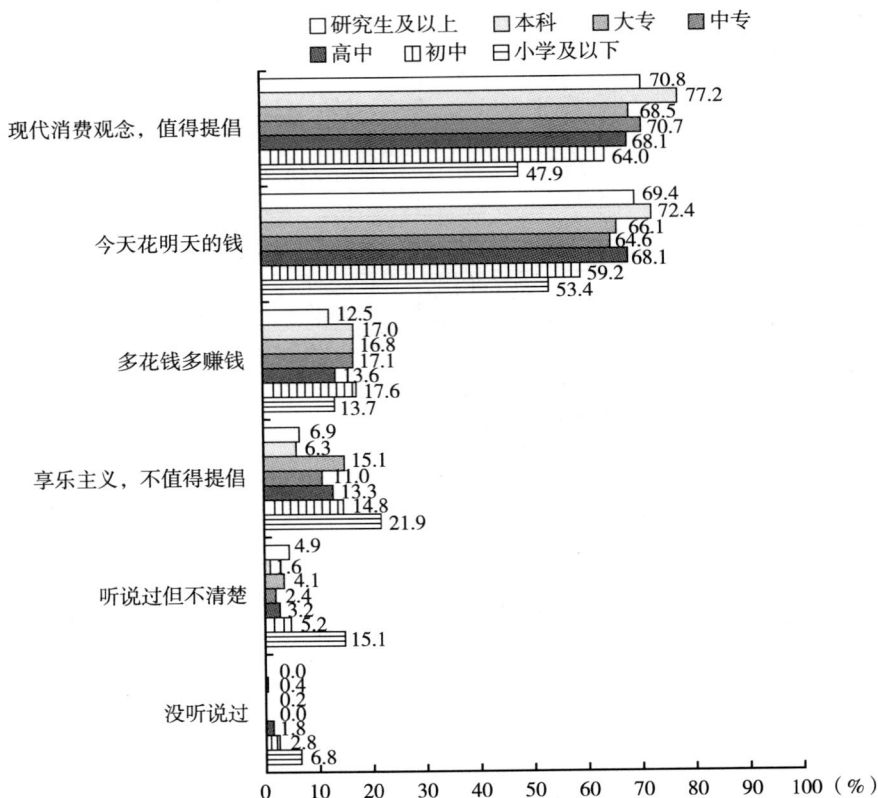

图2-13 杭州市公众对按揭买房评价的受教育程度差异

（四）杭州市公众的纳税人意识

纳税人意识与传统税收观念中所提到的纳税意识有所不同，纳税意识只是纳税人履行纳税义务的观念和态度的反映，而纳税人意识是指在市场经济和民主法制条件下，纳税人基于对自身主体地位和自身权利义务的正确认识而产生的一种对于税法的认同和自觉奉行精神①。在2003年浙江省的调查中，为了考察公众的纳税意识而在问卷中设置了3种说法，请公众对这3种说法分别发表看法。公众的态度可以是"很同意"、"基本同意"、"不同意"和"说不清"4种。我们针对纳税人自身的主体地位增列了"人民有权决定税收用于哪些方面"和"购买商品时会索要发票"这两项，舍去"税取之于民，用之于民"这一项。同时，和2003年浙江省的调查问卷设计不同的是，我们要求受访者对这4种说法做对称的李克特五点量表式的评分，因此，公众的态度可以是"非常同意"、"同意"、"普通一般"、"不同意"、"非常不同意"和"说不清"，分别计分为5、4、3、2、1、0。

1. 总体状况

调查结果显示，"纳税是公民的一项义务"的平均分为4.433，"人民有权利决定税收用于哪些方面"的平均分为3.956，"购买商品时，我会向店家索要发票"的平均分为3.932，"政府收税主要在于保障社会公平"的平均分为3.926。因此，对于以上4个项目，杭州市公众都持认同态度，并且对于"纳税是公民的一项义务"这一观点的态度处于"非常同意"和"同意"之间。由于和2003年浙江省调查的题目设计不同，在此无法做直接的比较。但是，对于"纳税是公民的一项义务"和"政府收税主要在于保障社会公平"这两种观点，我们可以看到，在2003年浙江省的范围内，表示"说不清"的公众分别占2.2%和14.8%，而在2013年杭州市的调查中，表示"说不清"的公众比例下降到了0.7%和3.6%。总体而言，杭州市公众对于纳税人自身的义务有了较为明确的认识，但是对于自身的权利意识和自身的主体地位还需要进一步提升。

2. 群体差异分析

杭州市公众纳税人意识的群体差异主要体现在以下几个方面。

---

① 百度百科：纳税人意识，http：//baike.baidu.com/link? url = UsYSSG5s9h38GfeU－1aH9yui10Lny qPGMD33oebLvj3HNQihEXsb6RYnkbmzRTHoAES2_ WgpYB9hr1BmY0RS－K。

（1）主城区公众的纳税人意识强于县（市、区）公众，但是在纳税人自身义务方面的意识并无明显差异（见图 2－14）。

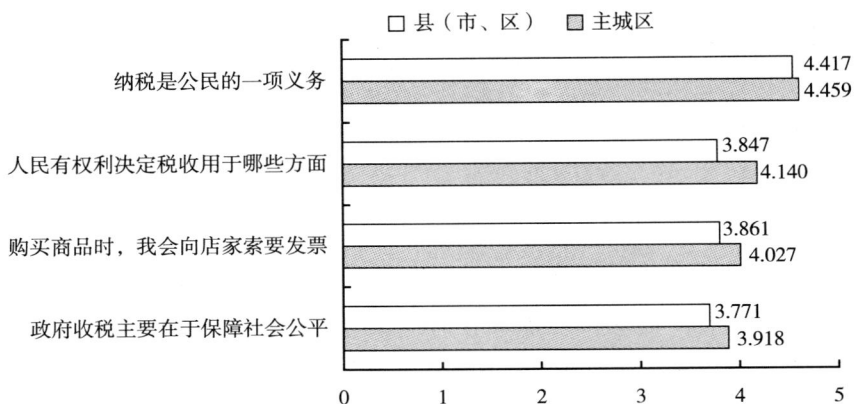

图 2－14　杭州市公众纳税人意识的城乡差异

（2）男性的纳税人意识略强于女性，但是对于税收作用的认识没有明显差异（见图 2－15）。

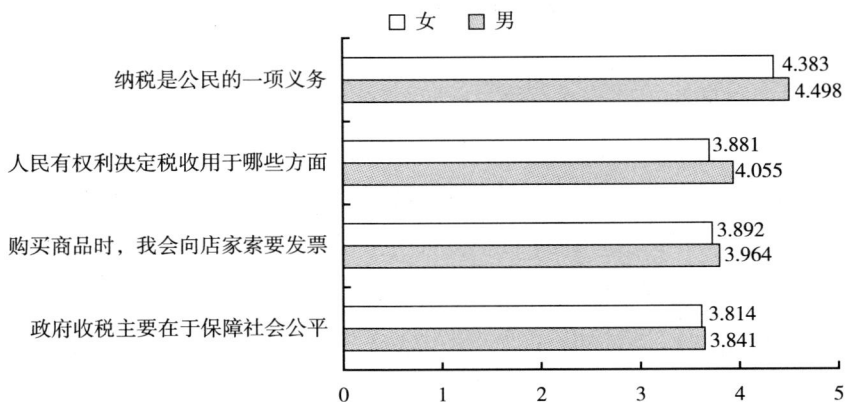

图 2－15　杭州市公众纳税人意识的性别差异

（3）纳税人意识并没有呈现较为明显的年龄差异，但是 20 岁以下的青少年对于"人民有权利决定税收用于哪些方面"这一纳税人主体意识较为薄弱

（这一观点的总体平均值为 3.956，接近"同意"，而 20 岁以下群体的平均值为 3.422，接近"普通一般"）。

（4）杭州市公众的纳税人意识受文化水平的影响主要体现在"人民有权利决定税收用于哪些方面"这一选项，文化水平越高，纳税人的主体意识就越强烈。小学及以下文化程度的群体在纳税人意识的各个方面都远远低于其他文化程度的群体（见图 2－16）。

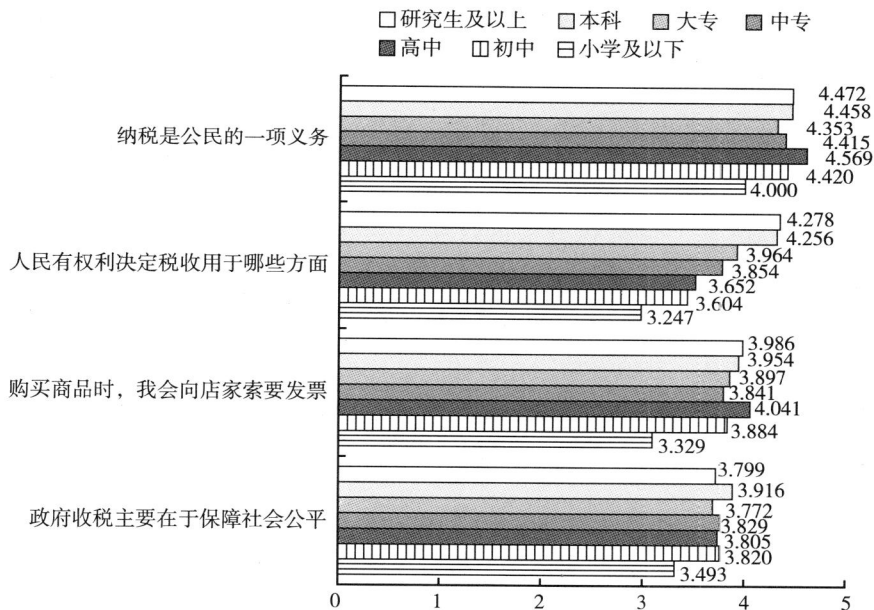

图 2－16　杭州市公众纳税人意识的受教育程度差异

（五）杭州市公众的社会价值观

公众人文社会科学素养不仅是一个社会形成和发展科学、理性、民主的公众思想意识的重要基础，更是公共价值观念的重要基础①。因此，我们在问卷中增设了"你认为理想中的社会最重要的价值是什么"和"你最不希望发生在自己身上的道德瑕疵是什么"这两道题来考察杭州市公众的社会价值观，

---

①　李军：《公众人文社会科学素养意义何在?》，《浙江社会科学》2004 年第 9 期。

并在这两个题目里分别设置了 14 个和 7 个选项，请受访者从中选出最符合自己想法的前 3 项。

1. 总体状况

杭州市公众认为理想社会中最重要的价值排在前 5 项的依次是"缩小贫富差距"（60.2%）、"依法治国"（39.5%）、"社会治安良好"（38.6%）、"政府信息透明公开"（31.4%）和"食品安全"（31.0%）。从社会价值观角度，我们可以得知公众对于社会发展的期望和需求。统计结果显示，选择"缩小贫富差距"这一价值观的公众比例远远高于选择其他价值观的公众比例，而且在之后的群体差异分析中我们也可以发现，无论是哪个群体，选择这一价值观的公众比例都稳居第一。可见，"缩小贫富差距"是公众最为殷切实现的社会价值。

杭州市公众最不希望发生在自己身上的道德瑕疵排在前 3 项的分别是"对父母亲不孝顺"（87.0%）、"做别人婚姻中的第三者"（68.3%）、"迷上赌博无法自拔"（63.5%）。统计结果显示，选择"对父母亲不孝顺"这一选项的比例要远远高于其他选项。在群体差异分析中，无论是哪个群体，都最不希望"对父母亲不孝顺"这一道德瑕疵发生在自己身上。此外，有 19.1% 和 14.8% 的公众将"同性恋"和"没有生小孩"视为道德瑕疵。

2. 群体差异分析

在杭州市公众眼中，理想社会中最重要的价值具有以下几点群体差异。

（1）主城区公众更注重"食品安全"，在主城区公众眼中，"食品安全"跻身理想社会中最重要的价值的前 4 位，占 35.5%，而县（市、区）公众只占 28.3%。7 个县（市、区）公众比 6 个主城区公众更关注"缩小贫富差距"，同样排在第 1 位，其中主城区公众占 57.8%，而县（市、区）公众占 61.6%。这说明县（市、区）公众比主城区公众更加关注贫富差距问题。

（2）男性和女性的观点不一致的是，女性更注重"社会治安良好"和"食品安全"，而男性则更注重"依法治国"和"政府信息透明公开"（见图 2-17）。

（3）高年龄段的群体对于理想社会最重要的价值的看法较为集中，主要集中在总体状况中描述的 5 项，而且排序也与总体状况中的排序相同。低年

□ 缩小贫富差距　　■ 依法治国　　□ 社会治安良好
■ 政府信息透明公开　□ 食品安全　　■ 普及与专业的医疗措施
□ 人与人之间讲信用　■ 环境整洁　　□ 人尽其才
■ 公共设施完善　　□ 照顾弱小　　■ 尊重少数人的选择
■ 其他

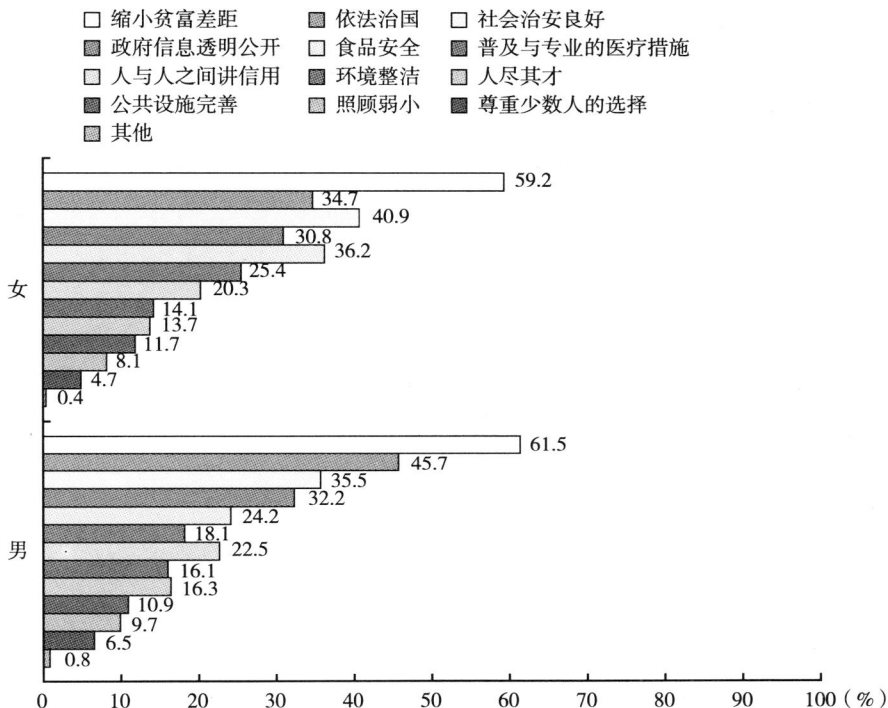

图 2-17　杭州市公众眼中理想社会最重要价值的性别差异

龄段的群体对于理想社会最重要的价值的意见较为分散。20 岁以下的群体对于该问题的看法和其他年龄段有较大出入，他们认为理想社会中最重要的价值依次是"缩小贫富差距"、"社会治安良好"、"依法治国"、"食品安全"和"人与人之间讲信用"（见图 2-18）。一个有趣的现象是，对"人与人之间讲信用"这一问题，年龄大小与关注程度成反比，年龄越小，关注度越高。20 岁以下的群体有 29.2% 的关注度，60 岁及以上的群体只有 11.9% 的人关注。

（4）受教育程度低的公众对于该问题的看法一致性较高，受教育程度高的公众的意见较为分散。受教育程度为研究生及以上的公众对于该问题的看法与其他文化程度的群体有较大差异，他们更看重"人尽其才"这一社会价值观，排在第 3 位，高学历人群更注重社会对知识的尊重和体现知识的价值。

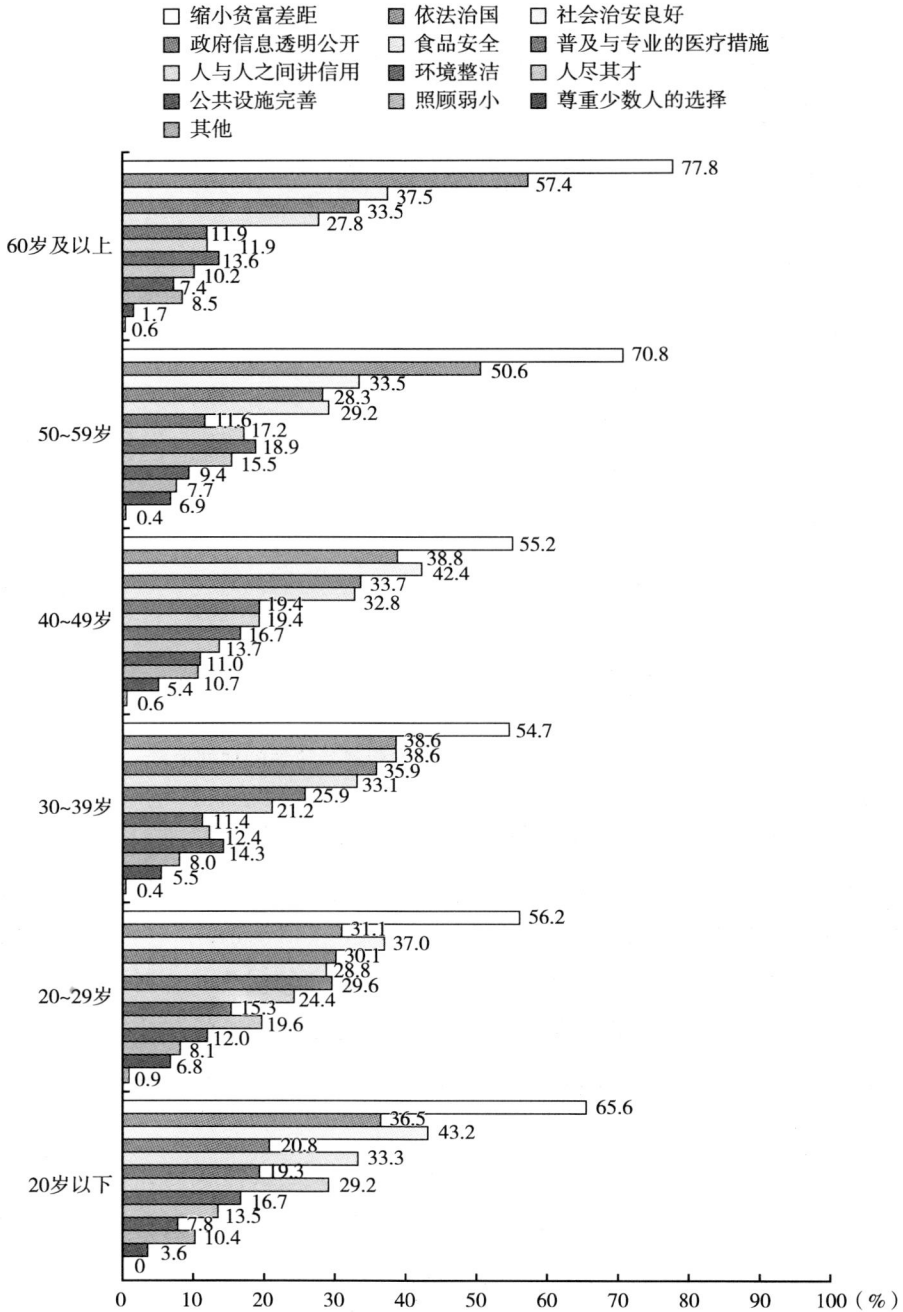

图例：
□ 缩小贫富差距　　■ 依法治国　　□ 社会治安良好
■ 政府信息透明公开　□ 食品安全　　■ 普及与专业的医疗措施
□ 人与人之间讲信用　■ 环境整洁　　□ 人尽其才
■ 公共设施完善　　□ 照顾弱小　　■ 尊重少数人的选择
■ 其他

60岁及以上
77.8
57.4
37.5
33.5
27.8
11.9
11.9
13.6
7.4
10.2
8.5
1.7
0.6

50~59岁
70.8
50.6
33.5
28.3
29.2
11.6
17.2
18.9
15.5
9.4
7.7
6.9
0.4

40~49岁
55.2
38.8
42.4
33.7
32.8
19.4
19.4
16.7
13.7
11.0
10.7
5.4
0.6

30~39岁
54.7
38.6
38.6
35.9
33.1
25.9
21.2
11.4
12.4
8.0
14.3
5.5
0.4

20~29岁
56.2
31.1
37.0
30.1
28.8
29.6
15.3
24.4
19.6
12.0
8.1
6.8
0.9

20岁以下
65.6
36.5
43.2
20.8
33.3
19.3
29.2
16.7
7.8
13.5
10.4
3.6
0

0　10　20　30　40　50　60　70　80　90　100（%）

图 2-18　杭州市公众眼中理想社会最重要价值的年龄差异

对于最不希望发生在自己身上的道德瑕疵，主城区和县（市、区）公众的看法没有较大差异，在年龄上和受教育程度上并未表现出明显的规律性，但在性别上有一些差异。虽然落实一夫一妻制给婚姻中的两性平等带来了深刻变化，但传统社会中无限强调女性的忠贞而允许男性三妻四妾造成的两性价值观念的差异仍然可以在当今社会中发现蛛丝马迹：女性更不能容忍自己"做别人婚姻中的第三者"，男性则更不能容忍自己"迷上赌博无法自拔"（见图2－19）。

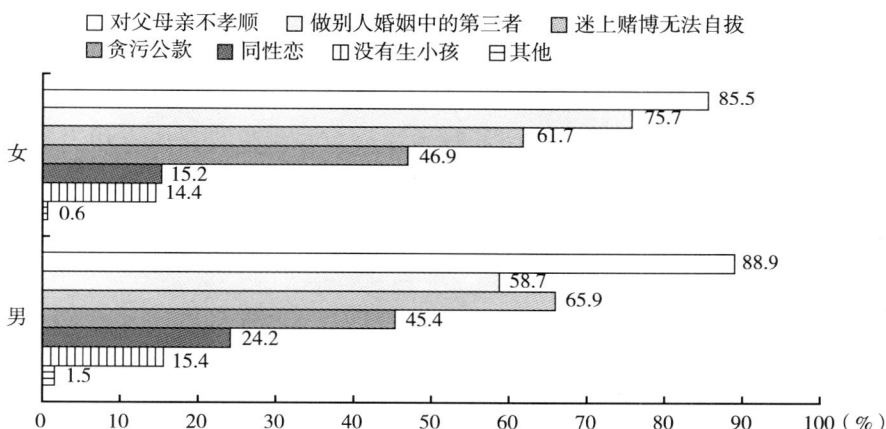

图2－19　杭州市公众对于最不希望发生在自己身上的道德瑕疵的性别差异

二　对假定事件的处理

对社会问题的评价主要针对公众灵活运用掌握的基本观点和知识来正确地认识和分析个人和社会生活中的问题的能力，对假定事件的处理主要针对公众科学合理地支配自己的行为的能力。在"对假定事件的处理"这一维度中，主要从公众的社会分工和契约意识、知识产权意识、多元化养老意识、科学意识、维权意识和个人价值取向六个方面来讨论。

（一）杭州市公众的社会分工和契约意识

现代社会是一个契约社会，合同观念是现代公众必须具备的素养，而签订合同是一项严肃的法律行为，它需要一定的专业知识。在现代社会中，寻求专业机构的帮助来处理专业问题是公众具备社会化观念的表现。此次调查在 2003 年浙江省的调查问卷中假定公众遇到要签订一份合同①的选项中增加了 "信任对方，随便签"和"其他"两个选项。

1. 总体状况

图 2-20 显示，杭州市公众在遇到要签订一份合同的情况时，有 55.2% 的公众会选择"自己找法律条文弄清楚怎么签"，有 32.2% 的公众会选择 "找个律师帮助自己签"，有 8.4% 和 3.2% 的公众会"凭自我感觉签"和 "信任对方，随便签"。相较于十年前浙江省的调查结果，目前杭州市公众在 遇到签订合同的问题时，选择"找个律师帮助自己签"的比例增加了 6.9 个 百分点，约占被调查人群的 1/3。这说明杭州市公众的社会分工和契约意识 有所提高，但距离一个现代意义上的契约社会和专业化社会还有相当长的路 要走。

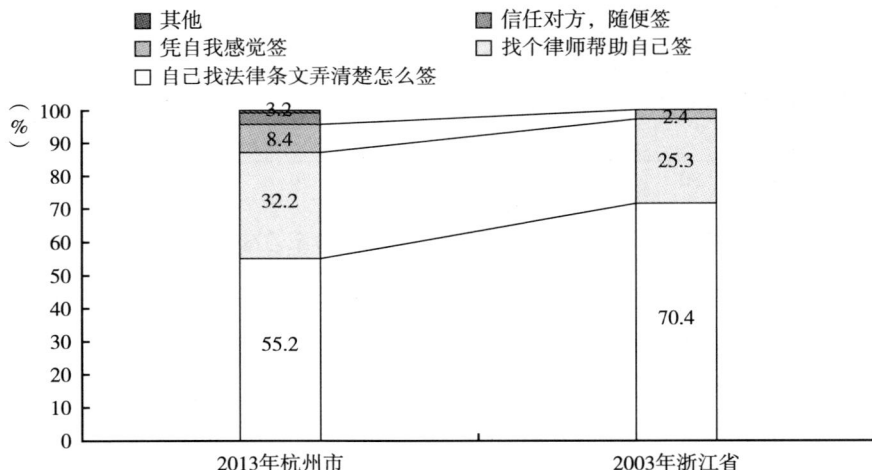

图 2-20　2013 年杭州市和 2003 年浙江省公众合同签订方式选择的比较

2. 群体差异分析

在公众的社会分工和契约意识上，各群体间并没有太大的差异。

---

① 薛飞：《浙江省公众人文社会科学素养基本状况分析》，《浙江社会科学》2004 年第 9 期。

（二）杭州市公众的知识产权意识

"没有知识产权保护，就不可能有自主创新。保护知识产权，不仅是树立我国国际信用、扩大国际合作的需要，更是激励国内自主创新的需要。保护知识产权，就是尊重劳动、尊重知识、尊重人才、尊重创造，就是鼓励科技创新。"[①] 为了考察杭州市公众的知识产权意识，在问卷中假定公众需要一个图像处理软件，询问会选择何种途径获取。

1. 总体状况

调查结果显示，在遇到这样的问题时，有 65.1% 的公众选择"从网上下载"，有 11.9% 的公众选择"从朋友电脑上拷贝"，有 1.7% 的公众选择"花 5 元买盗版"，只有 19.4% 的公众选择"花 100 元买正版"。这与全国的知识产权意识现状一致[②]，大部分公众在个人行为上没有表现出对知识产权的尊重。

2. 群体差异分析

（1）杭州市公众的知识产权意识不存在明显的城乡差异。男性的知识产权意识略高于女性。

（2）20～29 岁和 30～39 岁年龄段的群体中愿意"花 100 元买正版"的公众比例最低，都在 10% 左右。20 岁以下的群体中愿意"花 100 元买正版"的公众比例约占 1/3。除 20 岁以下的群体之外，随着年龄的增加，愿意"花 100 元买正版"的公众比例在总体上也呈上升趋势（见图 2-21）。

（3）受教育程度越高的群体，愿意"花 100 元买正版"的公众比例却越低。调查显示，本科以上学历的受访者中，愿意购正版软件者不到 10%。虽然这一结果和我们预期的相反，但是有研究者也发现同样的现象：尽管文化程度越高，对知识产权制度的了解程度越高，但是文化程度越高、收入越高的群体购买侵权产品的可能性越大，导致这一现象的深层次原因是利益的驱使[③]（见图 2-22）。

[①] 温家宝：《在全国科学技术大会上的讲话》，http://news.xinhuanet.com/st/2006-01/12/content_4045535htm。

[②] 程小燕：《我国公众知识产权意识现状及培育研究》，华中师范大学硕士学位论文，2013。

[③] 程小燕：《我国公众知识产权意识现状及培育研究》，华中师范大学硕士学位论文，2013。

■ 花5元买盗版　　■ 其他　　▨ 从朋友电脑上拷贝
□ 花100元买正版　□ 从网上下载

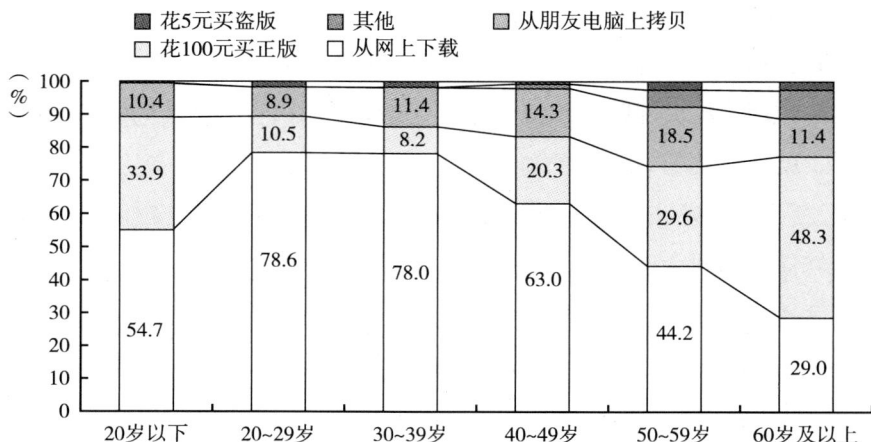

图2-21　杭州市公众获取软件时的行为选择的年龄差异

■ 花5元买盗版　　■ 其他　　▨ 从朋友电脑上拷贝
□ 花100元买正版　□ 从网上下载

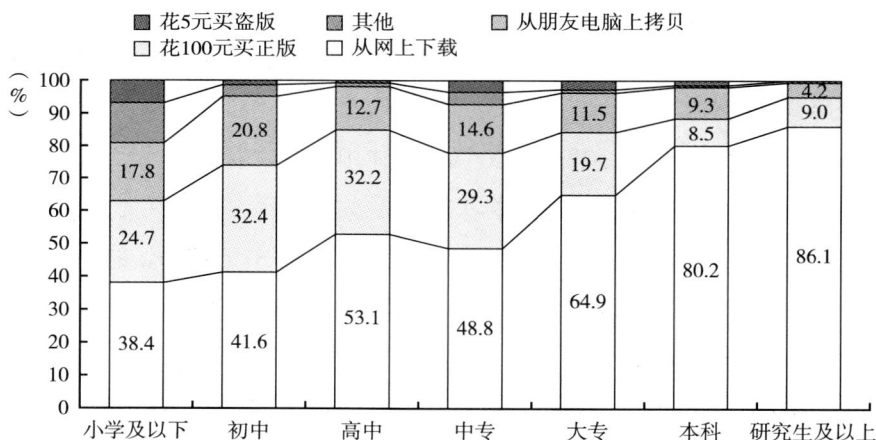

图2-22　杭州市公众获取软件时的行为选择的受教育程度差异

（三）杭州市公众的多元化养老意识

在人口老龄化问题极其突出的当今社会，养老模式要向家庭养老、社区养老和社会化养老等多种方式结合的多元化模式发展。但公众在选择养老模式时由于受传统观念等因素的影响而接受不了一些新型的养老模式，制约了本土养老模式的完善和创新。为此，本次调查也设置了和2003年浙江省的调查问卷一样的问题，即要求公众选出认为老年人最好的生活保障方式是哪种。

1. 总体状况

调查显示，有69.0%的受访者认为最佳的养老方式是"社会化养老，主要靠社会"，有18.9%的受访者认为最佳的养老方式是"自力更生，主要靠自己"，有10.6%的受访者认为最佳的养老方式是"养儿防老，主要靠小辈"。相较于十年前浙江省的调查结果，选择"社会化养老，主要靠社会"的比例增加了11.4个百分点，而选择"养儿防老，主要靠小辈"的比例减少了8.2个百分点。杭州市公众对于社会化养老的期盼有明显提高，传统的养儿防老观念有所弱化，这给政府加快社会化养老事业发展提出了现实的要求。

2. 群体差异分析

（1）杭州市公众对于养老问题存在一定的城乡差异，相较于主城区公众，县（市、区）公众对于"社会化养老，主要靠社会"的接受度相对较低，对于"养儿防老，主要靠小辈"的观念相对较浓。

（2）杭州市公众对于养老问题不存在明显的性别差异。

（3）在年龄方面，相较于其他年龄段的群体，20岁以下的群体选择"养儿防老，主要靠小辈"的比例最大，60岁及以上的群体更倾向于"自力更生，主要靠自己"（见图2-23）。

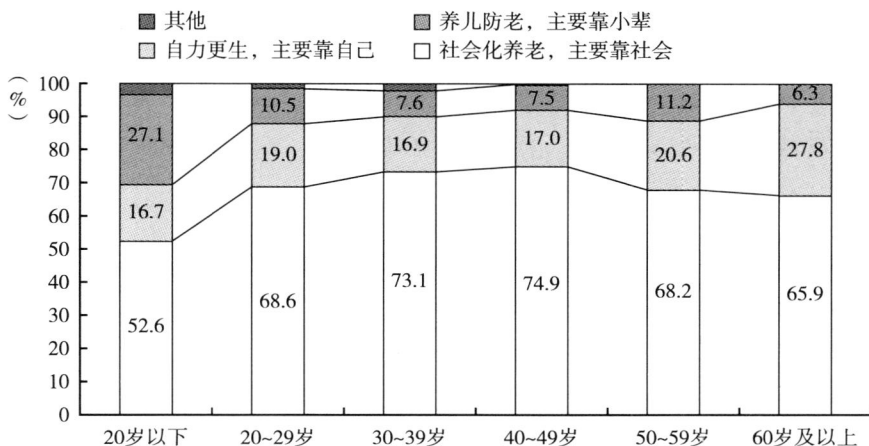

图2-23　杭州市公众养老方式选择的年龄差异

（4）在受教育程度方面，随着文化层次的提升，选择"社会化养老，主要靠社会"的比例总体呈上升的态势，而选择"养儿防老，主要靠小辈"的比例呈下降的态势。

（四）杭州市公众的科学意识

公众的科学观念是衡量公众人文社会科学素养的一个重要指标。2003 年浙江省与本次的调查问卷中均专门设置了一组有关迷信和伪科学方面的问题。

1. 总体状况

在被问到"现在假设您的家人患了一种很奇怪的病，去医院看了很长一段时间仍不见好转，那么您主张怎么做"时，选择"继续就医"的占 78.8%，选择"寻找民间土方"的占 10.5%，选择"既就医又找神媒破解"的占 8.0%，另外还分别有 1.3% 和 0.2% 的公众选择"祈求神灵保佑"和"找神媒破解"。由于本次调查和 2003 年浙江省的题目及选项有所不同，因此不能做直接的比较。但和十年前浙江省的调查结果一致，即还是有相当一部分公众选择"既就医又找神媒破解"，公众的科学精神有待加强，少数公众缺乏基本科学精神。

2. 群体差异分析

（1）杭州市公众的科学意识存在城乡差异。

（2）男性中选择"继续就医"的比例要比女性高 5 个百分点左右，而选择"既就医又找神媒破解"的比例要比女性低 5 个百分点左右。

（3）低年龄段群体的科学意识要弱于高年龄段群体，随着年龄的增加，选择"既就医又找神媒破解"的比例从 10% 左右下降到 1.1%，而选择"继续就医"的比例则有较为明显的增加。在青少年中开展科学知识的普及还任重而道远（见图 2 - 24）。

（4）杭州市公众的科学意识和受教育程度没有明显的相关性。

（五）杭州市公众的维权意识

现代社会是一个法治社会，维护个人权利不受侵害是现代社会公民的一种基本的法律素养。因此，在本次调查中，沿用了 2003 年浙江省调查问卷中的小案例：某社区一老人因附近一所学校使用高音喇叭发出的噪声妨碍了他休息，就把学校告上了法庭，要求学校停止使用高音喇叭并象征性地赔偿他 1 元精神损失费。请公众对老人的行为做出评价。

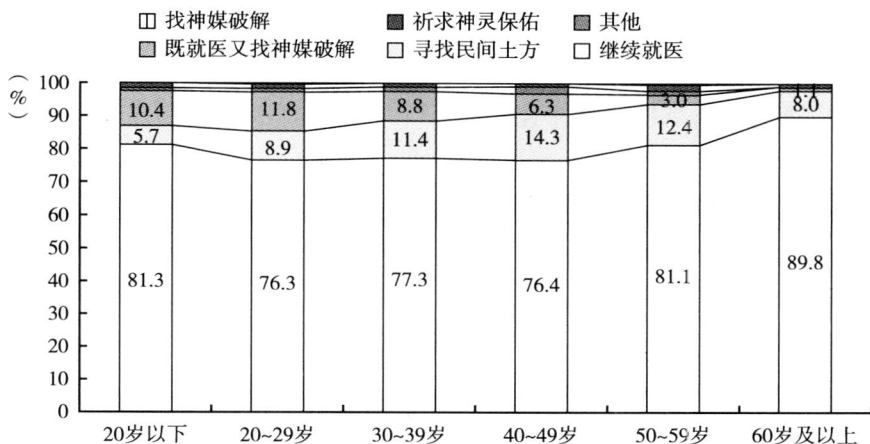

图 2-24　杭州市公众对于迷信与伪科学的年龄差异

1. 总体状况

图 2-25 显示，57.1% 的杭州市公众"赞赏老人的行为，但自己不会这么做"，相较于 2003 年浙江省的调查结果，提高了 14.3 个百分点；36.4% 的公众"支持老人的行为，自己碰到同样的情况也会这么做"，相较于 2003 年浙江省的调查结果，提高了 2.7 个百分点；4.9% 的公众认为"老人大惊小怪，

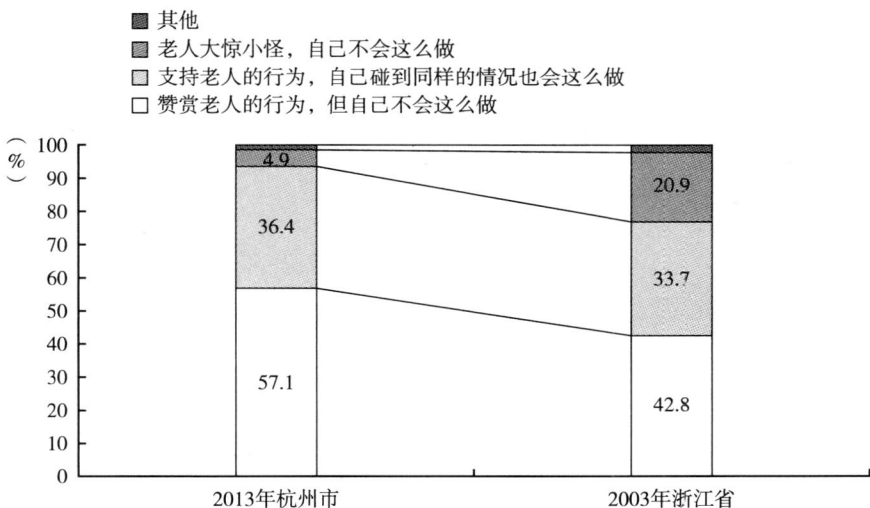

图 2-25　2013 年杭州市和 2003 年浙江省公众维权意识的比较

自己不会这么做",相较于2003年浙江省的调查结果,降低了16.0个百分点。这些都说明,相较于十年前浙江省的状况,更多的公众对自己的权益有了意识,并且对他人的维权行为表示赞同。

2. 群体差异分析

(1)杭州市公众的维权意识没有明显的城乡差异。

(2)男性和女性在维权意识的认知层面没有较大差异,对老人的行为持支持态度的比例差异不大,但在行为层面,相较于女性,更多的男性表示自己在碰到同样的情况时也会这么做。

(3)在年龄和受教育程度上,不同年龄段的群体和不同文化程度的群体在维权意识的行为层面没有呈现明显的规律性,但在认知层面,年龄越大维权意愿越弱,受教育程度越高维权意愿越强。随着年龄的增长,认为"老人大惊小怪,自己不会这么做"的人数比例从2%左右上升到了8%左右;随着受访群体文化层次的提升,认为"老人大惊小怪,自己不会这么做"的人数比例从10%左右下降到了0.7%(见图2-26、图2-27)。

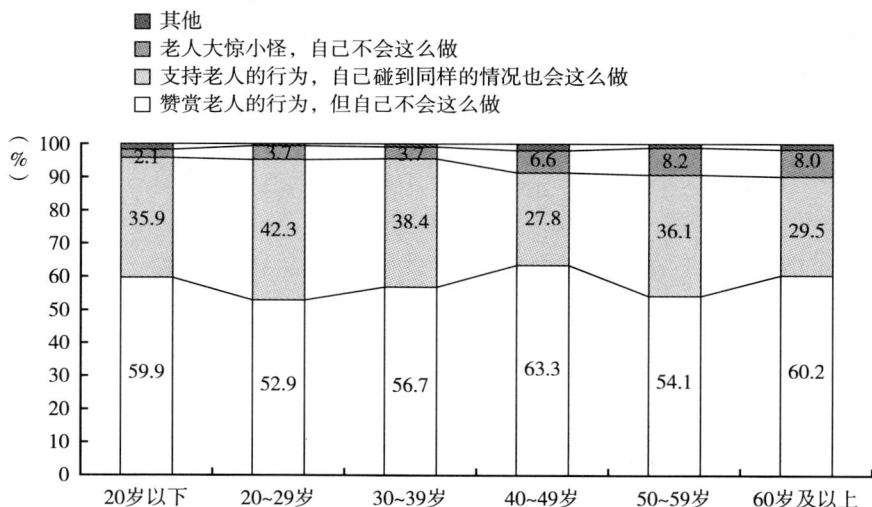

图2-26 杭州市公众维权意识的年龄差异

(六)杭州市公众的个人价值取向

公众人文社会科学素养是公众所具有的人文社会科学知识水平以及在此基

■ 其他
■ 老人大惊小怪，自己不会这么做
□ 支持老人的行为，自己碰到同样的情况也会这么做
□ 赞赏老人的行为，但自己不会这么做

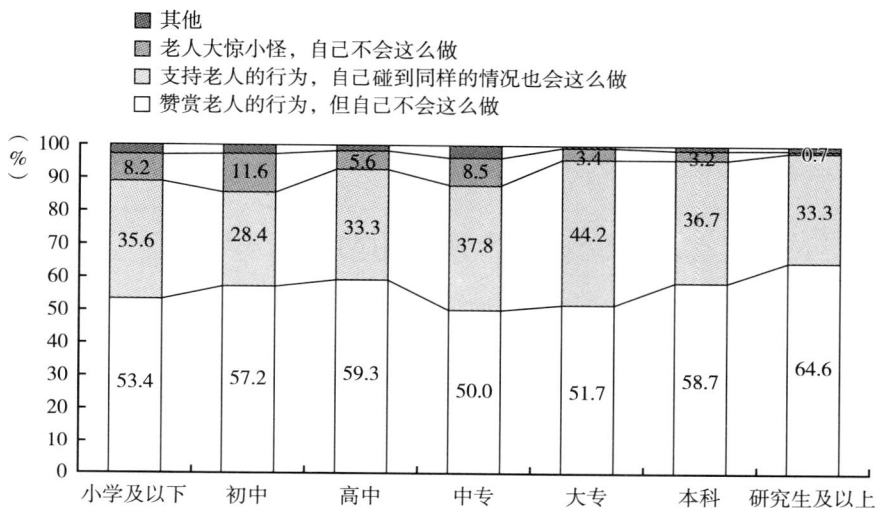

图 2 - 27　杭州市公众维权意识的受教育程度差异

础上形成的价值取向和社会实践能力，然而价值取向又直接影响着工作、生活的态度和行为。因此，我们在问卷中假设受访者经过 5 年的创业奋斗而积累了5000 万元的个人财产，询问受访者会如何支配这笔钱，期望通过个人的消费选择探讨个人的价值取向对行为的影响。受访者对各种给定的行为进行五点量表评分，"肯定会做"、"可能会做"、"普通一般"、"不太可能会做"、"肯定不会做"和"不清楚"分别计分为 5、4、3、2、1、0。

1. 总体状况

调查结果显示，杭州市公众可能会做的依次是"买房、买车、旅游等消费"（平均分为 4.533）、"帮助亲朋好友"（平均分为 4.066）、"设立奖学金，帮助困难家庭的学生"（平均分为 3.961）、"办厂、开店等生产经营性投资"（平均分为 3.907）、"捐资助学、捐建医院，造福天下百姓"（平均分为 3.789）、"做修桥、铺路等好事，造福乡里"（平均分为 3.734）和"捐资建造文化活动中心"（平均分为 3.445）。而"造庙修寺/烧香拜佛/祈求保佑"的平均分为 2.477，低于理论均值 3，公众对此倾向于不做。可见，杭州市公众当下的价值取向按重要性依次为舒适的生活、助人、成就感、行善。

2. 群体差异分析

杭州市公众对这个问题的选择并没有非常明显的城乡差异、性别差异和文化程度差异。在"办厂、开店等生产经营性投资"这个选择上，公众的年龄越小，选择去做的可能性越大。这或许与个人不同阶段的职业生涯规划有关。

第三节 杭州市公众的地域认知状况

"一方水土养一方人"，公众的人文社会科学素养很难抛开自身所处的社会环境。同时，对于自身所处地域的人文和社会环境的认知和态度也是公众人文社会科学素养的组成部分。因此，我们增加了地域认知状况这一部分，来充实公众人文社会科学素养的内容。这一部分共分为杭州市公众对杭州人文社会建设的了解程度、对杭州的认同感和归属感，以及希望的杭州未来发展状态三个维度。

一 杭州市公众对杭州人文社会建设的了解程度

关于公众对杭州人文社会建设的了解程度，我们设置了两个问题，询问公众对"杭州的城市精神"和"杭州打造全国文化创意中心"的了解程度。

1. 总体状况

结果显示，对于杭州的城市精神，有43.0%的公众表示"非常了解"和"比较了解"，表示"听说过，但不太清楚"的占42.1%，表示"没听说过"的占14.9%。对于杭州打造全国文化创意中心的了解程度，有48.6%的公众表示"非常了解"和"比较了解"，表示"听说过，但不太清楚"的占37.1%，表示"没听说过"的占14.3%。

2. 群体差异分析

（1）调查发现，对于杭州人文社会建设的了解呈现较大的城乡差异，主城区公众对于杭州的城市精神"非常了解"和"比较了解"的人数比例要比县（市、区）公众高出13.4个百分比，对于杭州打造全国文化创意中心"非常了解"和"比较了解"的人数比例要比县（市、区）公众高出8.9个百分点。

（2）大致来看，除20岁以下的群体外，年龄越大，对于这两个问题"非常了解"和"比较了解"的人数比例就越大（见图2-28、图2-29）。

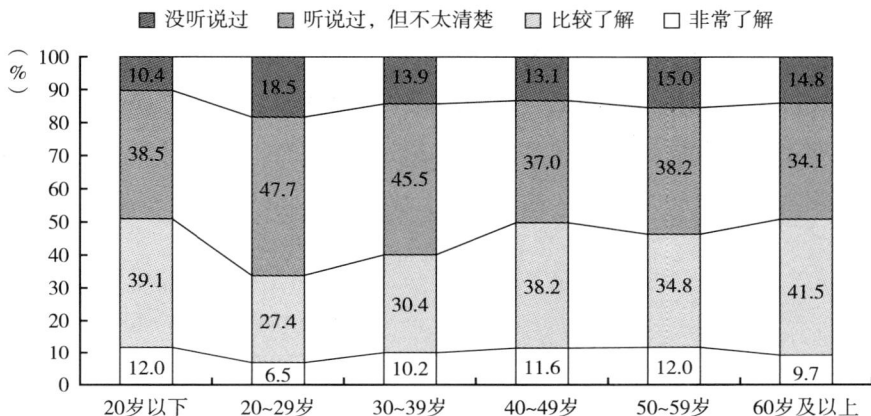

图 2 - 28 杭州市公众对于杭州城市精神了解程度的年龄差异

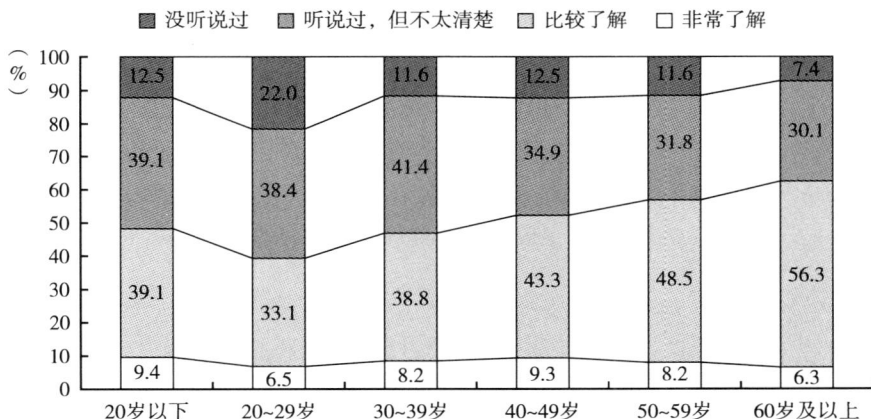

图 2 - 29 杭州市公众对于杭州打造全国文化创意中心了解程度的年龄差异

（3）对于杭州市人文社会建设不存在明显的性别差异和文化程度差异。

二 杭州市公众对杭州的认同感和归属感

在问卷中，我们列举了13条公众对杭州市的总体认同与看法，要求公众对这13条看法进行五点量表评分，态度可以有"非常赞同"、"赞同"、"普通一般"、

"不赞同"和"非常不赞同"5个水平，分别计分为5、4、3、2、1。通过因素分析，提取出城市认同感和城市归属感两个维度①，分别包括4个指标和8个指标。

1. 总体状况

分别计算两个维度的平均分，杭州市公众城市归属感的平均分是4.098，城市认同感的平均分是3.716，两个维度的平均分都远远高于理论均值3。可见，杭州市公众对杭州的归属感和认同感较强。在城市归属感维度中，"我以身为杭州人为荣"得分最高，达4.325。在城市认同感中，"杭州文化休闲活动很多"得分最高，达4.079。每一项指标的得分见图2-30。

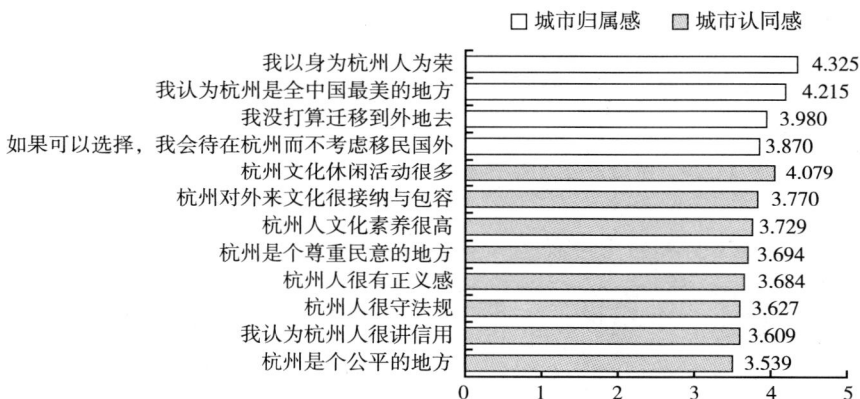

图2-30 杭州市公众对杭州的整体看法

2. 群体差异分析

公众对杭州的归属感和认同感不存在城乡差异、性别差异和受教育程度差异，但存在年龄差异。除20岁以下的群体外，年龄越大，对杭州的认同感和归属感越强（见图2-31）。

---

① 采用主成分分析法和方差最大正交旋转法，对"对于杭州市的整体认同与看法"这一题中的各个指标的得分进行了探索性分析。KMO的得分为0.940，Bartlett的检验结果达到显著性水平（$p < 0.000$），因此可以做进一步的主成分分析。最终得到了特征根大于1的2个公共因子，其累计方差为64.340%。由于"我认为杭州比其他市更适合外国人来居住"这一指标的因子载荷小于0.55，因此予以删除。两个公因子分别命名为城市认同感和城市归属感。采用Amos软件对探索性因素分析结果进行验证，验证结果显示该降维结果有效。

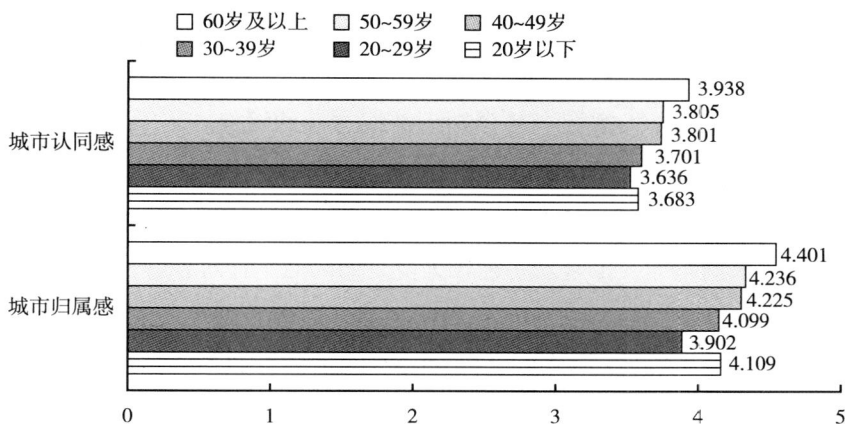

图 2 – 31　杭州市公众对杭州的认同感和归属感的年龄差异

三　杭州市公众希望的杭州未来发展状态

在列举的 17 种未来可能的发展状态中，要求受访者从中选择 3 种最希望的杭州未来发展状态。

1. 总体状况

调查结果显示，杭州市公众对于杭州未来发展状态的期盼和政府确定的杭州城市发展定位基本一致。公众所希望的杭州未来发展状态排在前 5 项的依次为 "东方品质之城"（72.3%）、"东方休闲之都"（49.8%）、"文化名城"（39.6%）、"智慧城市"（28.4%）和 "森林城市"（26.8%）。可见，杭州市政府的城市定位深得民心。

2. 群体差异分析

对于杭州未来的发展状态，主城区和县（市、区）之间不存在差异，男性和女性之间也不存在差异。在年龄方面，对于 60 岁及以上的群体来说，"教育发达城市" 比 "智慧城市" 和 "森林城市" 更有吸引力。

第四节　本章小结

根据对以上调查情况的分析研究，做如下小结。

（1）在人文社会科学知识的掌握情况方面，杭州市公众人文社会科学知识的掌握情况整体尚可，并且相较于十年前浙江省的情况有了明显的改善。其中，"术语的了解"是人文社会科学知识掌握方面的短板。不同性别、地域、年龄、受教育程度都影响着人文社会科学知识的掌握。

（2）在人文社会科学知识的综合运用方面，无论是分析社会生活中的问题还是支配自己的行为，都呈现一种较为复杂的局面，针对各种情境需要具体问题具体分析。

对社会问题的评价方面。第一，杭州市公众的教育意识总体较为乐观，学校教育有助于公众对素质教育和民办学校这两个相对较新的事物的深入认识。第二，杭州市公众在民主政治生活中的参与意识尚显不足，民主意识也还需提高。第三，杭州市公众对按揭买房这一新型消费观念不了解的比例大大减少，较低的受教育水平会制约公众对于新型消费观念的接受能力。第四，杭州市公众对于纳税人自身的义务有了较为明确的认识，但是对于自身的权利意识和自身的主体地位尚需进一步提升。文化水平越高，纳税人主体意识就越强烈；20岁以下青少年的纳税人主体意识较为薄弱。第五，杭州市公众认为理想社会中最重要的价值是缩小贫富差距，最看重的道德是孝顺，同性恋和丁克家庭等仍然受到公众的普遍抵触；两性在社会价值观上存在较大差异；低年龄段的群体和高文化水平的群体对于理想社会最重要价值的意见较为分散。

对假定事件的处理方面。第一，杭州市公众的社会分工和契约意识有所提高，但离一个现代意义上的契约社会和专业化社会还有相当的距离。第二，大部分公众在个人行为上并没有表现出对知识产权的尊重；中青年和高文化水平的群体在知识产权维护上表现最差。第三，杭州市公众对养老方式持越来越开放和包容的态度，这将会使杭州市解决养老问题的阻力大大减少，但县（市、区）公众对于社会化养老的接受度较低，对于养儿防老的观念较浓厚。今后，政府在养老问题上的政策应参考民意而适度调整。第四，有相当一部分公众的科学精神有待加强，少数公众缺乏基本科学精神，自然科学和人文社会科学的教育和普及十分必要。令人惊讶的是，低年龄段的群体比高年龄段的群体更"迷信"，这应引起社会的足够重视。第五，杭州市公众的维权意识有所提高，但这种提高大多只停留在认知层面，行为上的改善还不明显。年龄越大维权意识越低，受教育程度越高维权意识越高，但这种差异也只停留在认知层面。第六，杭州市公众当下的价值取向按重要性排序依次为舒适的生活、助人、成就感、行善，价值取向受差序格局影响。

（3）在地域认知方面，杭州市公众对杭州的归属感和认同感较高；年龄越大，对杭州的认同感和归属感都越高。杭州市公众最希望杭州发展成为"东方品质之城"。

第三章　杭州市公众对人文社会科学
知识的兴趣及获取渠道

第一节　杭州市公众对人文社会科学知识的
兴趣及获取渠道的总体情况

基于对人文社会科学知识的兴趣程度和获取人文社会科学知识的途径，公众自然会或多或少地获取人文社会科学知识。故本次调查除了了解杭州市公众对人文社会科学学科的兴趣程度和获取人文社会科学知识的渠道之外，也包括杭州市公众对各种人文社会科学知识传播方式及传播机构的评价。

一　杭州市公众对人文社会科学学科的兴趣程度

公众对人文社会科学的兴趣，可以通过公众对人文社会科学学科的偏好反映出来。调查结果显示，杭州市公众最感兴趣的三门人文社会科学学科分别是文学（55.2%）、历史学（47.0%）、社会学（37.9%）。之后是经济学（35.6%）、管理学（32.3%）、教育学（31.6%）、法学（22.5%）、哲学（20.6%）、政治学（14.4%）、其他（2.8%）。由此我们可以看出，杭州市公众对传统的人文学科知识的兴趣程度还是比较高的，尤其是对文学的关注度最高。同时，公众对当今社会热门的经济学、管理学等学科也有浓厚的兴趣。

作为文化古都，杭州本身就具有悠久的历史，同时，杭州在文学史上也占据非常重要的位置。由此，文学与历史深受杭州公众的喜爱是有历史和地域原因的。但我们也发现，随着改革开放和社会经济的发展，能够满足社会公众现实需求的经济学、管理学、教育学等学科在公众心目中远远超过了哲学、政治学等学科。其中一个非常重要的原因是，哲学、政治学等学科本身发展较弱，不能很好地满足公众和社会发展的需求，从而直接影响公众对其产生兴趣。所以，在提高公众人文社会科学素养的过程中，我们需要进一步重视人文社会科学本身的繁荣、发展和创新，这与加强对公众的人文社会科学宣传、普及、教育具有同等重要的意义。

二　杭州市公众获取人文社会科学知识的渠道

了解公众获取人文社会科学知识的渠道，对于加强人文社会科学知识传播渠道的建设以及提高人文社会科学知识普及的效率都具有重要的意义。为了解杭州市公众获取人文社会科学知识的渠道，我们选择了 13 种较为常见的知识传播渠道。调查显示，互联网这一新型的传媒形式已经超越电视、报纸等传统的传媒形式，成为人们获取信息最主要的渠道。在调查中，有高达 65.0% 的公众通过互联网获取人文社会科学知识；有 60.5% 的公众通过电视获取人文社会科学知识；报纸也是公众获取人文社会科学知识的重要渠道，有 58.1% 的公众通过它获取人文社会科学知识；其后依次是图书（27.9%）、杂志（25.1%）、和亲友同事谈话（16.2%）、广播（11.5%）、教学上课（9.6%）、听讲座（8%）、培训（7.5%）、参观展览（5.7%）、向专业人士咨询（4.1%）。

为进一步了解公众在日常生活中与主流媒体的接触频率，我们在问卷中进行了相关问题的设置：平均每天花费在浏览网络，观看电视，阅读报纸、杂志和图书以及收听广播四个方面的时间。数据显示，与公众选择互联网为首要的获取人文社会科学知识的渠道相一致的是，公众平均每天花在浏览网络上的时间也是最长的，平均每天为 2.240 小时，是其阅读报纸、杂志和图书所用时间（平均每天为 1.152 小时）的近两倍。这说明网络阅读已然成为最受欢迎，也最具普遍性的阅读方式了。

了解了公众对媒体的接触频率后，我们又进一步调查了近三个月公众通过这些渠道获取人文社会科学知识的频率（见图 3-1）。从上述分析综合来看，公众选择获取人文社会科学知识的途径及其传播效率较高的途径主要可以分为三类：第一类是使用最广泛、效率也最高的，为电视和网络；第二类为传统的纸质媒体，主要包括报纸、杂志和图书；第三类为广播电台，人们用得最少，传播效果也最弱。

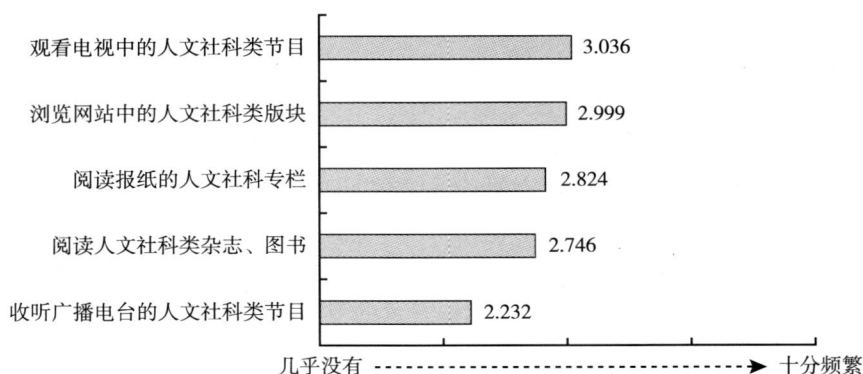

图3-1 杭州市公众以各种方式获取人文社会科学知识的频率

此外，各类公共场所也是传播人文社会科学知识的重要途径之一。调查显示，在过去的一年中，公众去各种社会活动场所的频率并不高，大多只去过1~2次，其中去得最多的场所是名胜古迹或人文风景区，其次是书市或书店以及电影院或KTV，而音乐厅或戏剧院是公众选择最少的（见图3-2）。

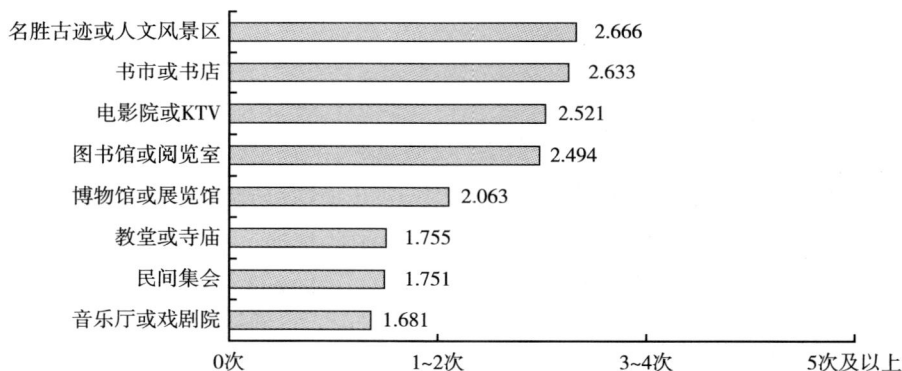

图3-2 杭州市公众涉足各种社会活动场所的频率

三 杭州市公众对各种人文社会科学知识传播方式及传播机构的评价

为了了解杭州市公众对各种人文社会科学知识传播方式的作用的评价，

我们设置了部分传播方式供杭州市公众评价。数据显示，杭州市公众认为在传播效果方面，影视最佳（得分为0.941），报纸次之（得分为0.830），接着是教学与培训、图书、互联网等传播方式（见图3－3）。本题结合前述公众获取信息所花费的时间以及获取信息的频率，综合来看，影视在诸多途径中综合得分最高。其原因主要是影视具有表现方式的多样性、传播的广泛性和观众的参与性等明显特性和优势。图3－3中的数据也说明目前很多知识传播的方式尚未被很好地开发和利用，公众对其评价较低。值得注意的是，公众对专家咨询这种方式的评价还是比较高的，但专家咨询的数量和质量还无法满足公众的要求。针对这些情况，政府、社会、相关机构和公众应当相互配合，共同努力。

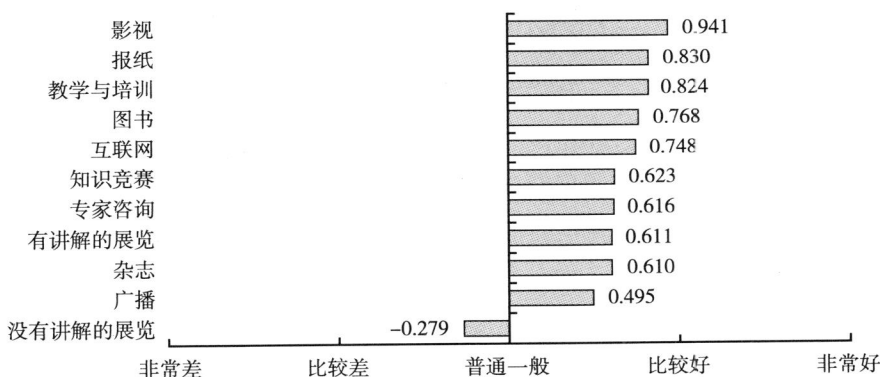

图3－3 杭州市公众对各种人文社会科学知识传播方式效果的评价

此外，我们还对杭州市公众对不同的人文社会科学知识传播机构的信任度进行了调查。调查数据显示，杭州市公众对科研院所、教育机构、社区基层组织、电台或电视台、出版社或报社等传播机构的信任度较高。其中，信任度较高的是科研院所和教育机构，这反映了公众对科学和教育的尊崇与信任；信任度较高的还有电台或电视台、出版社或报社等机构，这些对于开展人文社会科学知识的教育普及工作都是非常有利的；社区基层组织在公众心目中也有相当高的信任度；公众对网站、中介组织等的信任度则很低（见图3－4）。

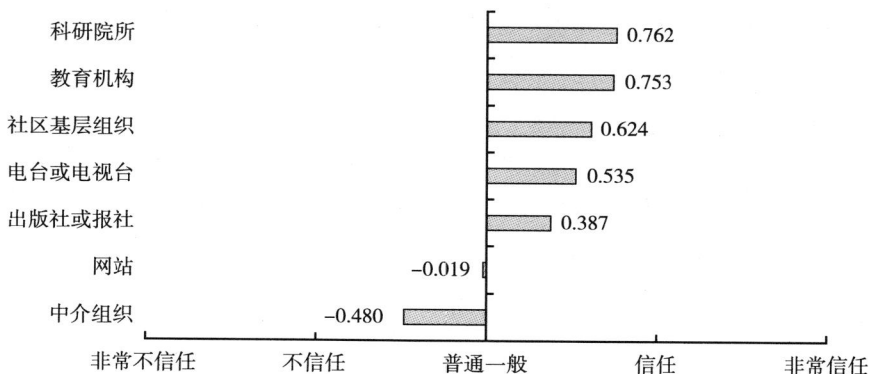

图 3 - 4　杭州市公众对各种人文社会科学知识传播机构的信任度

第二节　主城区和县（市、区）公众对人文社会科学知识的兴趣及获取渠道

公众对人文社会科学知识的兴趣不仅受知识本身的结构和内容的影响，同时也受公众自身因素和传播渠道的影响。社会的、文化的、政治的种种因素都将引起人们关注点的变化，甚至改变公众的兴趣方向。而公众获取知识和信息的渠道则取决于社会、经济、文化等方面的综合发展水平，同时也受公众自身文化素质的制约。那么，杭州市公众接受信息和知识的状况如何呢？下面我们将通过对知识类型、传播渠道及社会文化环境的分析来具体说明。

一　主城区和县（市、区）公众对人文社会科学学科兴趣程度的比较

在对公众最感兴趣的三门人文社会科学学科的调查上，杭州市公众对文学、历史学、社会学、经济学、管理学等均有较浓厚的兴趣，而对于哲学、政治学和其他学科，不管是主城区公众还是县（市、区）公众，他们的兴趣程度均相对较低（见图 3 - 5）。

二　主城区和县（市、区）公众获取人文社会科学知识渠道的比较

随着现代科学技术的发展，信息传播渠道呈现多样化趋势，大众传播逐渐

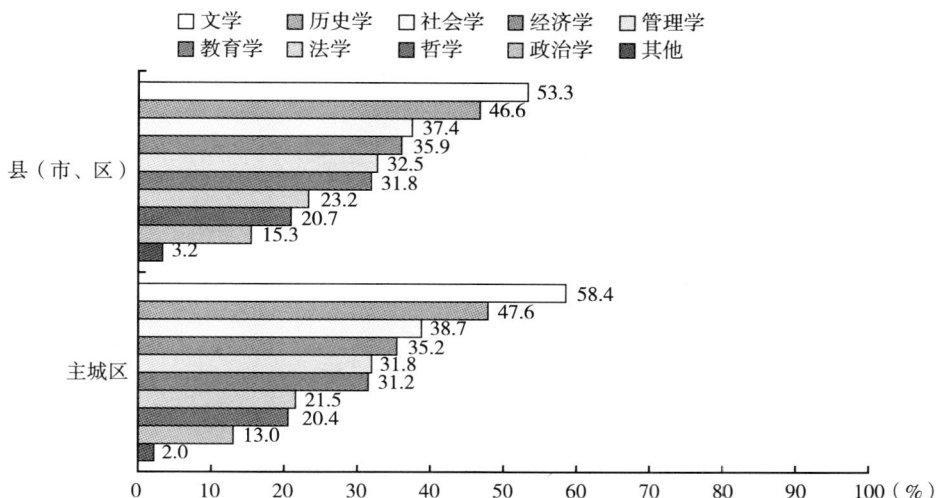

图 3 - 5　杭州市主城区和县（市、区）公众最感兴趣的人文社会科学学科的差异

突破传播时间和空间的限制。在现代社会，各种传播方式并存，并不断发展。因此，对于公众获取人文社会科学知识渠道的认识，将有助于我们更深入、更全面地了解当今杭州市公众的人文社会科学素养状况，进而有助于人文社会科学的普及工作。下面我们将从主城区和县（市、区）公众人文社会科学知识的获取渠道、利用不同媒体的时间、不同场所利用的分布情况三方面加以分析，力图了解各种渠道的具体运作情况。

（一）主城区和县（市、区）公众人文社会科学知识获取渠道的差异分析

调查显示，主城区和县（市、区）公众在获取人文社会科学知识的渠道方面表现出一定差异。从排序上来看，主要表现在互联网、电视和报纸几种途径之间。主城区公众对三者的排序是互联网、报纸和电视，县（市、区）公众对三者的排序是电视、互联网和报纸（见图 3 - 6）。

在"电视"方面，县（市、区）的数据高于主城区 13.2 个百分点。对于主要通过纸质文本来获取信息的渠道如报纸、图书，主城区公众比县（市、区）公众利用率更高。对于只需听或者只需用口头语言就可以获取信息和知识的渠道，如和亲友同事谈话、教学上课，则县（市、区）公众利用率较高。

图例:
□ 互联网　■ 电视　□ 报纸　▨ 图书
▨ 和亲友同事谈话　□ 广播　■ 教学上课　▨ 听讲座
□ 杂志　■ 培训　▨ 参观展览　■ 向专业人员咨询
▨ 其他

县（市、区）
- 62.8
- 65.4
- 56.5
- 25.8
- 25.2
- 18.3
- 10.7
- 11.2
- 7.9
- 7.2
- 4.7
- 3.8
- 0.5

主城区
- 68.7
- 52.2
- 60.7
- 31.6
- 24.8
- 12.7
- 12.8
- 6.9
- 8.2
- 8.1
- 7.4
- 4.7
- 1.1

0　10　20　30　40　50　60　70　80　90　100（%）

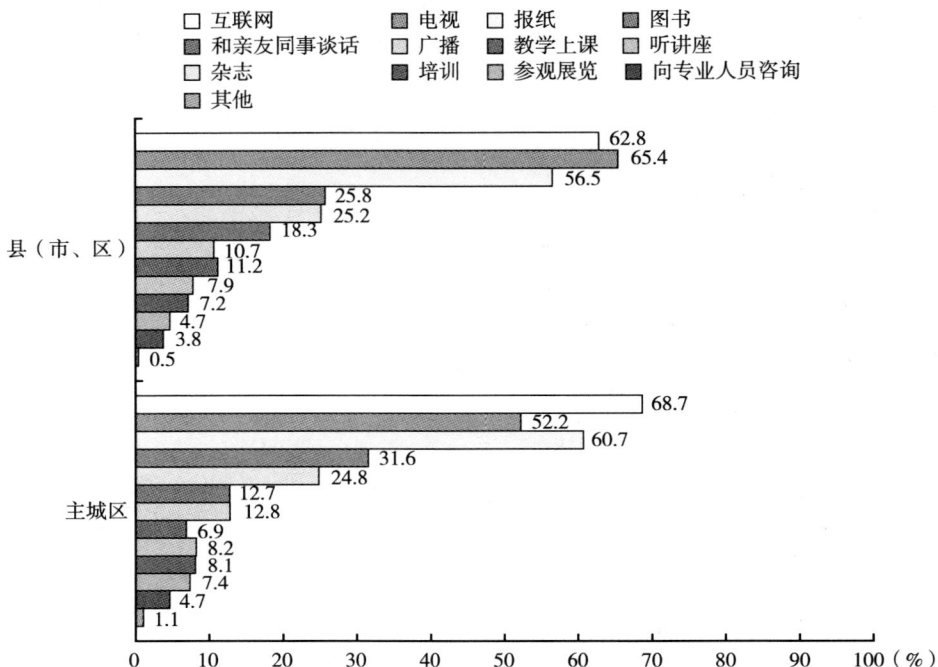

图 3-6　杭州市主城区和县（市、区）公众获取人文社会科学知识的渠道的差异

（二）主城区和县（市、区）公众利用不同媒体的时间差异分析

主城区和县（市、区）公众在利用各种媒体的时间分布上存在一定差异。在浏览网络方面，主城区和县（市、区）公众均超过了 2 小时，主城区公众花费的时间平均为 2.514 小时，而县（市、区）公众则明显较低，为 2.076 小时。此外，互联网技术的高速发展，大大地缩减了公众观看电视的时间，平均以 1~2 小时为主，县（市、区）公众所花费的时间（1.661 小时）高于主城区公众所花费的时间（1.377 小时）。而对于阅读报纸、杂志和图书的时间，公众所花费的时间虽然都在 1 小时以上，但主城区公众所花费的时间还是要高于县（市、区）公众所花费的时间。而对于收听广播而言，主城区和县（市、区）公众的差异不大，所花费的时间都比较少（见图 3-7）。

（三）主城区和县（市、区）公众不同场所利用分布情况的差异分析

从主城区和县（市、区）公众不同场所利用分布情况的差异来看，除了

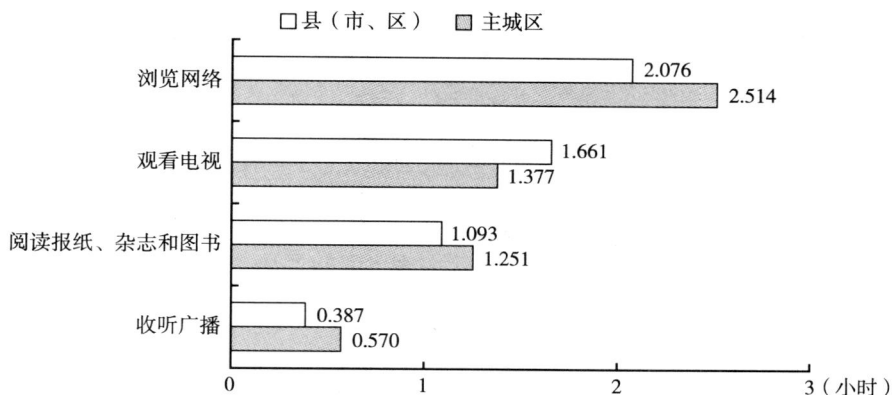

图3－7　杭州市主城区和县（市、区）公众获取信息所花费的时间的差异

民间集会，主城区公众利用社会活动场所的频率都明显高于县（市、区）公众。其中，利用频率差异最大的为参观博物馆或展览馆，主城区公众的参观频率为2.341次，县（市、区）公众的参观频率为1.897次；其次为游览名胜古迹或人文风景区以及去电影院或KTV。在游览名胜古迹或人文风景区方面，主城区公众的游览频率为2.838次，县（市、区）公众的游览频率为2.563次；在去电影院或KTV方面，主城区公众的频率比县（市、区）公众的频率高0.278次。相比之下，主城区和县（市、区）公众涉足教堂或寺庙、民间集会、音乐厅或戏剧院的频率则明显较低（见图3－8）。

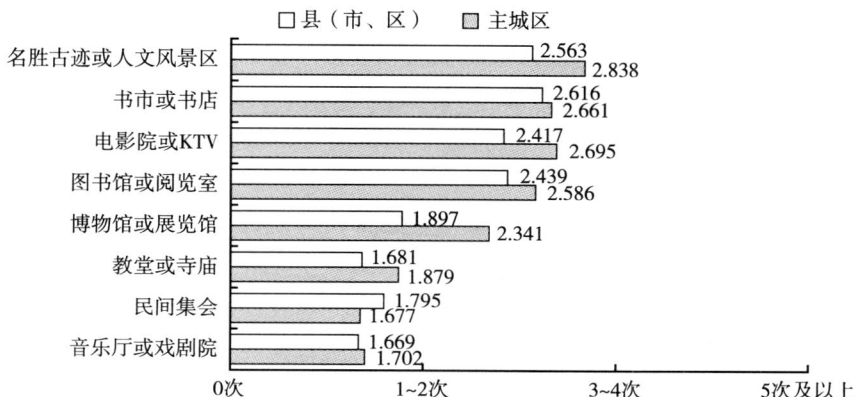

图3－8　杭州市主城区和县（市、区）公众涉足各种社会活动场所的频率的差异

三 主城区和县（市、区）公众对各种人文社会科学知识传播方式及传播机构的评价

（一）主城区和县（市、区）公众对各种人文社会科学知识传播方式效果评价的差异分析

在"您认为下述方式传播人文社会科学知识的效果如何"这一问题上，主城区公众对各种传播方式效果的评价明显高于县（市、区）公众，其中在图书、有讲解的展览、互联网、报纸、杂志、广播上差距较大，而在教学与培训、知识竞赛、专家咨询等方式上差距较小（见图3-9）。原因主要有两方面：一方面，主城区有较好的文化娱乐设施，有更强的经济实力来进行各种文化传播活动；另一方面，主城区公众有较高的素质，学习兴趣更浓，对知识的获取渠道更为认同。

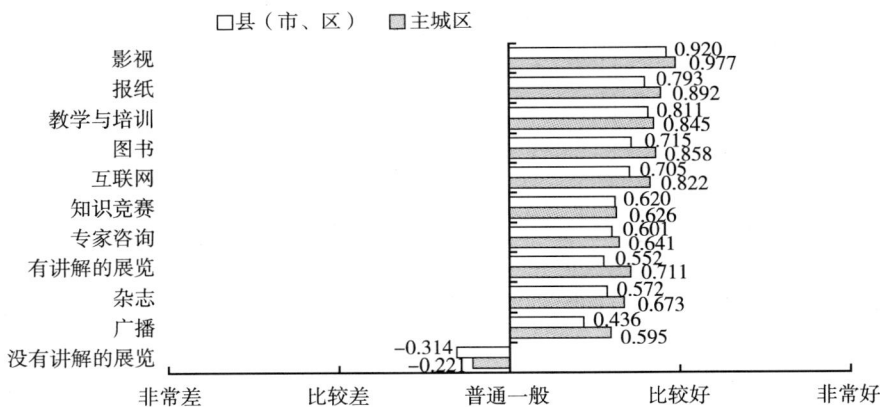

图3-9 杭州市主城区和县（市、区）公众对各种人文社会科学知识传播方式效果评价的差异

（二）主城区和县（市、区）公众对各种人文社会科学知识传播机构信任度的差异分析

调查显示，无论是主城区还是县（市、区）公众，其最信任的机构是科研院所和教育机构。从综合数据分析情况来看，呈现以下特征。第一，主城区和县（市、区）公众对各类机构信任度的排序大体上是一致的。但在最信任的机构上，主城区和县（市、区）公众有所区别。主城区公众最信任的是科研院所，而县

（市、区）公众最信任的是教育机构。第二，县（市、区）公众对科研院所和教育机构的信任度高于主城区公众。第三，在对社区基层组织、电台或电视台、出版社或报社等机构的信任度方面，主城区和县（市、区）公众的差异不是很大，但主城区公众对它们的信任度略高于县（市、区）公众。第四，在对网站的信任度方面，虽然主城区和县（市、区）公众对其信任度都很低，但在具体的信任度数据上，主城区和县（市、区）公众表现出了较大的差异性。主城区公众的数据为0.039，还是正值，但县（市、区）公众的数据是负值，为－0.053。第五，对中介组织的信任度，主城区和县（市、区）公众普遍表示了不信任（见图3－10）。

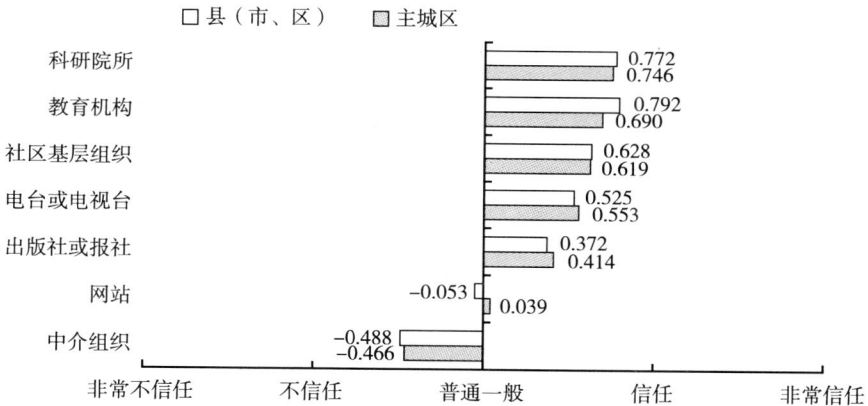

图3－10　杭州市主城区和县（市、区）公众对各种人文社会科学
知识传播机构信任度的差异

第三节　不同性别公众对人文社会科学知识的
兴趣及获取渠道

传媒多元化、信息复杂化、知识更新化是信息时代的重要特征。如今，公众面对一个纷繁复杂的世界，信息和知识的获得途径日趋多样化。那么，杭州市公众获取信息和知识的渠道有哪些？不同性别的公众在获取信息和知识的渠道上是否存在差异？他们对信息和知识的兴趣有哪些差异？对这些问题的了解，使我们能够更好地开展人文社会科学普及教育工作。

一 不同性别公众对人文社会科学学科兴趣程度的比较

向公众传播信息和知识是一种双向互动的过程,仅仅靠单向的推动是不够的。公众只有在对信息和知识感兴趣的前提下,才有可能去接收传播的知识和信息。调查结果显示,男性公众对人文社会科学学科的兴趣程度依次是文学(58.2%)、历史学(46.8%)、社会学(39.2%)、经济学(34.1%)、教育学(31.4%)、管理学(31.3%)、法学(22.4%)、哲学(20.5%)、政治学(13.8%)、其他(2.2%);除男性公众对教育学的兴趣程度略高于管理学外,女性公众对人文社会科学学科的兴趣程度排序与男性的兴趣程度排序基本上是一致的,但单个学科所占的百分比存在差异。其中,在文学这一学科中,男性感兴趣的比例高出女性5.3个百分点,与人们心中一般认为的女性更偏爱文学的观点有了一定的变化(见图3-11)。

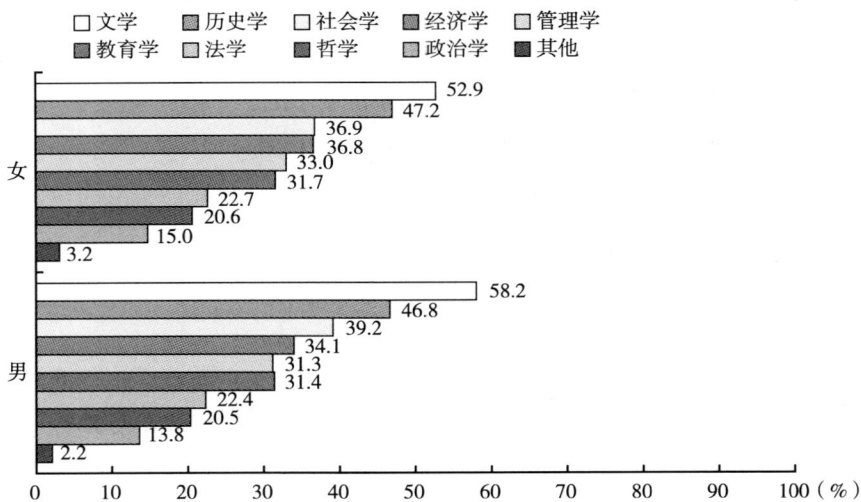

图3-11 杭州市不同性别公众最感兴趣的人文社会科学学科的差异

二 不同性别公众获取人文社会科学知识渠道的比较

(一)不同性别公众人文社会科学知识获取渠道的差异分析

调查结果显示,男性公众对以下渠道的利用率高于女性公众:男性通过互联网获取知识和信息的比例为 66.6%，女性为 63.8%；男性通过报纸获取知识和信息的比例为 61.1%，女性为 55.8%，男性比女性高出 5.3 个百分点；男性通过图书获取知识和信息的比例为 30.2%，高于女性的 26.2%；在杂志、广播、听讲座、参观展览、向专业人士咨询和其他的方式上男性的比例都高于女性（见图 3－12）。

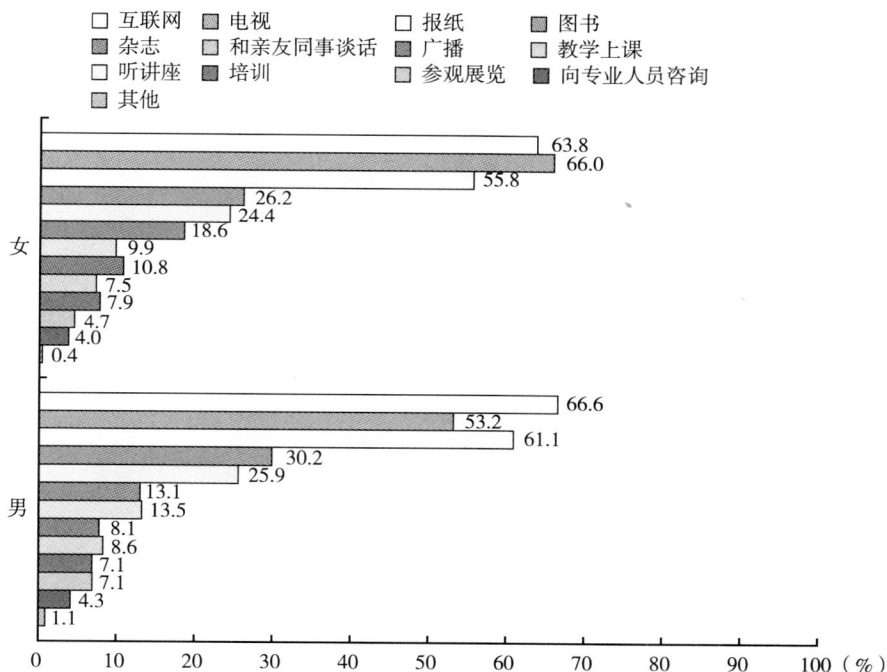

图例：
□ 互联网　▨ 电视　□ 报纸　▨ 图书
▨ 杂志　▨ 和亲友同事谈话　▨ 广播　□ 教学上课
□ 听讲座　▨ 培训　▨ 参观展览　■ 向专业人员咨询
▨ 其他

女：63.8　66.0　55.8　26.2　24.4　18.6　9.9　10.8　7.5　7.9　4.7　4.0　0.4

男：66.6　53.2　61.1　30.2　25.9　13.1　13.5　8.1　8.6　7.1　7.1　4.3　1.1

图 3－12　杭州市不同性别公众获取人文社会科学知识的渠道的差异

但在以下的渠道利用上，女性公众的利用率高于男性公众：女性公众通过电视获取知识和信息的比例为 66.0%，高于男性的 53.2%；通过和亲友同事谈话获取知识和信息的女性公众占 18.6%，而男性公众只占 13.1%；通过教学上课获取知识和信息的女性公众占 10.8%，高于男性公众的 8.1%；通过培训获取知识和信息的女性公众占 7.9%，男性公众占 7.1%。

（二）不同性别公众利用不同媒体的时间差异分析

不同性别公众获取信息所花费的时间在排序上是一致的，但在具体的数值上有差异。主要表现出以下特点：第一，在浏览网络的时间上，男性公众略长于女性公众；第二，在观看电视的时间上，女性公众略长于男性公众；第三，在阅读报纸、杂志和图书以及收听广播的时间上，男性公众与女性公众的差异很小（见图 3 – 13）。

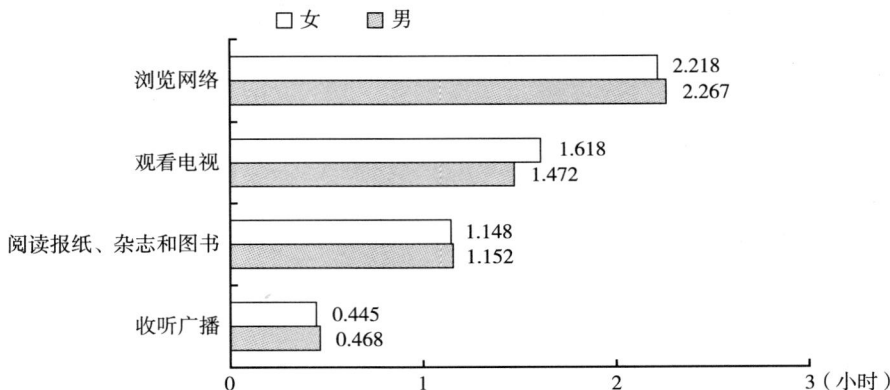

图 3 – 13　杭州市不同性别公众获取信息所花费的时间的差异

（三）不同性别公众不同场所利用分布情况的差异分析

各类公共场所是传播人文社会科学知识的重要途径之一。调查表明，女性公众利用各种公共场所的频率大多高于男性公众（见图 3 – 14）。

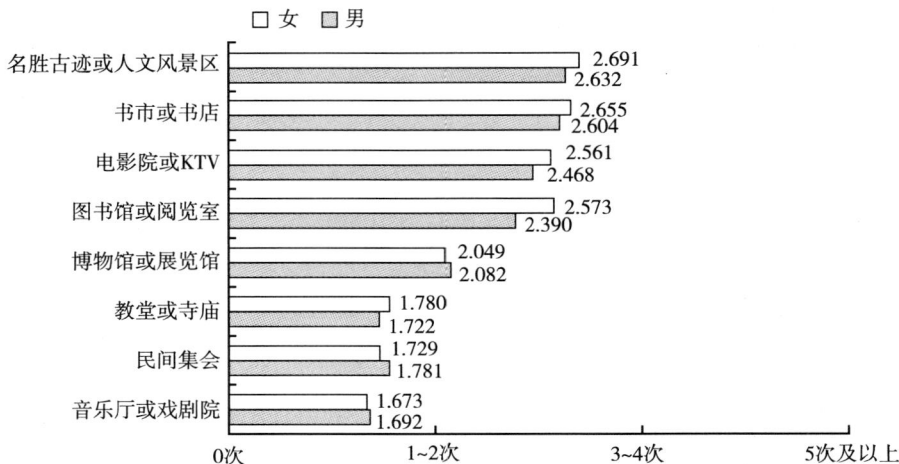

图 3 – 14　杭州市不同性别公众涉足各种社会活动场所的频率的差异

根据调查数据分析，可以得到以下结论。在接受人文社会科学知识过程中，不同性别公众对知识和信息的获取时间总体上相当，但是男性公众对知识和信息获取的频率高于女性公众。而女性公众与男性公众相比，在去社会活动场所进行人文社会科学知识的获取和学习方面更加频繁。一方面，女性本来就比男性更乐意去这样的场所参加活动；另一方面，基于女性相较于男性在社会分工上的差异性，女性有更多的精力和时间去公众场所获取人文社会科学方面的知识。

三　不同性别公众对各种人文社会科学知识传播方式及传播机构的评价

（一）不同性别公众对各种人文社会科学知识传播方式效果评价的差异分析

调查数据显示，不同性别公众对各种传播方式的整体传播效果的认同在排序上是一致的，但对不同传播方式的认同度有所不同，女性公众对传播方式效果的认同度大多高于男性公众。女性公众似乎更愿意接受通俗性强一点的传播方式，如专家咨询、有讲解的展览和广播，其认同度比男性公众分别高出0.201个、0.158个、0.143个百分点，这个结论和渠道利用分布的结论相一致（见图3-15）。这就要求我们在进行人文社会科学知识的普及宣传教育时，要针对男女公众的不同兴趣特点和渠道利用分布情况，区别对待，灵活引导，以取得更好的效果。

（二）不同性别公众对各种人文社会科学知识传播机构信任度的差异分析

对于"对人文社会科学知识传播机构的信任度"这个问题，杭州市男性公众和女性公众的评价基本上相同，都对科研院所、教育机构、社区基层组织、电台或电视台、出版社或报社的信任度较高，而对网站、中介组织的信任度较低（见图3-16）。其中，网站的信任度低与使用度高的组合显示出了互联网对公众获取知识和信息的重要性，也说明了公众对互联网的信息可信度的质疑。这就要求对互联网信息环境进行整治，真正提高杭州市公众的人文社会科学素养。

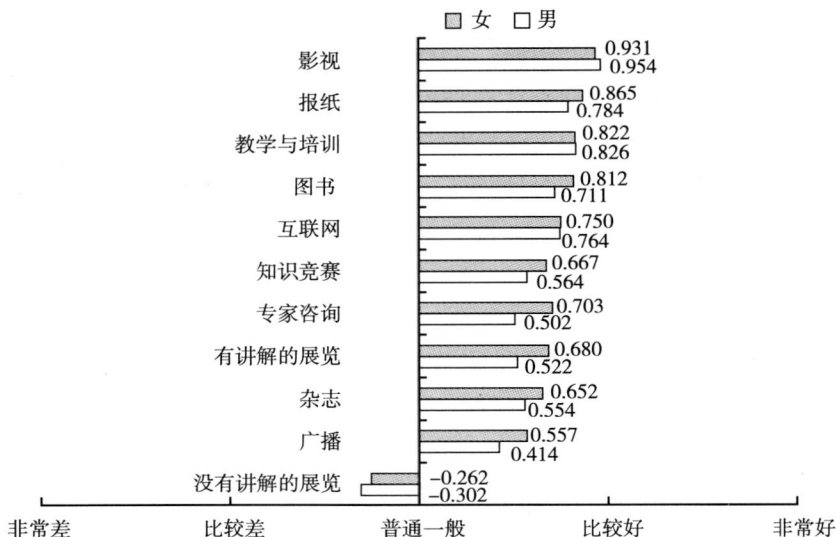

图3-15 杭州市不同性别公众对各种人文社会科学知识
传播方式的效果评价的差异

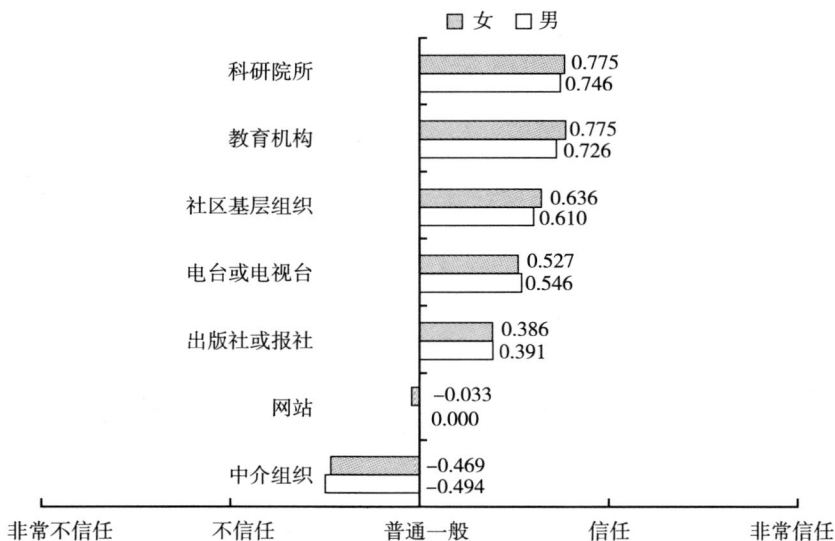

图3-16 杭州市不同性别公众对各种人文社会科学知识
传播机构的信任度的差异

第四节　不同年龄公众对人文社会科学知识的
兴趣及获取渠道

公众对人文社会科学的兴趣趋向、兴趣程度以及获得人文社会科学知识的渠道也是反映公众人文社会科学素养的一个重要方面。可以说，公众人文社会科学素养水平的高低与获得人文社会科学信息的兴趣、手段密切相关。公众对人文社会科学的兴趣程度不仅与其既有的知识结构有关，还与其生活的环境有关。环境因素既包括社会文化、国家政策等软环境，也包括基础公共设施、经济实力等硬环境，这些又与知识的"获取渠道"相关。公众对人文社会科学知识获取渠道的差异也同样取决于其自身的知识结构和社会环境设施。所以，兴趣程度和获取渠道两者是紧密相连的。研究不同年龄公众对人文社会科学知识的兴趣及获取渠道，有利于我们全面了解杭州市公众的人文社会科学素养状况，同时也有利于我们有针对性地做好进一步的普及宣传工作。

一　不同年龄公众对人文社会科学学科兴趣程度的比较

调查结果显示，不同年龄公众对人文社会科学学科有着不同的兴趣趋向和爱好程度。总体来看，公众对哲学、政治学等学科的兴趣度不高，但39岁以下的公众对哲学的兴趣相对于其他年龄段的公众要高一点，而60岁及以上的公众对政治学的兴趣则略高，但也只占25.6%。而对于其他学科，不同年龄公众选择的比例相差不大，其中相差较大的是经济学和管理学。一个有趣的现象是，对经济学比较感兴趣的两个年龄段分别是40~49岁和20岁以下。其中，40~49岁的群体占41.2%，列第3位；20岁以下的群体占46.9%，列第2位（见图3-17）。这说明在市场经济社会里，40~49岁的群体是市场经济的主力人群，且有一定成就。而20岁以下的群体，还未走上工作岗位或刚参加工作，对经济学更为重视。

二　不同年龄公众获取人文社会科学知识渠道的比较

（一）不同年龄公众人文社会科学知识获取渠道的差异分析

不同年龄公众在人文社会科学知识的获取渠道上有较大的差异（见图3-

18），他们在知识获取渠道的选择上具有普遍性与特殊性辩证统一的特点，主要体现为以下几个特征。

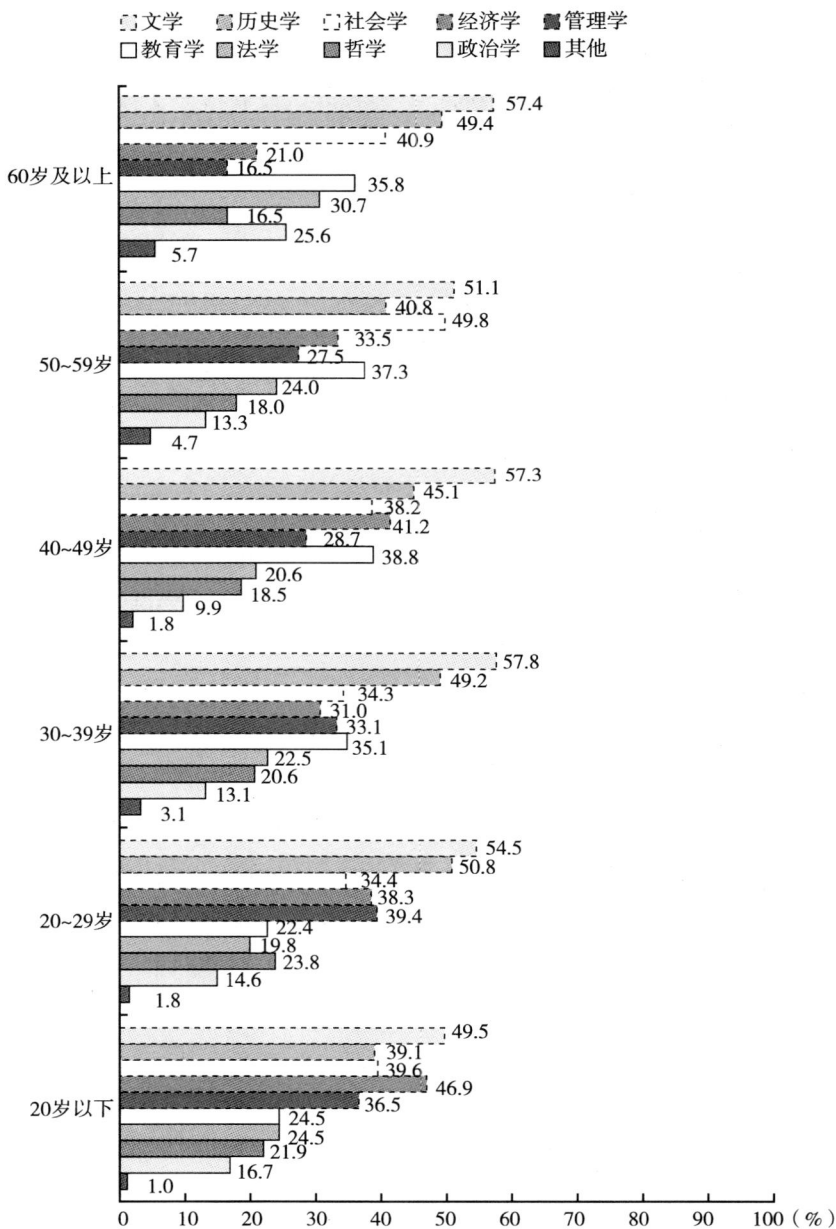

图 3－17　杭州市不同年龄公众最感兴趣的人文社会科学学科的差异

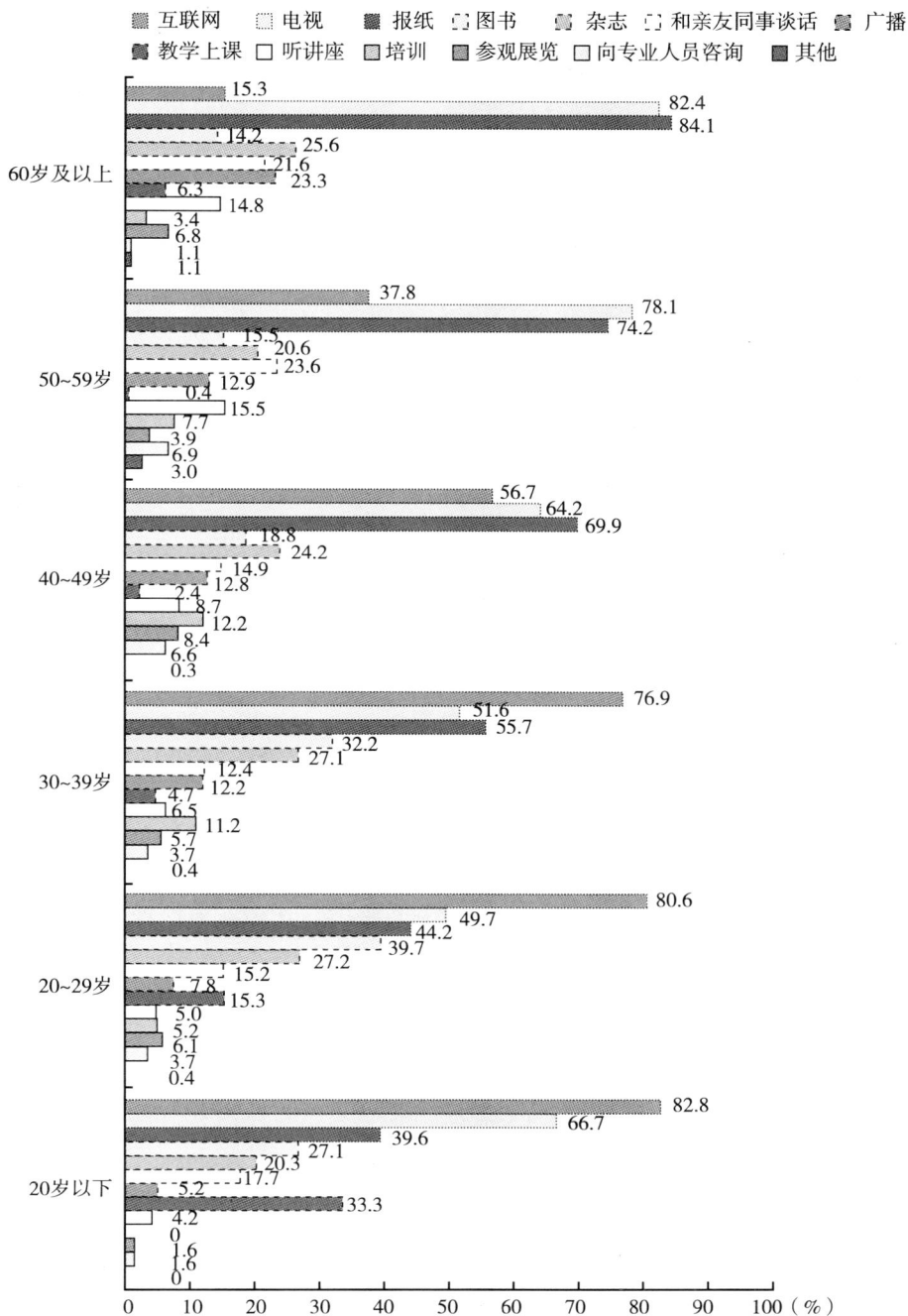

图 3－18 杭州市不同年龄公众获取人文社会科学知识的渠道的差异

第一，40 岁及以上的公众主要是以电视和报纸为主，40 岁以下的公众主要以互联网为主。这是两种年龄段公众所具有的统一性的特征。

第二，不同年龄公众又有各自的特性。60 岁及以上的公众通过电视和报纸获取人文社会科学知识的比例分别占 82.4% 和 84.1%，他们选择电视和报纸的比例在各个群体中是最大的。其中，报纸成为第一选择。报纸和电视是 60 岁及以上公众的第一选择梯队。出现这种状态，与 60 岁及以上公众的生活、工作状态是有重要关系的。一般而言，60 岁及以上的公众，绝大多数处于退休的状态，生活节奏缓慢，时间也非常充裕。因此，他们有大量的时间用来看电视和看报纸，尤其是看报纸的时间是非常多的。而看杂志、听广播以及和亲友同事谈话也是他们打发时间的一些非常重要的活动。

50～59 岁的公众，虽然第一梯队的选择也是电视和报纸，但电视是其第一选择，比报纸高出 3.9 个百分点。第二选择梯队是互联网。这一年龄段公众的特点是还在工作岗位上，但大多对所从事的工作非常熟悉，家庭生活也相对稳定，因此有更多的时间享受生活。他们更多地愿意在业余时间选择看电视来休息，但他们普遍没有太多的时间和精力来看杂志或和亲友同事谈话。同时，由于他们还具有较强的学习能力，对新生事物具有一定的尝试意愿，所以，业余时间他们也会选择上网来学习知识。

40～49 岁的公众，与 50 岁及以上的公众是有一定区别的。首先，他们也把电视和报纸作为第一选择梯队，但是互联网也进入了他们的第一选择梯队，从而使得他们与 50 岁及以上的公众有较大的区别。其次，他们把报纸作为第一选择，其次是电视和互联网。

30～39 岁的公众，互联网成为首选和第一选择梯队，有 76.9% 的公众选择此项。

20～29 岁的公众，互联网不仅成为首选和第一选择梯队，而且其选择的比例高于 30 岁及以上的公众，共有 80.6% 的公众选择此项。

20 岁以下的公众，互联网不仅成为首选和第一选择梯队，而且其选择的比例高于所有其他年龄段的公众，共有 82.8% 的公众选择此项。

（二）不同年龄公众利用不同媒体的时间差异分析

从调查结果看，不同年龄公众在利用不同媒体的时间上存在差异。其中，

40 岁以下的公众每天浏览网络的时间都在 2 小时以上，尤其是 20～29 岁的公众更是在 3 小时以上。而观看电视花费时间较多的则主要是 50 岁及以上的公众，其中 50～59 岁的公众超过 2 小时，60 岁及以上的公众则接近 3 小时。这与我们前面分析得出的结果基本吻合。而不同年龄公众花费在阅读报纸、杂志和图书，以及收听广播上的时间则较短（见图 3－19）。

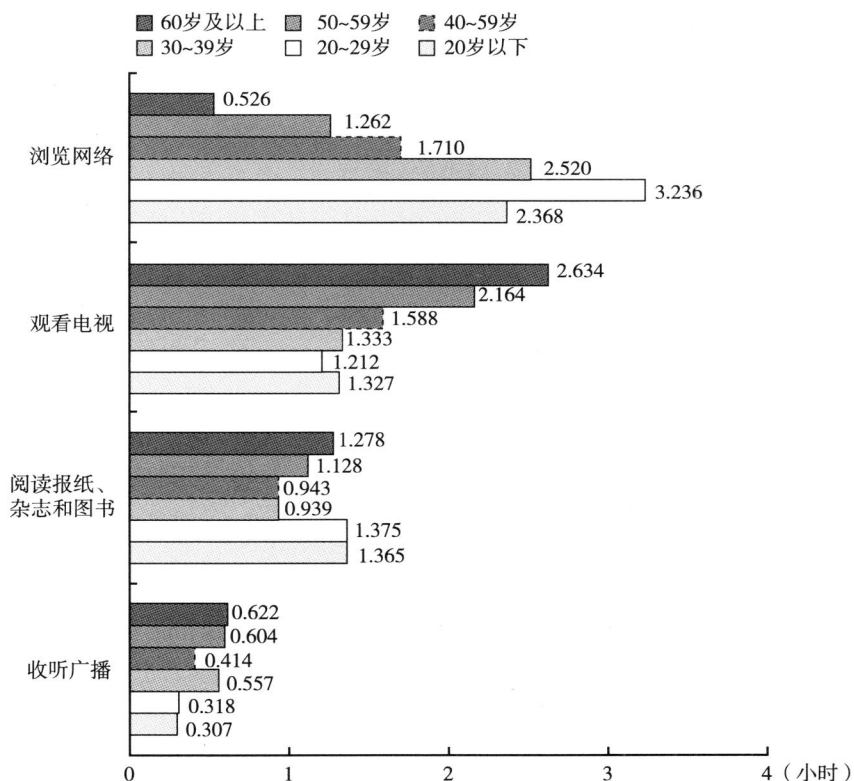

图 3－19　杭州市不同年龄公众获取信息所花费的时间的差异

（三）不同年龄公众不同场所利用分布情况的差异分析

在调查中，我们发现不同年龄公众在过去的一年里，去名胜古迹或人文风景区、书市或书店、电影院或 KTV、图书馆或阅览室的频率相对较高，其中年轻人更倾向于去书市或书店、电影院或 KTV、图书馆或阅览室。而不同年龄公众涉足博物馆或展览馆、教堂或寺庙、民间集会、音乐厅或戏剧院的频率则较低。

三 不同年龄公众对各种人文社会科学知识传播方式及传播机构的评价

（一）不同年龄公众对各种人文社会科学知识传播方式效果评价的差异分析

在公众对各种传播方式效果的评价方面，不同年龄公众对影视、报纸、教学与培训、图书、互联网、知识竞赛、专家咨询、有讲解的展览、杂志、广播等的评价较高且较为相近。但不同年龄公众对没有讲解的展览的评价都较低，而且60岁及以上的公众对互联网的评价也较低。

（二）不同年龄公众对各种人文社会科学知识传播机构信任度的差异分析

在公众对各种传播机构的信任度方面，60岁及以上的公众对社区基层组织、电台或电视台的信任度较高，而对网站、中介组织的信任度较低；20～39岁的公众则对网站仅有一点点的信任。

第五节 不同职业公众对人文社会科学知识的兴趣及获取渠道

一 不同职业公众对人文社会科学学科兴趣程度的比较

公众对人文社会科学知识的兴趣程度是反映公众对人文社会科学知识需求的一个重要方面，此次调查显示，不同职业公众对人文社会科学学科有着不同的兴趣趋向和爱好程度。不同职业公众对文学、历史学的兴趣程度都较高，其中国家机关、党群组织、企业、事业单位负责人，专业技术人员，商业、服务业人员，学生和待升学人员，离退休人员中有50%以上的人表示对文学感兴趣；而城镇无业、失业、半失业人员和农、林、牧、渔、水利业生产人员的兴趣程度相对较低，分别只有21.9%和30.8%的人感兴趣，但对历史学的兴趣都排在第1位，分别占59.4%和48.7%。尽管被调查者的职业不尽相同，但是他们对法学、哲学、政治学等学科感兴趣的程度普遍不高。

二 不同职业公众获取人文社会科学知识渠道的比较

（一）不同职业公众人文社会科学知识获取渠道的差异分析

调查结果显示，不同职业公众普遍把电视和报纸作为自己获取人文社会科学知识最主要的两个渠道，尤其是在离退休人员中分别占到85.0%和83.6%。除此之外，互联网作为"第四媒体"，其作用也在逐渐加强，有81.5%的学生和待升学人员，77.5%的专业技术人员，69.3%的商业、服务业人员，以及67.1%的国家机关、党群组织、企业、事业单位负责人表示会通过互联网获取人文社会科学知识，而68.8%的城镇无业、失业、半失业人员和丧失劳动能力者则表示会通过和亲友同事谈话来获取人文社会科学知识。

（二）不同职业公众利用不同媒体的时间差异分析

在利用不同媒体的时间方面，互联网已逐渐超过电视、报纸等传统媒体，其中学生和待升学人员，商业、服务业人员，办事人员，专业技术人员，国家机关、党群组织、企业、事业单位负责人每天浏览网络的时间均在2小时以上。城镇无业、失业、半失业人员，离退休人员，家务劳动者，农、林、牧、渔、水利业生产人员每天观看电视的时间在2小时以上。不同职业公众每天阅读报纸、杂志和图书，以及收听广播的时间则均在2小时以下，并且大部分还不足1小时。

（三）不同职业公众不同场所利用分布情况的差异分析

在调查中，我们发现不同职业公众在过去的一年里，到名胜古迹或人文风景区、书市或书店、电影院或KTV、图书馆或阅览室的次数较多。而不同职业公众涉足博物馆或展览馆、教堂或寺庙、民间集会、音乐厅或戏剧院的频率则较低。博物馆或展览馆等场所是面向公众尤其是青少年开展经常性、群众性科普教育活动的场所，是开展科普活动的重要保障条件。杭州市是文化名城，遍布杭州的大小博物馆、纪念馆有100多座，还有许多国字号的博物馆，并且这些博物馆常年免费对外开放，在同类城市中有独特的优势。然而，调查结果却显示，杭州市公众没能很好地利用这一基础设施。这一方面是由于公众平时不注重自身科学素质水平的提升，或者没有闲暇时间到这些地方去参观；另一方面也不能排除部分博物馆或展览馆开展的活动形式单一，因而未能调动公众参与的积极性等因素。

三　不同职业公众对各种人文社会科学知识传播方式及传播机构的评价

（一）不同职业公众对各种人文社会科学知识传播方式效果评价的差异分析

在公众对传播方式效果的评价方面，不同职业公众对影视、报纸、教学与培训、图书、互联网、知识竞赛、专家咨询、有讲解的展览、杂志、广播等的评价较高且较为相近，但对没有讲解的展览的评价却较低，而且农、林、牧、渔、水利业生产人员对有讲解的展览的评价也较低。

（二）不同职业公众对各种人文社会科学知识传播机构信任度的差异分析

在不同职业公众对各种传播机构的信任度方面，我们发现，尽管职业不同，但公众普遍对科研院所、教育机构、社会基层组织、电台或电视台、出版社或报社等机构的信任度较高，除学生和待升学人员，办事人员，专业技术人员，国家机关、党群组织、企业、事业单位负责人对网站有一点信任外，其他职业人员对网站的信任度普遍较低。

第六节　不同收入公众对人文社会科学知识的兴趣及获取渠道

一　不同收入公众对人文社会科学学科兴趣程度的比较

调查显示，不同收入公众对最感兴趣的学科存在一定的差异：月平均收入在 10001 元及以上的公众选择前三位的分别是历史学、经济学和管理学；月平均收入为 3501～5000 元和 5001～10000 元的两组公众选择前三位的分别是文学、历史学和经济学；在月平均收入为 1311～2000 元和 2001～3500 元的两组公众中，选择前三位的分别是文学、历史学和社会学。关于"政治学"学科，不同收入公众表现出来的兴趣程度最低，选择该项的公众比例在各类样本中都只占一成左右，其中比例最高的是月平均收入为 1310 元及以下的公众，为 20%。

二　不同收入公众获取人文社会科学知识渠道的比较

（一）不同收入公众人文社会科学知识获取渠道的差异分析

调查结果显示，互联网、电视和报纸是不同收入公众获取人文社会科学知识的主要渠道，而培训、参观展览和向专业人员咨询则是不同收入公众获取人文社会科学知识使用最少的渠道。

经统计分析，不同收入公众选择获取信息的渠道存在差异：月平均收入在10001元及以上的公众选择前三位的是互联网、报纸和电视，分别占80.6%、55.6%和52.8%；月平均收入为2001～3500元的公众选择了电视、报纸和互联网，分别占65.1%、63.1%和61.0%；对月平均收入为1311～2000元的公众而言，其在电视、报纸、互联网三个渠道上选择的比例最高，分别为70.4%、60.5%和48.2%；月平均收入在1310元及以下的公众选择前三位的分别是互联网、电视和报纸。电视这一传统媒体在信息传播中扮演着重要角色，呈现收入越高、选择电视这一渠道越少的现象。

（二）不同收入公众利用不同媒体的时间差异分析

据调查数据分析，在浏览网络上，花费时间最多的是月平均收入在10001元及以上的公众；在观看电视上，花费时间最多的是月平均收入为1311～2000元的公众；在阅读报纸、杂志和图书上，花费时间最多的是1310元及以下的公众；在收听广播上，花费时间最多的是月平均收入为1311～2000元的公众。

（三）不同收入公众不同场所利用分布情况的差异分析

各类公共文化场馆，如博物馆或展览馆、图书馆或阅览室、书市或书店、教堂或寺庙等，对于公众获取人文社会科学知识能够给予很大的帮助，名胜古迹或人文风景区、书市或书店、电影院或KTV、图书馆或阅览室是公众最爱去的文化场所。在月平均收入为10001元及以上的公众中，去电影院或KTV、音乐厅或戏剧院的人最为频繁，大多都选择了去过三到四次。月平均收入为3501～5000元和5001～10000元的两组公众去书市或书店、名胜古迹或人文风景区、博物馆或展览馆的人数较多。最值得注意的是，月平均收入在1310元及以下的公众去得最频繁的公共场所是图书馆或阅览室，这说明文化消费水平与收入的高低直接相关，越来越多的人意识到知识的重要性，公众越来越重视学习知识。

三　不同收入公众对各种人文社会科学知识传播方式及传播机构的评价

（一）不同收入公众对各种人文社会科学知识传播方式效果评价的差异分析

针对一些传播方式，公众的选择集中在影视、报纸和教学与培训三项上，选择这三项的公众总比例在各类样本中都居前三位，普遍认为这三项传播效果比较好。公众认可程度最低的是没有讲解的展览，大多数公众认为其传播效果较差。总体来看，不同收入公众对这些传播方式的效果持理想态度，但仍然存在改进之处，这是值得注意的。

（二）不同收入公众对各种人文社会科学知识传播机构信任度的差异分析

调查结果显示，不同收入公众对科研院所、教育机构的信任度较高，而对中介组织不信任。

第七节　本章小结

综合以上分析，我们可以得出如下几点结论。

一　杭州市公众在人文社会科学学科的偏好上存在差异

第一，从总体来看。杭州市公众对传统的人文社会科学知识表现出了较高的兴趣度，尤其是对文学的关注度最高。在此基础上，他们对现代社会急需的经济学、管理学等社会科学应用性知识也产生了浓厚的兴趣。杭州市公众对文学的关注，充分展示了杭州作为"文化名城"和"文化古都"所具有的特殊性。

第二，在城乡差异方面。主城区和县（市、区）公众对人文社会科学学科兴趣程度的排序体现了一致性，并且其感兴趣的程度总体来说差异不大。这在一定程度上反映了杭州在城乡文化发展上的均衡性。

第三，在性别差异方面。男性公众与女性公众对人文社会科学学科兴趣程度的排序是一致的。并且，在文学这一学科中，男性感兴趣的比例高出女性5.3个百分点，这与人们心中一般认为的女性更偏爱文学的观点有了一定的变化。

第四，在年龄差异方面。不同年龄公众对人文社会科学学科有着不同的兴趣趋向和爱好程度。年龄越大，对哲学、政治学等学科的兴趣越大；年龄越小，对管理学、经济学等学科的兴趣越大。

第五，在职业差异方面。不同职业公众对人文社会科学学科有着不同的兴趣趋向和爱好程度。无论什么职业的杭州公众，对文学、历史学的兴趣程度都较高，其中国家机关、党群组织、企业、事业单位负责人，专业技术人员，商业、服务业人员，学生和待升学人员，离退休人员中有50%以上的人表示对文学感兴趣，而在城镇无业、失业、半失业人员中则有59.4%的人表示对历史学感兴趣。不同职业公众对法学、哲学、政治学等学科感兴趣的程度普遍不高。

第六，在收入差异方面。不同收入公众对于这一问题的看法或多或少存在差异。首先，相比较而言，除了月平均收入在10001元及以上的公众对历史学最感兴趣外，其他公众，无论何种收入层次，都对文学表现出了最高的兴趣。其次，收入越高，对历史学、哲学和经济学表现出较高的兴趣；收入越低，则对教育学、管理学表现出较高的兴趣。

二 杭州市公众在获取人文社会科学知识的渠道上存在差异

第一，从总体来看。互联网和电视成为杭州市公众获取人文社会科学知识的主渠道；报纸的作用不容忽视，其发展潜力也较大；图书和杂志的作用有待进一步开发；而和亲友同事谈话、广播、教学上课、听讲座、培训、参观展览和向专业人士咨询等方式的作用正在减弱。

第二，在城乡差异方面。在运用电视、互联网和报纸方面，城乡公众表现出了较大的差异。主城区公众更倾向于运用互联网和报纸，而县（市、区）公众则倾向于运用电视和互联网。

第三，在性别差异方面。男性公众比女性公众更倾向于运用互联网、报纸、图书、杂志和广播等方式来获取人文社会科学知识，而女性公众则更倾向于运用电视、和亲友同事谈话、教学上课、培训等方式来获取人文社会科学知识。

第四，在年龄差异方面。不同年龄公众在人文社会科学知识的获取渠道上有较大的差异，他们在知识获取渠道的选择上具有普遍性与特殊性辩证统一的特点。

第五，在职业差异方面。不同职业公众普遍都把电视和报纸作为自己获取人文社会科学知识最主要的两个渠道，尤其是离退休人员。除此之外，互联网作为"第四媒体"，主要受到学生和待升学人员，专业技术人员，商业、服务业人员以及国家机关、党群组织、企业、事业单位负责人的青睐，城镇无业、失业、半失业人员和丧失劳动能力者则更多地选择和亲友同事谈话来获取人文社会科学知识。

第六，在收入差异方面。互联网、电视和报纸是不同收入公众获取人文社会科学知识的主要渠道，培训、参观展览和向专业人员咨询是各类收入公众获取人文社会科学知识使用最少的渠道。

三 杭州市公众在利用不同媒体的时间上存在差异

第一，从总体来看。与公众选择互联网为首要的获取人文社会科学知识的渠道相一致的是，公众平均每天花在浏览网络上的时间也是最长的，平均每天为2.240小时，是其阅读报纸、杂志和图书所用时间的近两倍。网络阅读已然成为最受欢迎，且最具普遍性的阅读方式了。

第二，在城乡差异方面。主城区和县（市、区）公众在利用各种媒体的时间分布上存在一定差异。主城区和县（市、区）公众在浏览网络方面所花费的时间是最长的，且主城区公众所花费的时间略多于县（市、区）公众。在观看电视的时间方面，县（市、区）公众所花费的时间略多于主城区公众。对于阅读报纸、杂志和图书的时间，主城区公众所花费的时间还是要多于县（市、区）公众。

第三，在性别差异方面。不同性别公众获取信息所花费的时间在排序上是一致的，但在具体的数值上有差异。主要表现出以下特点：其一，在浏览网络的时间上，男性公众略长于女性公众；其二，在观看电视的时间上，女性公众略长于男性公众；其三，在阅读报纸、杂志和图书以及收听广播的时间上，男性公众与女性公众的差异很小。

第四，在年龄差异方面。不同年龄公众在利用不同媒体的时间上呈现明显差异。年龄越大，花在观看电视上的时间越多；年龄越小，花在浏览网络上的时间越多。而不同年龄公众花在阅读报纸、杂志和图书，以及收听广播上的时间则较短。

第五，在职业差异方面。学生和待升学人员，商业、服务业人员，办事人员，专业技术人员以及国家机关、党群组织、企业、事业单位负责人在互联网上花费的时间最多。城镇无业、失业、半失业人员，离退休人员，家务劳动者，农、林、牧、渔、水利业生产人员每天把更多的时间用于观看电视。而不同职业公众每天在阅读报纸、杂志和图书，以及收听广播方面所花费的时间都比较少。

第六，在收入差异方面。收入越高的公众，会把越多的时间用于浏览网络，其中月平均收入在 10001 元及以上的公众，平均每天有 3.444 个小时上网。总体而言，在浏览网络上，花费时间最多的是月平均收入在 10001 元及以上的公众；在观看电视上，花费时间最多的是月平均收入为 1311～2000 元的公众；在阅读报纸、杂志和图书上，花费时间最多的是月平均收入为 1310 元及以下的公众；在收听广播上，花费时间最多的是月平均收入为 1311～2000 元的公众。

四　杭州市公众在对不同场所利用的情况上存在差异

第一，从总体来看。在过去的一年中，杭州市公众去各种社会活动场所的频率并不高，大多只去过一到两次。其中去得最多的是名胜古迹或人文风景区，其次是书市或书店以及电影院或 KTV。公众利用科普设施的情况不太理想。

第二，在城乡差异方面。首先，除了民间集会，主城区公众利用社会活动场所的频率都明显高于县（市、区）公众。其中，利用频率差异最大的为参观博物馆或展览馆。其次，在游览名胜古迹或人文风景区以及去电影院或 KTV 方面，主城区公众的频率要略高于县（市、区）公众。最后，主城区和县（市、区）公众对于展览馆、音乐厅、戏剧院的利用率是不够的。

第三，在性别差异方面。女性公众相比男性公众更多的是去社会公共场所进行人文社会科学知识的获取和学习。

第四，在年龄差异方面。不同年龄的杭州公众在过去的一年里，到名胜古迹或人文风景区、书市或书店、电影院或 KTV、图书馆或阅览室的频率较高。而不同公众涉足博物馆或展览馆、教堂或寺庙、民间集会、音乐厅或戏剧院的频率则较低。

第五，在职业差异方面。不同职业的杭州公众在过去的一年里，到名胜古迹或人文风景区、书市或书店、电影院或 KTV、图书馆或阅览室的频率较高。而不同职业公众涉足博物馆或展览馆、教堂或寺庙、民间集会、音乐厅或戏剧院的频率则较低。

第六，在收入差异方面。不同收入公众去过名胜古迹或人文风景区、书市或书店、电影院或 KTV、图书馆或阅览室的人占大多数。在月平均收入为 10001 元及以上的公众中，去电影院或 KTV、音乐厅或戏剧院的人最为频繁。月平均收入为 3501~5000 元的公众，去得最频繁的公共场所则是书市或书店。最值得注意的是，月平均收入在 1310 元及以下的公众去得最频繁的公共场所是图书馆或阅览室。

五 杭州市公众在对人文社会科学知识传播方式效果的评价上存在差异

第一，从总体来看。杭州市公众认为在传播效果方面，影视最佳，报纸次之，接着是教学与培训、图书、互联网等传播方式。公众对"没有讲解的展览"的评价是最差的。

第二，在城乡差异方面。总体来说，主城区公众对各种传播方式效果的评价明显高于县（市、区）公众，其中在图书、有讲解的展览、互联网、报纸、杂志、广播上差距较大，而在教学与培训、知识竞赛、专家咨询等方式上差距较小。

第三，在性别差异方面。不同性别公众对各种传播方式的整体传播效果的认同在排序上是一样的，但女性公众对传播方式效果的认同度大多高于男性公众。

第四，在年龄差异方面。不同年龄公众对影视、报纸、教学与培训、图书、互联网、知识竞赛、专家咨询、有讲解的展览、杂志、广播等的评价较高且较为相近。但不同年龄公众对没有讲解的展览的评价都较低，而且 60 岁及以上的杭州公众对互联网的评价也较低。

第五，在职业差异方面。不同职业公众对影视、报纸、教学与培训、图书、互联网、知识竞赛、专家咨询、有讲解的展览、杂志、广播等的评价较高且较为相近，但对没有讲解的展览的评价较低。

第六，在收入差异方面。不同收入公众认为影视、报纸以及教学与培训三种方式的传播效果比较好。

六 杭州市公众在对人文社会科学知识传播机构的信任度上存在差异

第一，从总体来看。杭州市公众对科研院所、教育机构、社区基层组织、电台或电视台、出版社或报社等传播机构的信任度较高。首先，公众最为信任的是科研院所和教育机构；其次，公众对电台或电视台、出版社或报社等的信任度较高；再次，社区基层组织在公众心目中也有相当的信任度；最后，公众对其他传播机构，如网站、中介组织等普遍缺乏信任。

第二，在城乡差异方面。无论是主城区还是县（市、区）公众，最信任的机构是科研院所和教育机构。从总体数据来看，主要呈现以下特征。①主城区公众最信任的是科研院所，而县（市、区）公众最信任的是教育机构。②综合来看，县（市、区）公众对科研院所和教育机构的信任度超过主城区公众。③在对社区基层组织、电台或电视台、出版社或报社等机构的信任度方面，虽然城乡公众的差别不是很大，但总的来说，主城区公众对它们的信任度略高于县（市、区）公众。④在对网站的信任度方面，虽然城乡公众总的来说对其信任度都很低，但在具体的信任度数据上，城乡公众表现出了巨大的差异。⑤对中介组织的信任度，城乡公众普遍表示了不信任。

第三，在性别差异方面。杭州市男性公众和女性公众对传播机构的信任度评价基本上相同，都普遍认为科研院所、教育机构、社区基层组织、电台或电视台、出版社或报社的信任度较高，而网站、中介组织的信任度较低。

第四，在年龄差异方面。不同年龄公众对科研院所、教育机构、社区基层组织、电台或电视台、出版社或报社有一定的信任度，而对网站、中介组织的信任度较低。其中60岁及以上的杭州公众对社区基层组织、电台或电视台的信任度较高。

第五，在职业差异方面。不同职业公众普遍对科研院所、教育机构、社区基层组织、电台或电视台、出版社或报社有一定的信任度，而对网站、中介组织的信任度较低，其中学生和待升学人员、办事人员、专业技术人员以及国家机关、党群组织、企业、事业单位负责人对网站有一点点的信任。

第六，在收入差异方面。不同收入公众对科研院所、教育机构的信任度较高，对中介组织则不信任。

第四章 杭州市公众对人文社会科学的
价值判断和态度倾向

第一节 杭州市公众对人文社会科学的认识

一 人文社会科学素质对道德建设的作用

杭州构筑道德高地，最美现象在杭州从盆景到风景再到风尚，这与杭州独特的人文底蕴和优良的道德风气紧密相连，正所谓"不学礼，无以立"。通过调查，人们非常认同人文社会科学素质提升对于社会道德体系建设的重要意义。在图4-1中，杭州市公众对人文社会科学感兴趣的重要原因是为了提升个人的综合素养，其中最希望提高道德素质的人占62.7%、最希望提高生存和发展能力的人占48.5%、最希望提高文化水平的人占43.8%。从这些数据中可以发现，人们十分认同人文社会科学素质的提升，而个人道德素质的积极作用处在最优位置。

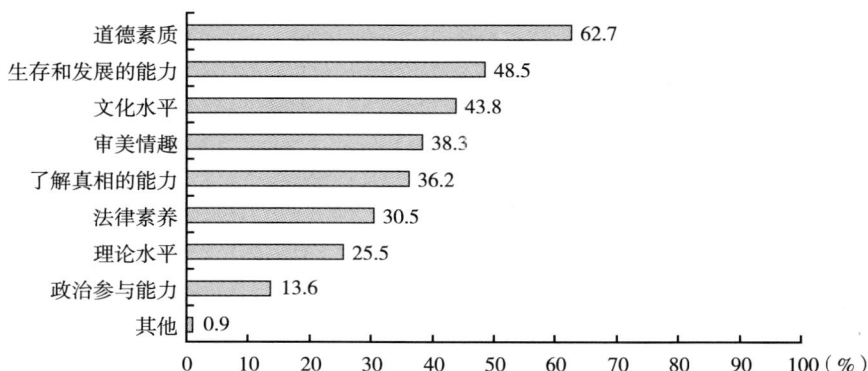

图4-1 最希望通过丰富人文社会科学知识得以提高的能力

二　公众对人文社会科学素养重要性的看法

在调查中，对于"在您看来，我们正在进行的这次调查是否有必要"的问题，表示"很有必要"和"有必要"的人群的比例分别为30.7%、59.0%，远远超过了认为"没有必要"（3.6%）和"说不清"（6.7%）的人群的比例。而对于问题"在您看来，我们正在进行的这次调查是否会影响政府未来的政策措施"，15.9%和11.8%的受访者认为"没有影响"和"说不清"，17.5%的受访者认为"很有影响"，54.9%的受访者认为"有影响"。调查结果显示，杭州公众对此次人文社会科学素养调查认同度较高，也表明了杭州公众对人文社会科学知识与素养的重要性有良好认识。

三　杭州公众对人文社会科学知识的认知度

在这次调查中，我们设定了几类基本人文信息题作为考量的内容。一是术语的了解，二是观点的掌握，三是常识的理解①。各个维度下的分类见表4－1。

表4－1　各个维度下的项目分类

维　度	项　　目	题号
术语的了解	"中国梦"	4－9
	中国特色社会主义三大文明	4－11
	GDP	4－12
	恩格尔系数	4－15
	全面建设小康社会的目标	4－27
观点的掌握	社区都是以血缘为纽带的社会共同体（错）	4－7－1
	公民就是我们常说的人民群众（错）	4－7－2
	人类历史是由英雄人物创造的（错）	4－7－3
	自然规律是不可以改变的（对）	4－7－4
	法人是指代表某一个组织的个人（错）	4－7－5
	政府会干预市场经济（对）	4－7－6
	发行钞票是人民银行的重要职责之一（对）	4－7－7
	供求关系和价格涨跌无关（错）	4－16
	法律的作用（主要用于保护个人的权利＞惩罚罪犯）	4－17

① 薛飞：《浙江省公众人文社会科学素养基本状况分析》，《浙江社会科学》2004年第5期。

维　度	项　目	题号
常识的理解	打造"信用杭州"靠什么（道德约束和法律约束）	4－3
	被称为"最需要科学测量的艺术"（建筑）	4－4
	孔子是哪个学派的代表人物（儒家）	4－5
	我国解放战争中三大战役（辽沈、淮海、平津）	4－6
	通货膨胀（物价走高，货币贬值）	4－13
	哪个国家不是安理会常任理事国（德国）	4－14
	《突发公共卫生事件应急条例》的内容（略）	4－23
	"三个和尚没水喝"表达的管理学思想（协调原则）	4－24
	西湖属于哪一类世界遗产（世界文化遗产）	4－33

通过表 4－2 的数据分析可以得出，杭州市公众对人文社会科学基础知识的掌握情况较好，平均正确答题率[①]为 69.5%，除了在"术语的了解"方面的平均正确答题率（52.0%）略低外，"观点的掌握"和"常识的理解"指数都很高，比例分别是 72.4% 和 75.0%。综合来看，杭州市公众对人文社会科学基本知识的认知情况是比较好的。

表 4－2　各个维度下的平均正确答题率

单位：%

维　度	平均正确答题率	维　度	平均正确答题率
术语的了解	52.0	常识的理解	75.0
观点的掌握	72.4	基础知识的掌握情况	69.5

第二节　杭州市公众对人文社会科学的态度

一　多数公众对人文社会科学的积极影响所持的态度

人文社会科学对人类社会发展所起的作用是众所周知的，是社会变迁的思

---

① 某一维度的平均正确答题率 = Σ（每个受访者在某一维度答对的题数÷该维度的总题数）÷受访者人数。

想先导和价值引领，人文社会科学与自然科学的地位和作用同样重要。但是，人们对于人文社会科学认识的程度可能有所不同，不同的群体甚至会有较大的差异。在本次调查中，我们设计了人文社会科学八个方面的影响，包括道德水准、文化生活、公众健康、世界和平、环境保护、经济发展、政策制定、社会治安。根据调查结果，杭州市公众认为人文社会科学对社会治安等各个方面都具有积极影响。影响度排名在前的是道德水准（1.196）、文化生活（1.177）、环境保护（1.067）、社会治安（1.040）和公众健康（1.002），其他依次为经济发展（0.950）、政策制定（0.921）、世界和平（0.875）（见图4-2）。在这些内容中，受访者认为人文社会科学的影响大大超过了自然科学的影响。但考虑到本次课题调研是以公众人文社会科学素养调查为主的，带有社会期许效应，如此做出的问卷调查结果有一定的失真。考虑到此影响因素，结合图4-3，做出如下推断：人文社会科学与自然科学对公众的影响存在差异，其中在道德水准、文化生活、人际关系、社会治安、心灵提升、政策制定、世界和平方面人文社会科学的影响更为显著，而在环境保护、公众健康、经济发展方面自然科学的影响较为显著。

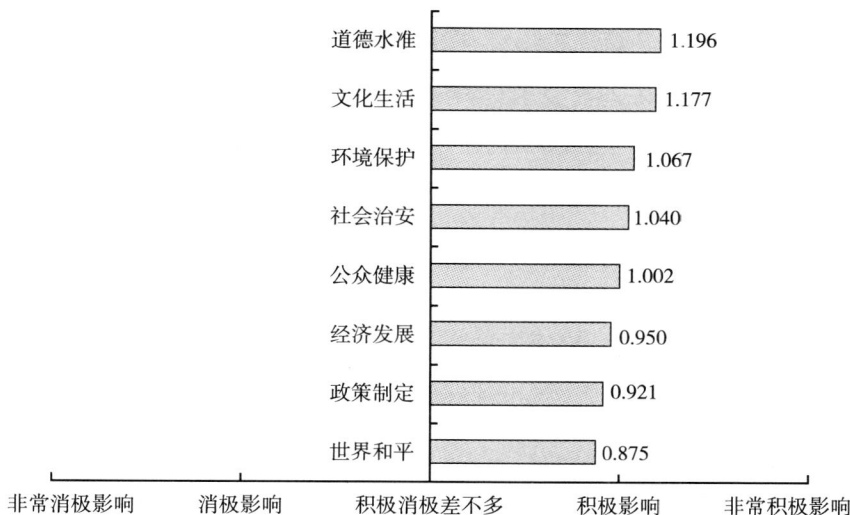

图4-2 关于人文社会科学对公众的影响

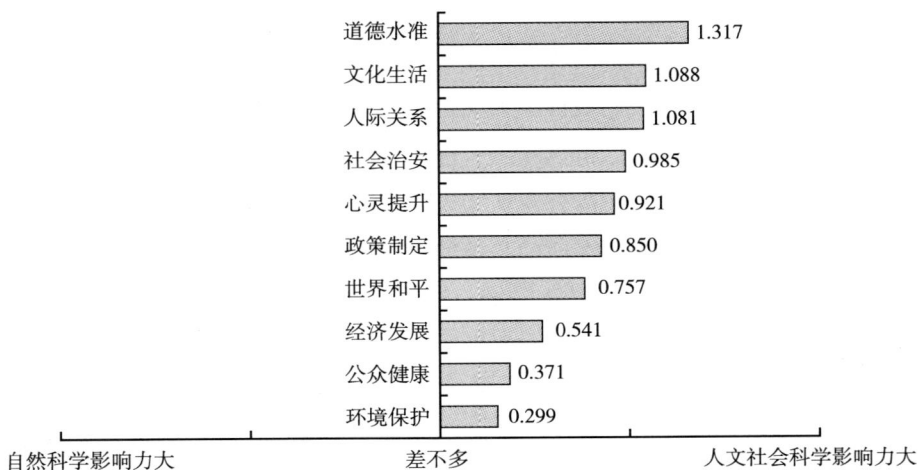

图 4-3　人文社会科学和自然科学的影响力

二　公众在帮助子女选择专业时的态度

为了解人们对各类专业的态度，我们设计了"如果您的子女或亲友今年报考大学，您倾向于让他选择哪些专业方向"这个问题。调查结果表明，医学、工学、经济学、法学、教育学、管理学处于领先地位，属于比较"吃香"的专业，选择比例都在 20% 以上，其中医学以 55.0% 的比例位列第一；新兴交叉学科与理学、军事学、文学处于第二梯队，选择比例在 10% 以上；社会学、历史学、农学属于第三梯队，选择比例在 5% 以上；政治学与哲学最不被关注（见图 4-4）。在这里我们看到社会公众对政治比较冷淡的态度。以上结果与 2003 年在浙江、2006 年在南京开展的人文社会科学素养调查结果基本一致，这说明重理轻文、文科重实用性强的学科现象不是杭州独有，而是一种普遍的社会态度，是一种根深蒂固的职业价值观。

三　大多数公众认为的最好职业

与人们选择专业方向相对应，杭州公众认为最好的职业是医生、科学研究人员、律师、高校教师、一般公务人员、工程技术人员、设计师、民营企业家、会计师、中小学教师、企业管理人员、建筑师、文艺工作者、军人等，这些专业

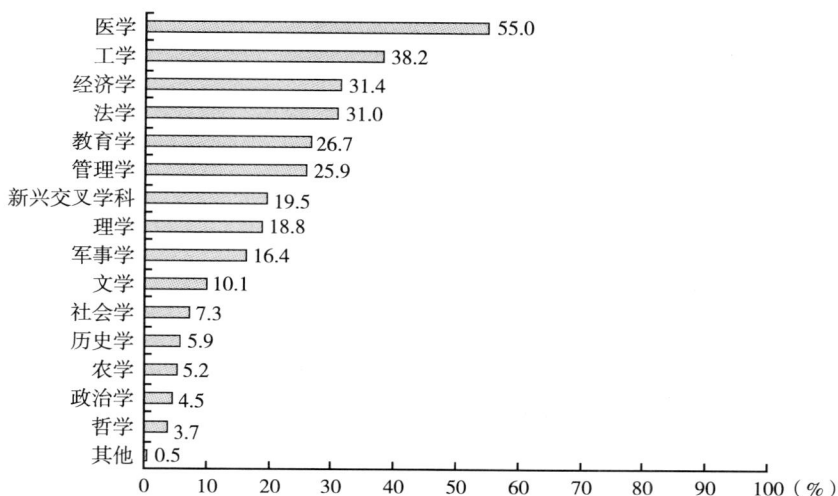

图 4 - 4　关于倾向选择的专业方向

选择比例在 10% 以上，除了一般公务人员、军人等，其他职业的共同特征就是从业人员都是专业技术人员，看来公众普遍认为有一技之长是获得好职业的前提。令人诧异的是记者这一职业竟然以 4.5% 的比例排在倒数第三位，在工人、农民之前，这可能与记者这一职业辛苦、平时周末很少休息有关（见图 4 - 5）。

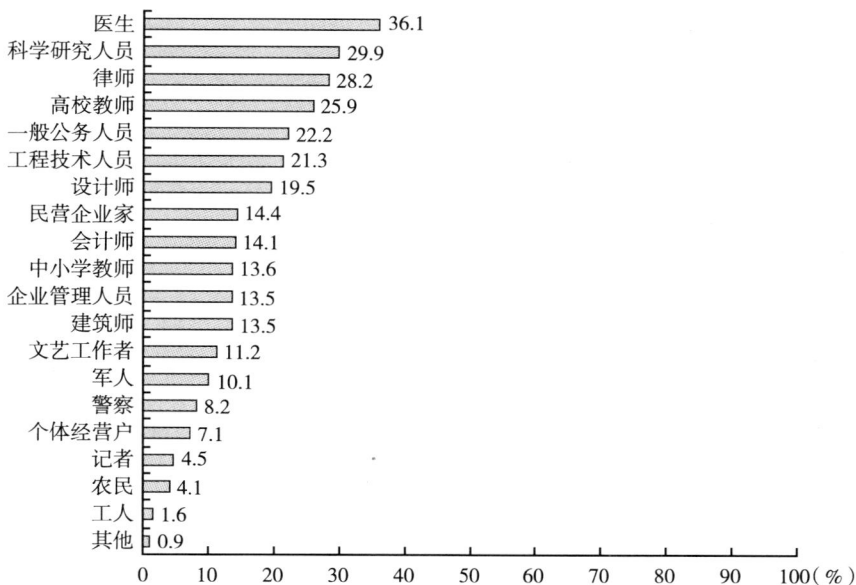

图 4 - 5　公众认为的最好职业

由图 4-4、图 4-5 可知，人们的职业选择与专业选择呈明显的正相关，专业选择医学的比例以 55.0% 居于第一，职业选择医生的比例也以 36.1% 位列第一；其他专业选择工学、经济学、法学、教育学、管理学排在前位的也和职业选择科学研究人员、律师、高校教师、工程技术人员等位次趋同。

四 最受公众欢迎的讲座内容

调查数据显示，在各种人文社会科学讲座中，文学/历史学/哲学知识讲座最受欢迎，占比 17.9%；其次是社会问题分析，占比 16.5%；还有就是人际交往技巧/社交艺术（15.4%）、法学知识（13.2%）、教育方法和技巧（12.4%）；排在后面的是经济学知识、艺术知识、管理学知识、婚姻家庭问题、政治学知识等（见图 4-6）。"文史哲"能够成为杭州公众最受欢迎的讲座内容，原因至少有两个：一是杭州是中国著名的历史文化名城，人文涵养和渊源深厚；二是中国文化自古以"文史哲"为主要学术载体并互相融通，对文化问题和历史问题尤其关注，有"文以载道"和"以史为鉴"的认知兴趣。

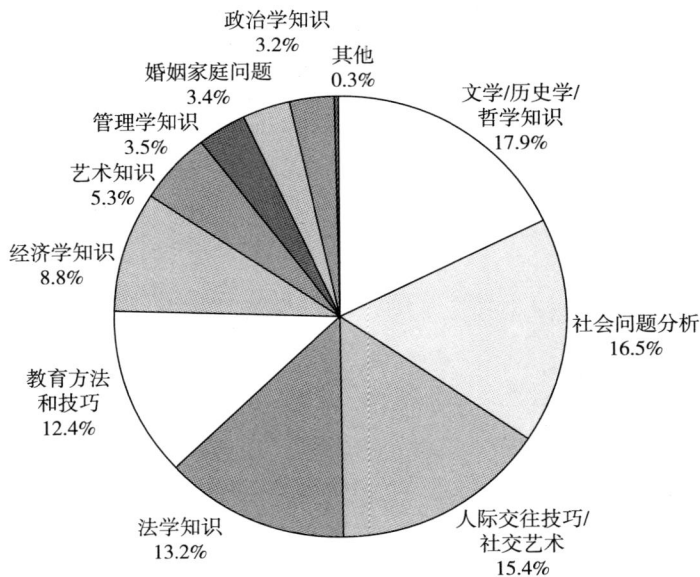

图 4-6 希望听到什么内容的讲座

五 公众最愿意接受的讲座形式

调查显示，"实用性强，能解决实际问题"，是听众最希望听到的讲座形式，占比高达90.7%。"通俗易懂，生动活泼"，排在第二，占比达到80.2%。其他依次是"信息量大，知识面广"和"思维严谨，说理清楚"。大众最不看重的就是"有大师级的人前来"，排在最后一位，占比只有19.4%（见图4－7）。看来，杭州公众并不盲目相信大师专家，而是希望听到实实在在的、有益有利的内容，并且调查结果显示观众/听众对讲座内容和形式的要求比较一致，位列第一的"文史哲"讲座属于通俗易懂、生动活泼类的，而社会问题分析、人际交往技巧/社交艺术、法学知识、教育方法和技巧等都属于实用性很强的门类。此次调查表明公众急需实用、应用型的知识来指导自己的生活和实践，解决实际问题。对实用型讲座的喜爱，从另一个角度折射出图4－1所反映的心理特征，即社会公众对"生存和发展的能力"的利益关切，以及重视思想的引导和问题的解决。

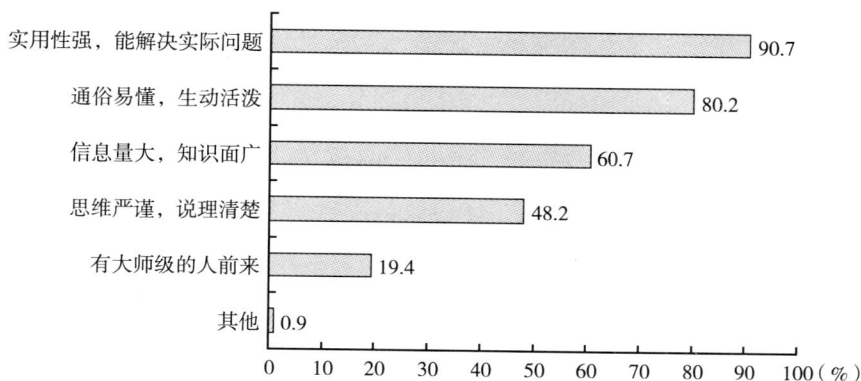

图4－7 希望听到什么形式的讲座

六 公众最熟悉的科学机构

相对来说，自然科学机构更多为杭州公众所熟知。中国科学院以95.3%的占比高居榜首；其次是中国工程院，占比为90.3%。国家级的科学机构相对省市而言，知晓度更高。排名第三的就是占比为82.8%的中国社会科学院。接下来依次是省级机构，浙江省社会科学院（76.5%）知晓度排名第四，略高于浙江省科学技术协会（71.5%）；浙江省社会科学界联合会占比只有45.1%，远低于杭州市社会科学院（68.7%）和杭州市科学技术协会（67.6%）。排名最末的是杭州市社会科学界联合会，占比为44.4%（见图4－8）。浙江省社会科学院占比高，表明杭州公众对该机构开展的经济、社会、文化等研究活动的知晓度较高，浙江省社会科学院专家经常通过电视、报刊、网络等媒体发表对当前热点问题的看法评说和意见建议。杭州市社会科学院占比较高，除了上述原因外，与此次调查是由杭州市社会科学院科研人员深入基层具体进行有一定关系。调查数据显示，不论是浙江省社会科学界联合会还是杭州市社会科学界联合会，公众对其熟悉度都不高，大家对这两个机构的职能不太了解，原因在于不像社会科学院在中央还有中国社会科学院，社会科学界联合会上面没有"头"，在杭州基层又没有"脚"，因此公众对此类机构缺乏了解也在情理之中。这从另一方面也反映出，社会公众普遍认为社会科学院是人文社会科学研究工作和学术活动的主要机构，也是专家学者的聚集之地，其人文社会科学的形象影响力较之社会科学界联合会要大许多。杭州市社会科学院作为杭州市政府直属的学术研究机构，应进一步发挥人文社会科学研究机构的品牌影响力，进一步壮大发展和提高活力，多出人才、多出成果，为杭州的建设发展做出更大贡献。

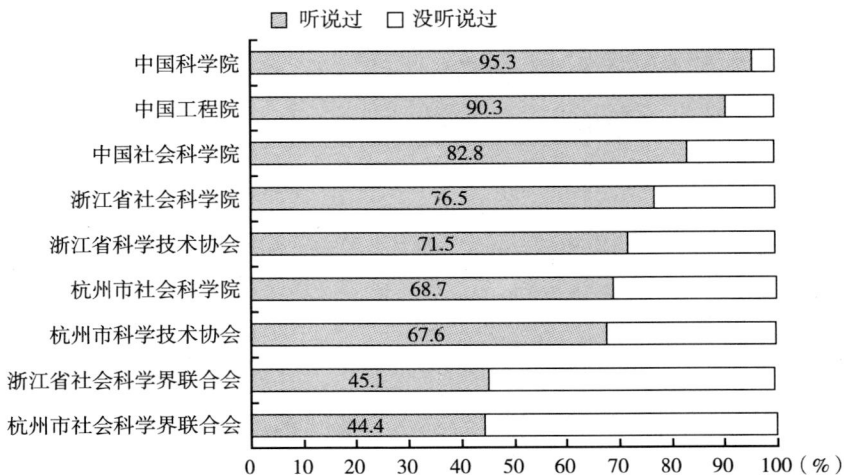

图4－8　公众对各个机构的知晓度

七　公众最信任和最不信任的机构

调查显示，对于各种机构，公众的信任度有明显区别。从图4－9可知，公众对科研院所的信任度最高（0.762），其次是教育机构（0.754），接下来是社区基层组织（0.625）、电台或电视台（0.535）、出版社或报社（0.388）。公众信任度较差的两个机构依次是网站（－0.019）、中介组织（－0.480）。相对来讲，最受信任的机构在公众心目中同时具有权威影响力。在各类机构中，科研院所和教育机构是最受信任的权威机构，这与此类机构最讲科学、最有思想、最实事求是的品质著称有关。而同样以真实和言论为旗号的传媒机构，较之科研院所和教育机构有相当的心理距离。从图4－9还可以看出，科研院所和教育机构的数值最接近于"信任"，而传媒两类机构处于"普通一般"，信任度水平较低。从传媒机构本身比较，电台或电视台优于出版社或报社，这可能与电台或电视台的传播手段具有直接性和视觉性有关，人们更愿意"眼见为实"。另一重要传媒手段网站，在"普通一般"中偏于负面，这与"真假互现"的状况，以及公众对它"半信半疑"和"既爱又恨"的感受比较接近。由此可知，特别是电台或电视台、出版社或

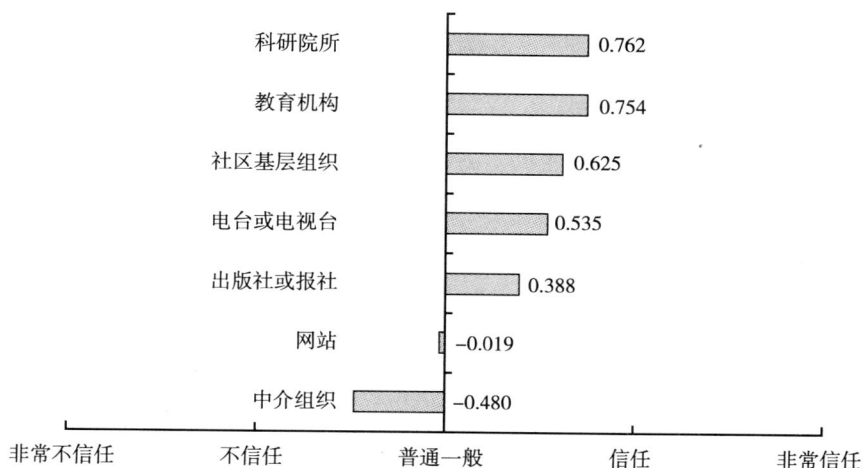

图4－9　公众对各种机构的信任度

报社这两类传统媒体，它们在"真实"和"言论"中的开拓空间还比较大，实现"取信于民"的目标尚需努力。

八　公众对科学的信任度

对于"假设您的家人患了一种很奇怪的病，去医院看了很长一段时间仍不见好转，那么您主张"这个问题，选择"继续就医"的占78.8%，比例在3/4以上，这说明杭州公众大多还是相信科学的。选择"寻找民间土方"的占10.5%，选择"既就医又找神媒破解"的占8.0%，单纯"祈求神灵保佑"（1.3%）和"找神媒破解"（0.2%）加起来只占1.5%，占比极小（见图4－10）。随着科学技术的日益发展，人们对科学的信任度日益提高，虽然还有极少数人迷信神媒，但大多是老年人，他们能力有限，因而容易被迷信"绑架"。

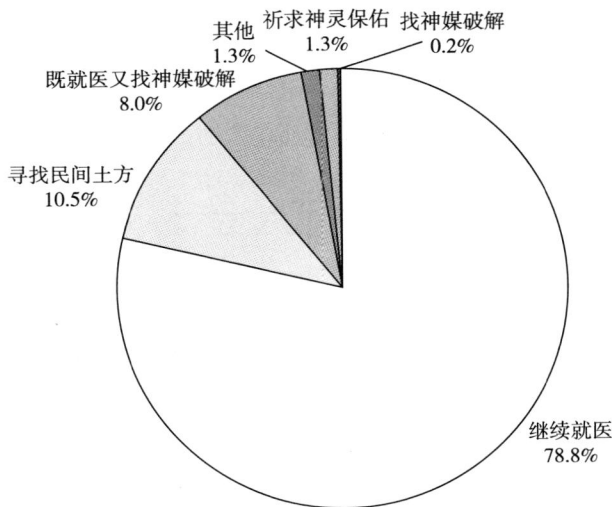

图4－10　公众对迷信与伪科学的态度

九　公众对理想社会价值的选择

对理想社会最重要价值的调查显示，公众选择"缩小贫富差距"作为首要价值，占比60.2%，其次是"依法治国"（39.5%）、"社会治安良好"（38.6%）、"政府信息透明公开"（31.4%）、"食品安全"（31.0%）、"普及与专业的医疗措施"（22.2%）、"人与人之间讲信用"（21.2%）、"环境整洁"（14.9%）、"人尽其才"（14.8%）、"公共设施完善"（11.3%）、"照顾弱小"（8.8%）、"尊重少数人的选择"（5.5%）等（见图4-11）。从以上调查数据可知，公众对"理想社会"的价值期许，是"公平"、"法制"和"稳定"，这些可以解读为人们心目中"理想社会的核心价值"。这个调查结果显示，建设社会公平重点在"缩小贫富差距"，建设社会法制重点在"制止违法乱纪"，建设社会稳定重点在"打击犯罪和安定团结"。

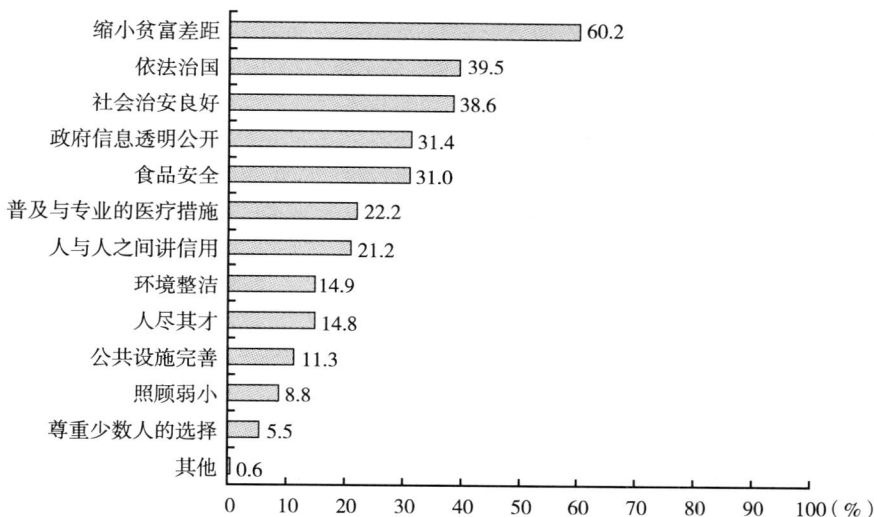

图4-11 公众认为理想社会最重要的价值

从调查结果中我们还可以发现，公众对"安全"高度关切，如位列第三的治安涉及社会安全，位列第五的涉及食品安全，位列第六的医疗涉及健康安全。如果将"环境整洁"调整为"环境保护"这一涉及环境安全的问题，它的价值重要性程度将大大提高。总的来看，社会公众对贫富的焦虑、对法制的焦虑、对安全的焦虑，是非常明显的。

第三节 杭州市公众对人文社会科学的认同度

一 对术语、观点和常识的总体认同度

在人文社会科学素养调查中，被调查者所具备的经济知识素养不及自身的社会知识素养。在这个部分中，一共有 32 道题，平均每个人答对 8 道经济题中 69.7% 的题目，以及 24 道一般人文知识题中 73.8% 的题目。可见，人们对社会类知识的掌握要好于经济类知识。导致这一差异的原因有三。其一，经济类知识专业性较强，需要通过一定的专业学习才能较好掌握，公众通常通过讲座、电视或网络来获得经济知识，但是没有专业深入，难以真正理解。其二，社会主义市场经济建设起步至今还只有 30 多年，对于这个全新经济体制及其相关的概念、理论，公众还需要一个较长的了解认知过程。其三，现代经济理论大多来自国外，学习者还需要较好地掌握数学等基础知识，普通公众理解起来有一定难度。尽管如此，公众经济素养的缺乏仍不可等闲视之。一个不具备基本经济素养的市民，在严格意义上不能称为合格的市场经济建设者和参与者，还可能会构成市场经济发展的限制。

二 从专业倾向来看人文社会科学的认同度

人文社会科学在人们心目中的分量如何？是否得到了应有的重视？这是本次研究附加调查的相关问题之一。调查显示，被调查者对人文社会科学的认同度低于自然科学。无论在专业选择还是职业考虑上均首先倾向于自然科学，对人文社会科学的社会价值评价相对不高。当问及"如果您的子女或亲友今年报考大学，您倾向于让他选择哪些专业方向"时，选择比例从高到低依次为医学（55.0%）、工学（38.2%）、经济学（31.4%）、法学（31.0%）、教育学（26.7%）、管理学（25.9%）等，选择医学的人数高出其他学科一倍以上。有意思的是，当要求被调查者必须在文科范围内选择专业时，他们多选择文科中那些实用性强的学科，如经济学、法学、教育学、管理学，而哲学、历史学和文学这三门经典的人文社会科学学科则几乎被人遗忘。

三　从职业来看人文社会科学的认同度

通过调查 20 种不同职业的社会威望，发现医生在杭州公众心目中的地位最高，看好医生这一职业的人数占 36.1%，其次是科学研究人员（29.9%），再次是律师（28.2%），紧随其后的依次是高校教师（25.9%）、一般公务人员（22.2%）、工程技术人员（21.3%）、设计师（19.5%）、民营企业家（14.4%）、会计师（14.1%）、中小学教师（13.6%）、企业管理人员（13.5%）、建筑师（13.5%）、文艺工作者（11.2%）、军人（10.1%），而警察、个体经营户、记者、农民、工人等的比例均为个位数，选择的人极少（见图 4-12）。这与之前的专业选择呈正相关，排名靠前的职业选择除一般公务人员外，其余几大职业的共同特点是从业者均为"专业技术人员"，也就是注重实用性强的学科。

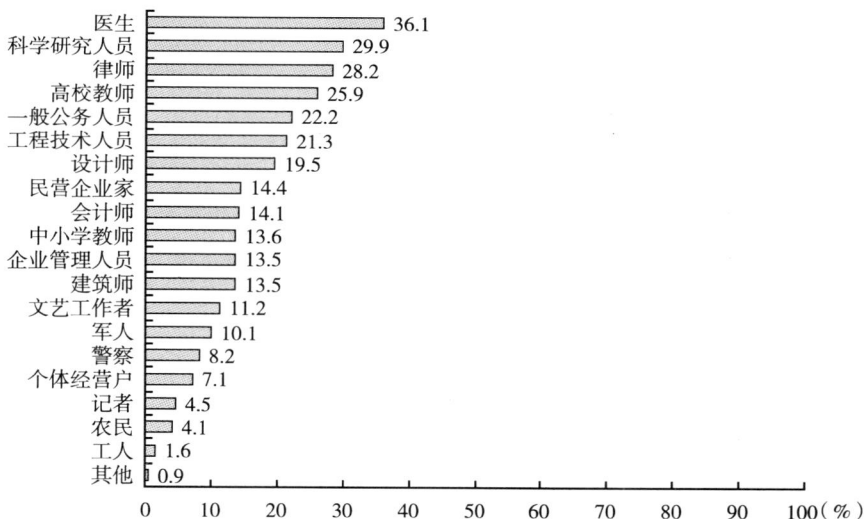

图 4-12　公众认为最好的职业

第四节　不同群体对人文社会科学影响力的看法

一　从主城区和县（市、区）差异来看人文社会科学的影响力

从主城区和县（市、区）差异来看，调查显示，县（市、区）公众人文

社会科学知识与素养的认知水平总体低于主城区公众（见图4-13）。主城区公众每个人平均答对8道经济知识题中72.6%的题目，以及24道一般人文知识题中77.0%的题目。县（市、区）公众每个人平均答对8道经济知识题中68.1%的题目，以及24道一般人文知识题中71.9%的题目。

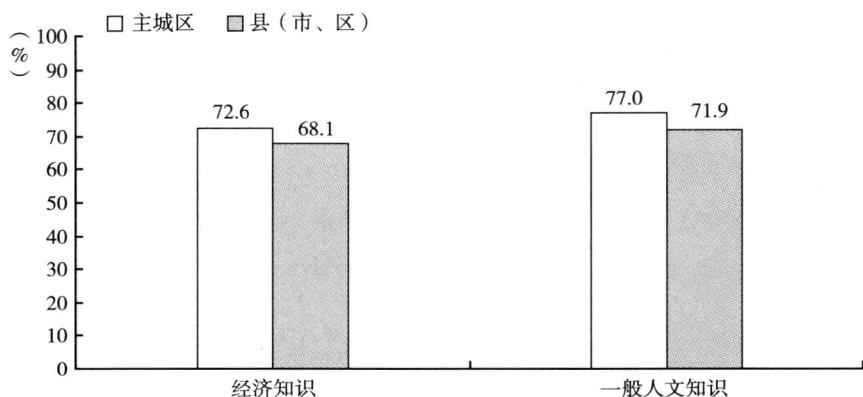

图4-13 认知水平的城乡差异

具体表现在，在人文社会科学影响力方面，主城区公众偏重于文化生活和公众健康，县（市、区）公众偏重于道德水准和经济发展，这和主城区与县（市、区）之间的经济、社会差距密切相关。

二 从性别差异来看人文社会科学的影响力

从性别差异来看，调查显示，在经济知识和一般人文知识方面，男性公众的认知普遍优于女性公众（见图4-14）。在人文社会科学影响力方面，男性在道德水准、社会治安、政策制定等方面远远超过了女性，女性则在世界和平一项超过了男性（见图4-15），这与男女性别差异有着直接关系。

三 从年龄差异来看人文社会科学的影响力

人文社会科学素养认知水平存在年龄上的差异。40岁及以上群体的经济

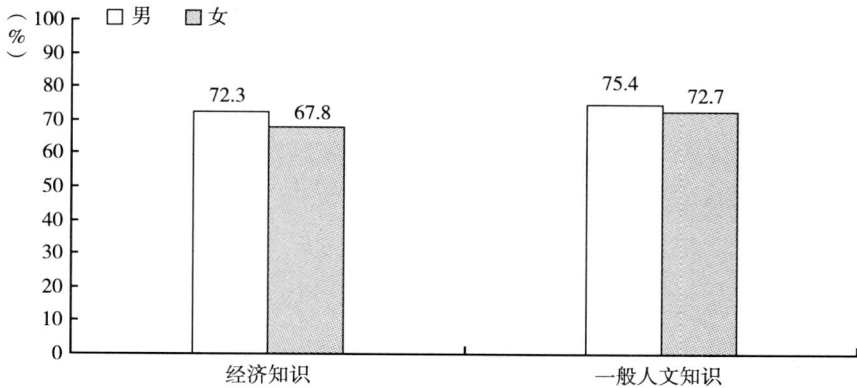

图 4－14 认知水平的性别差异

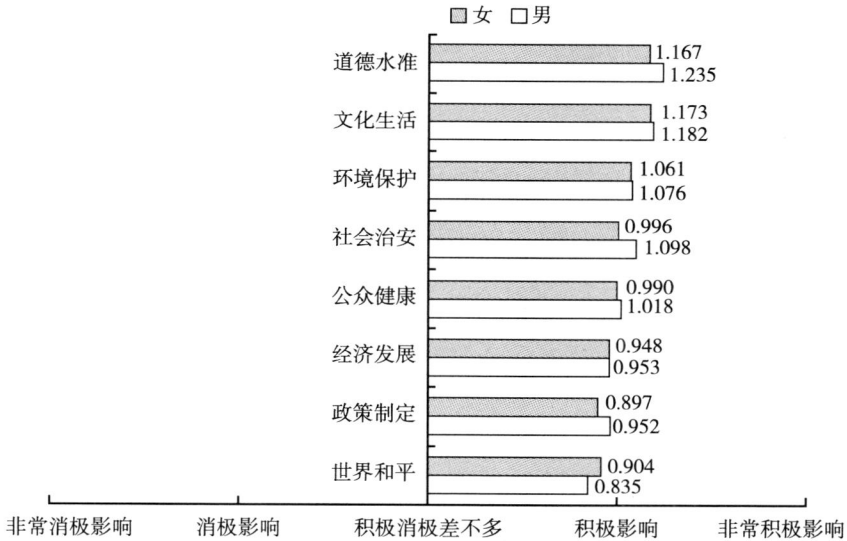

图 4－15 人文社会科学影响力的性别差异

知识明显低于年轻群体，一般人文知识略低于年轻群体。调查显示，不同年龄段群体，其人文社会科学知识与素养水平总体呈上升趋势。40～49 岁、30～39 岁、20～29 岁群体总体上是人文素养最高的市民群体。60 岁及以上和 50～59 岁这两个群体在人文知识方面低于 50 岁以下群体（见图 4－16）。这从一个侧面反映出，自改革开放以后，我国的教育普及率和受教育程度有显著的进步和改善。

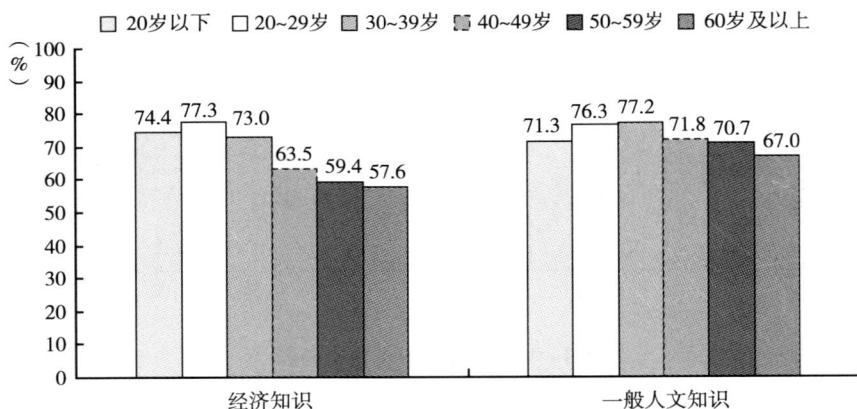

图 4-16　认知水平的年龄差异

在人文社会科学的影响力方面，60 岁及以上群体除了道德水准和文化生活外，在环境保护、公众健康、社会治安、经济发展、政策制定、世界和平方面的占比均高于其他人群。60 岁以下群体除公众健康和世界和平外，其他项基本上随着年龄的增加占比递减。

四　从婚姻状况差异来看人文社会科学的影响力

从婚姻状况来看，人文社会科学认知水平存在差异。未婚、已婚、丧偶、离异在认知水平方面逐渐递减（见图 4-17）。究其原因，一方面，与年龄相关，年龄差异对人文社会科学素养的影响呈正相关，随着年龄的增加认知水平递减。另一方面，未婚人群有更多精力去关心社会，去学习新知识。进入婚姻状态后，其精力被分散，有了孩子更是如此。而丧偶、离异对其身心都是打击，使其精力涣散，无法对人文知识进行积极获取，这也成为一种消极的因素。

在人文社会科学的影响力方面，丧偶在各方面占比都是最高的，因为一般除了意外之外，丧偶群体年龄偏大，这与之前年龄的比较呈正相关；

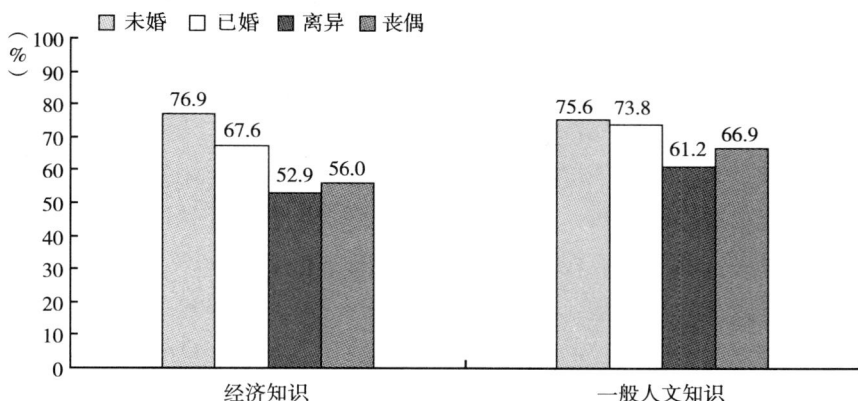

图4-17　认知水平的婚姻状况差异

离异在各方面占比都是最低的，遭受婚姻的挫折使其对社会的关注精力减少。在环境保护、公众健康、社会治安、经济发展、世界和平等方面，已婚群体高于未婚群体，这是由于有了家庭的责任，已婚群体在考虑自身及家庭安全方面有更深刻的认识；而在道德水准、文化生活、政策制定方面，未婚群体高于已婚群体，未婚群体更多关注丰富自身生活、关注社会事务（见图4-18）。

五　从教育程度差异来看人文社会科学的影响力

从教育程度差异来看，低学历群体人文社会科学知识与素养总体上低于较高学历群体。调查显示，公众人文素养水平与其文化程度，即受教育程度呈正相关。是否接受过大专以上文化教育，成为人文素养水平是否高于相对平均水平的重要分界线。因此，对大专以下文化程度的人群应给予更多关注（见图4-19）。

在人文社会科学的影响力方面，教育程度差异群体占比在道德水准、文化生活和政策制定方面基本上是按学历高低排列的；在环境保护、公众健康、社会治安、经济发展、世界和平方面却不是。可见，与文化知识相关方面的选项与学历高低有密切的联系，呈正相关；而与日常生活相关方面的选项与学历高低则没有特别密切的联系（见图4-20）。

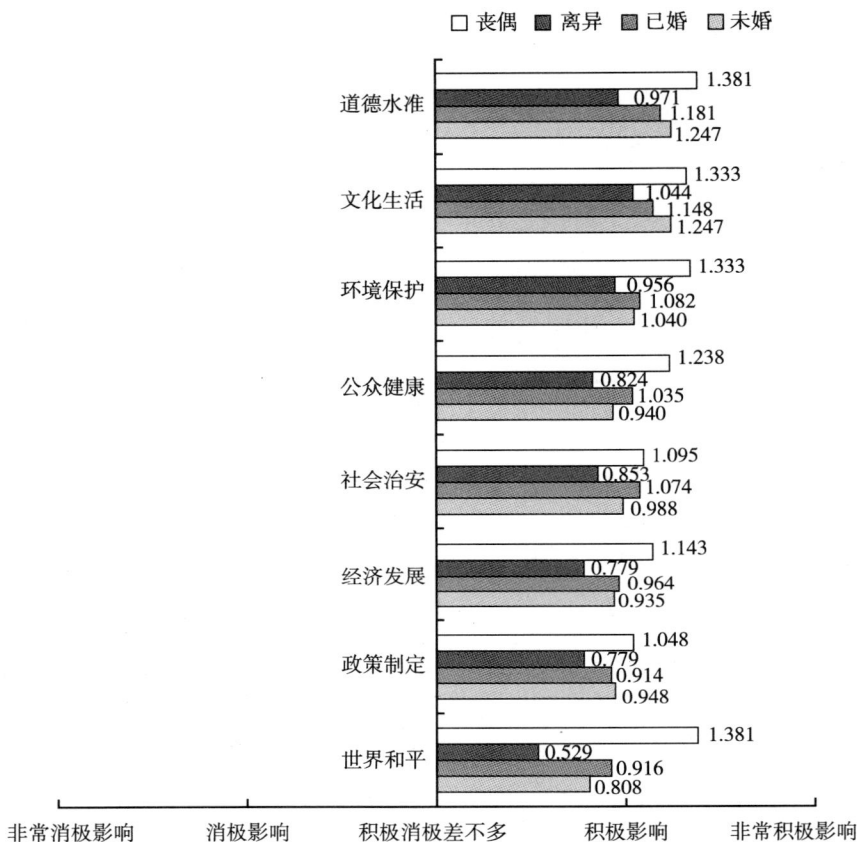

图4-18　人文社会科学影响力的婚姻状况差异

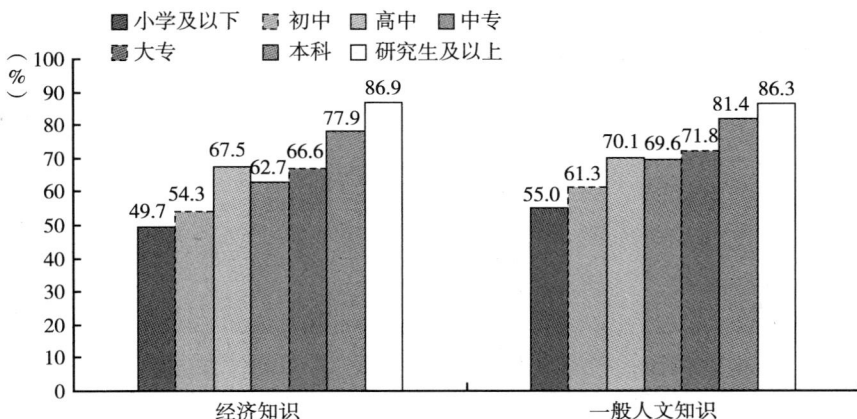

图4-19　认知水平的受教育程度差异

□ 研究生及以上　■ 本科　▨ 大专　□ 中专
▨ 高中　▨ 初中　■ 小学及以下

道德水准
1.285
1.245
1.183
1.317
1.233
1.100
0.644

文化生活
1.382
1.251
1.132
1.146
1.159
1.056
0.849

环境保护
0.944
1.094
1.012
1.207
1.077
1.208
0.712

公众健康
0.903
1.026
1.048
1.110
1.012
0.944
0.726

社会治安
0.931
1.025
1.005
1.098
1.103
1.176
0.767

经济发展
0.889
0.950
0.942
1.085
0.973
1.060
0.479

政策制定
0.986
0.994
0.923
0.890
0.953
0.800
0.397

世界和平
0.868
0.885
0.841
1.061
0.920
0.924
0.397

非常消极影响　　消极影响　　积极消极差不多　　积极影响　　非常积极影响

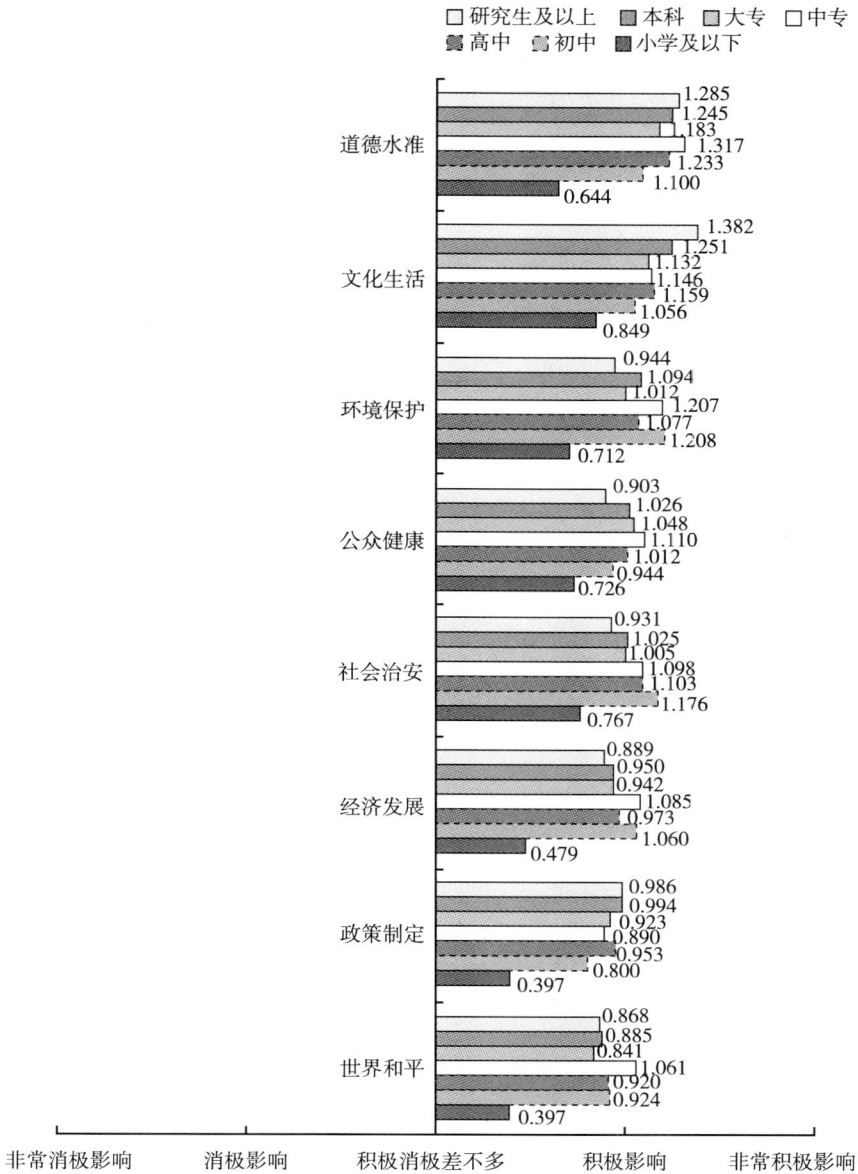

图 4 – 20　人文社会科学影响力的受教育程度差异

六 从职业差异来看人文社会科学的影响力

不同职业公众的人文社会科学知识与素养水平有较大差异。调查显示,工业生产、运输设备操作人员及辅助人员,农、林、牧、渔、水利业生产人员,家务劳动者以及城镇无业、失业、半失业人员和丧失劳动能力者总体水平偏低(见图4-21)。

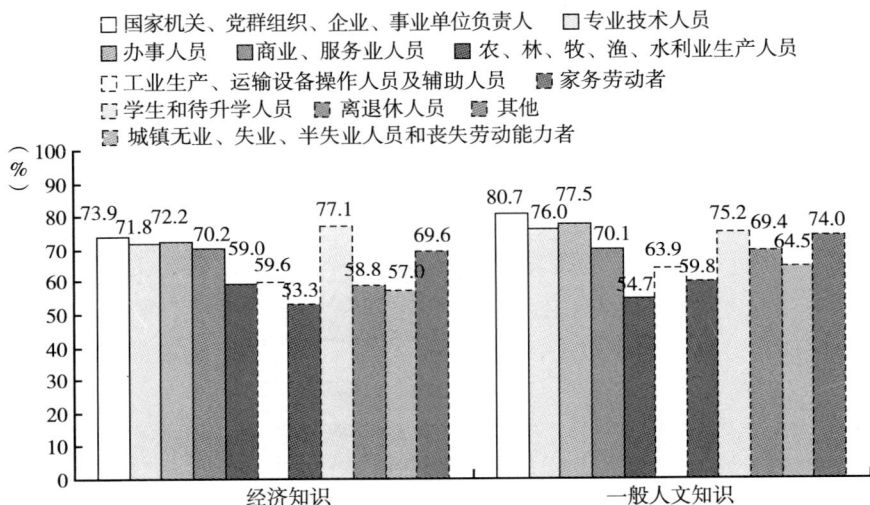

图 4-21 认知水平的职业差异

在人文社会科学影响力的各个方面,农、林、牧、渔、水利业生产人员,家务劳动者以及城镇无业、失业、半失业人员和丧失劳动能力者总体占比都偏低,不同职业选择呈现较大差异,大多数由于生活压力无暇关注社会公众问题(见图4-22)。

七 从收入差异来看人文社会科学的影响力

调查显示,公众人文社会科学素养与收入有一定关系。月平均收入在2000元及以下的公众人文社会科学素养水平最低,月平均收入在3501~5000元的公众人文社会科学素养水平最高(见图4-23)。

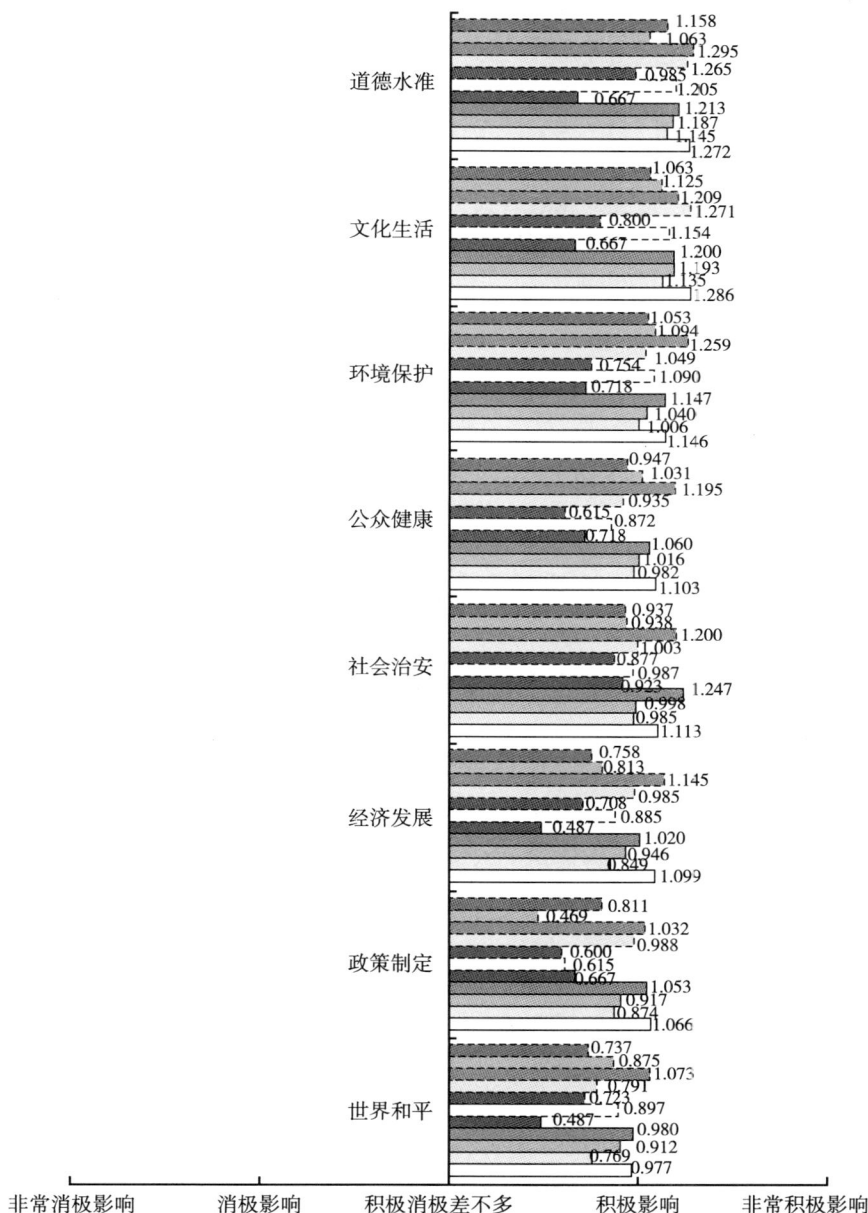

图 4 - 22 人文社会科学影响力的职业差异

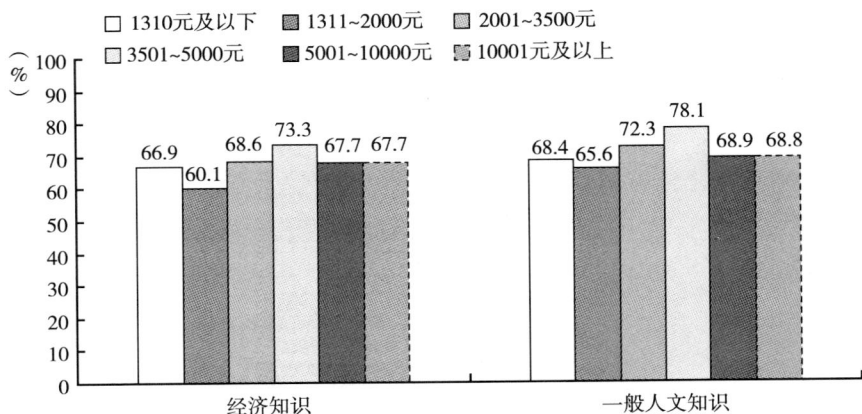

图 4 - 23　认知水平的收入差异

在人文社会科学影响力的各个方面，公众人文社会科学素养与收入呈明显的正相关。要对 2000 元及以下的公众群体给予更多的关注（见图 4 - 24）。

第五节　杭州市公众价值判断的若干趋向

一　公众对提升人文社会科学素养有内在的要求和积极性

调查结果显示，有 89.7% 的杭州公众认为此次人文社会科学素养调查有必要。被调查者中的大多数人都认识到人文社会科学对社会的影响是积极的、不可或缺的。可见，公众认识到了人文社会科学的重要性并有提升人文社会科学素养包括人文社会科学知识和理论的内在需求，希望通过学习人文社会科学知识，提高自身的综合素质，从而有益于自己的生存发展。

二　对杭州城市"品质"和"休闲"特征有较高认同

针对问题"您希望杭州在未来发展成怎样的状态"，一半以上及近一半的人群对"东方品质之城"和"东方休闲之都"认同，看来"品质"和"休闲"已成为杭州比较认同的城市品牌（见图 4 - 25）。有特色的城市往往能使人产生认同感，比如杭州公众一讲起西湖，都有一种同样的自豪感。另外，较

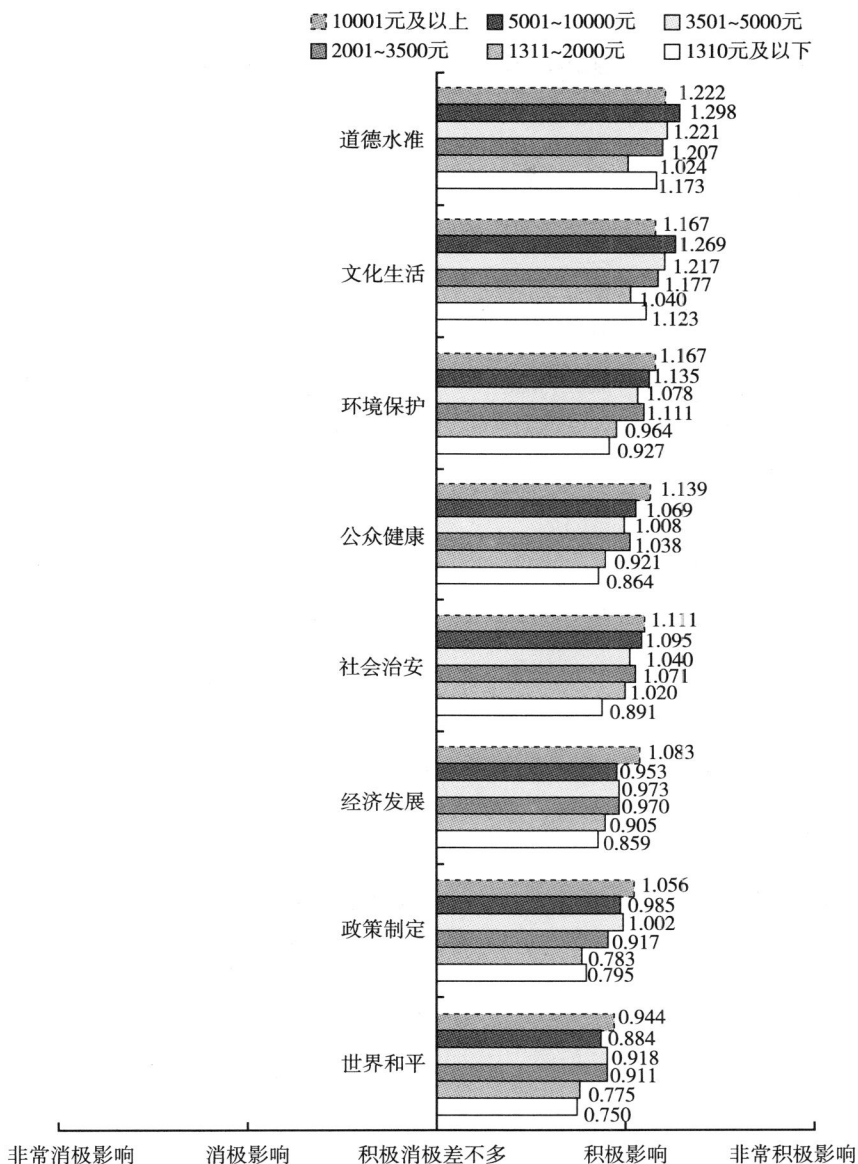

图 4 - 24　人文社会科学影响力的收入差异

高的生活品质及其追求也增强了人们对杭州这座城市的认同感和归属感。结合图 4 - 26 可以发现，杭州公众在城市认同感和城市归属感方面的得分都较高。公众对杭州在公平、守法、讲信用、尊重民意、正义、较高文化素养、包容、休闲、宜居方面有很多共识，而且都愿意留在杭州。这是因为杭州比较独特的宜居品质和休闲文化使公众更喜爱这座城市，让人们在游山玩水中慢慢记住它、认识它，最终认同和了解。

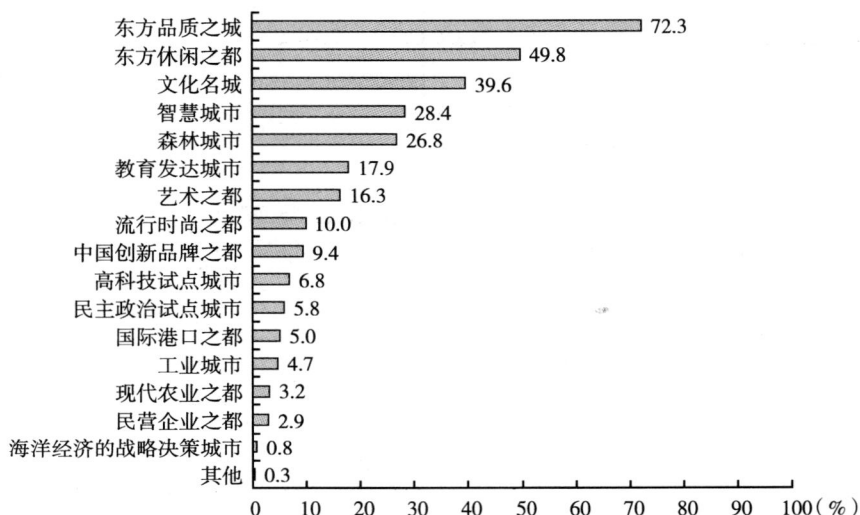

图4-25　杭州未来发展状态的期望

基于因素分析的结果，我们将"对杭州市的整体认同与看法"分为城市认同感和城市归属感两个维度①。分别计算两个维度的平均分，杭州市公众城市归属感的平均分是4.098，城市认同感的平均分是3.716，两个维度的平均分都远远高于理论均值3。可见，杭州市公众对于杭州的归属感和认同感较强。在城市归属感维度中，"我以身为杭州人为荣"得分最高，达4.325。在城市认同感中，"杭州文化休闲活动很多"得分最高，达4.079。每一项指标的得分见图4-26。

_____

① 在问卷中，我们列举了13条公众对杭州市的总体认同与看法，要求公众对这13条看法进行五点量表评分，态度可以有非常赞同、赞同、普通一般、不赞同、非常不赞同5个水平，分别计分为5、4、3、2、1。采用主成分分析法和方差最大正交旋转法，对"对杭州市的整体认同与看法"这一题中的各个指标的得分进行了探索性分析。KMO的得分为0.940，Bartlett的检验结果达到显著性水平（$p < 0.000$），因此可以做进一步的主成分分析。最终得到了特征根大于1的2个公共因子，其累计方差为64.340%。由于"我认为杭州比其他市更适合外国人来居住"这一指标的因子载荷小于0.55，因此予以删除。两个公因子分别命名为城市认同感和城市归属感。采用Amos软件对探索性因素分析结果进行验证，验证结果显示该降维结果有效。

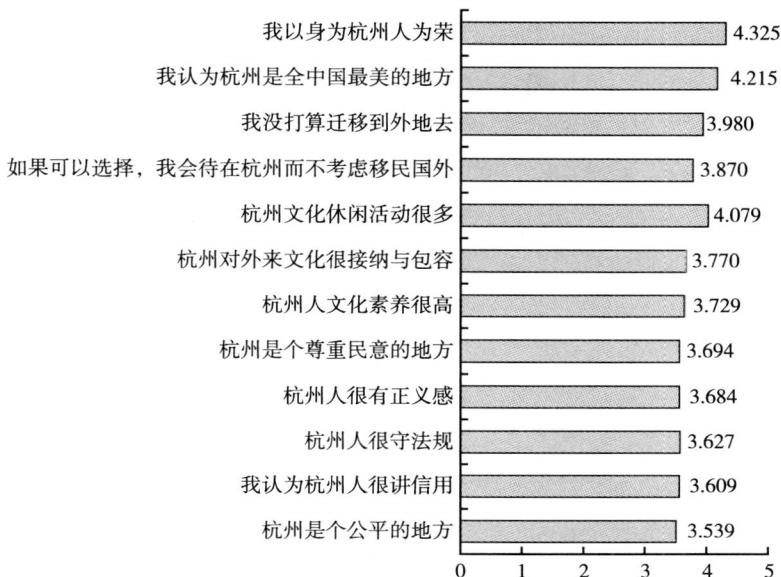

图4-26 对杭州的整体看法

三 对杭州的地域文化及发展有较好的认知

调查显示，公众对杭州地域认知情况良好，杭州公众的城市归属感强。同时，对地域文化及发展有较好的认知。根据调查数据，85%的公众对杭州城市精神有所了解，其中"非常了解"和"比较了解"的占到43%（见图4-27）。86%的公众对杭州打造"全国文化创意中心"的情况有所了解（见图4-28）。由此可见，广大市民对杭州地域人文社会科学情况有自发自觉的认知，体现了公众对自己城市的关心，政府应该加以重视，积极引导，使公众的人文社会科学素养更上一层楼。

四 公众人文社会科学素养与教育程度呈正相关

在不同群体人文社会科学素养的比较中，有一组数据比较突出。以所受教育为划分标准，杭州公众的人文社会科学素养水平与其文化程度呈正相关，基本上随着文化程度的上升而提高。因此，教育是提升人文社会科学知识与素养

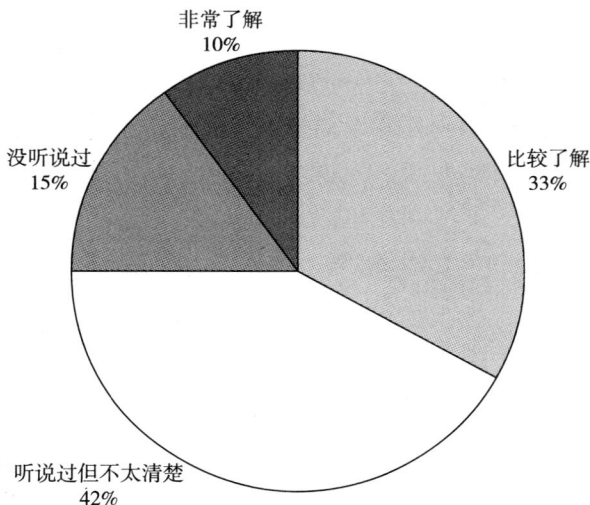

图 4 – 27 公众对杭州城市精神的了解情况

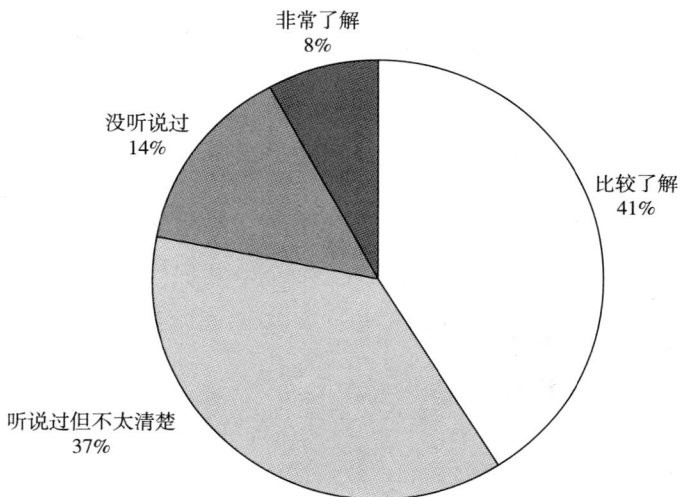

图 4 – 28 公众对杭州打造"全国文化创意中心"的了解情况

的首要因素。在继续抓好学历教育中的人文教育的同时，针对重点群体，尤其是对中专及大专以下群体着重抓好继续教育工程是当务之急。针对人文社会科学知识与素养存在问题的重点公众群体进行各种形式的继续教育，以增加知识、丰富思想，提升人文素养水平也是比较重要的。

五　"以德为先"是主导倾向

在关于"最希望人文社会科学知识帮助提高的能力"的调查结果显示，希望提升"道德素质"位列第一（62.7%），高出位列第二的"生存和发展的能力"约 14 个百分点。这显然与中国文化的伦理道德型传统特征相关，与中国文化"以德为先"、"以德立人"和"以德治世"的传统理念相关，并且积淀在普通民众的日常意识深处。也可以说，这是作为中国人的一个共性特征，在本次调查中得到了清晰的反映和印证。这一情况，也反映了当代社会民众对道德建设的普遍要求，希望重建人的德性生命。

六　"生存和发展"是要务

调查显示，"生存和发展的能力"位于杭州公众希望提升的能力的第二位。如果说"道德"体现的是人的社会人际意识、公共规则意识，那么"生存和发展"则反映了人的个体意识和利益意识，属于人的积极需求和行为动力。这种"生存和发展的能力"的重要性仅次于人的道德存在，可以表述为"生存和发展是要务"的价值倾向。这种价值倾向又可被称为"功利性价值倾向"，它指向个体的生存状况和实际利益追求。改革开放以来，人们不再隐讳个人的生存发展要求和个体利益追求，而且这种要求成为重要的生活动力，成为市场经济的重要支点，这是中国社会的一个重要进步，亦是人性的真实复归。我们还可以从本次调查中看到，公众对专业的选择、对职业的选择、对讲座内容的选择等，都体现了对"实用型"的功利性价值偏好，这些都印证了这个特点。这一情况，与当代社会具有"利益交集和冲突"之特征相当吻合。

七　"提高审美情趣"具有生活重要性

调查结果显示，公众希望通过人文社会科学知识来提高"审美情趣"，即提高审美能力，列第四位，低于第三位的"文化水平"5.5 个百分点，比第五位的"了解真相的能力"高出 2.1 个百分点。这是一个比较有意义的情况。依据调查结果的量化比重，前五项依次为：道德素质、生存和发展的能力、文化水平、审美情趣、了解真相的能力。这正好是一个价值重要性的程度排列，反映了社会公众的目标期许和价值衡量，具有社会的共性认知。我们可以把"了解真相的能力"理解为"实事求是的能力"，也就是"理性分析认知能力"。那么，对杭州公众的这一调查结果表明，他们普遍认为审美能力的需要次于"文化需求"，却高于"理性能力的需要"。这让我们看到了一个情况，是不是可以这样说，杭州人，重道德、重生存、重文化，也看重审美，并且重视审美优先于理性认知？这显然是一个由数据统计为证的结果。这与杭州的山水秀丽、杭州人爱美懂美、杭州的休闲文化、杭州的艺文传统、杭州人重视情感生活等有很大的关系。应该说，杭州公众将"审美情趣"置于这个地位，有品位，但并非偶然。

八 "理性水平"偏弱

从调查情况看，属于"理性能力"的"了解真相的能力"、"法律修养"、和"理论水平"等在公众心目中的真实位置是偏后的，不及"审美情趣"这一涉及艺术与情感的心理分量。居于首位的"道德素质"虽然亦属于人的理性范畴，但它是一种主要作用于行为的实践理性，这和主要作用于思维的认知理性是不一样的。此次调查发现的问题，正是公众的认知理性水平偏低。这一状况与现代社会崇尚的科学精神，存在一个有待重视和补足的落差。

九 "重视实用和功利"的突出倾向

此次杭州公众人文社会科学素养调查的结果，已经在许多不同方面显示出一个明确的价值倾向特征，即对实用功利性的普遍关切，并且这种价值倾向基于个体的生存和发展需求。在中国传统文化的"义利之辩"中，对个人利益或个体功利的追求处在被否定或压抑的位置，直至新中国成立初期仍然延续了这种文化倾向。20世纪80年代思想解放和改革开放以后，这种局面得到改变，"实现个人价值"和"发家致富"成为极具积极性的"正能量"而被普遍认同。我们认为，在现当代社会，"功利追求"和"道德追求"具有同样的正当性、合理性，是人性中直接和积极的组成部分。我们在此次调查中还发现，在公众的价值倾向的心理结构中，"道德为先"处在"挂帅"的领导地位，功利性的价值追求紧随其后，这令人想起"君子爱财，取之有道"的古训。"道"就是人的道德、社会的道义。总之，调查显示，第一，杭州公众的精神风貌和价值倾向是健康的、向善的、积极合理的；第二，杭州公众价值倾向的总体特点，是"道德为先"的"实用功利型"，对个体的切身利益有很大的关切。

十　偏弱的政治态度

从调查情况看，公众对通过人文社会科学知识提高"政治参与能力"持偏弱态度（13.6%），在九个选项中垫底。一方面是对通过人文社会科学知识的学习来提高政治参与能力的期望值不高，持不肯定的态度；另一方面则可能是对政治本身持偏冷淡的态度，热情不高。从图4-29可以看出，在九个学科中，"政治学"（14.4%）是公众最不感兴趣的学科。在"关于喜好专业"的调查中，"政治学"（4.5%）稍好于"哲学"（3.7%），排在倒数第二位。显然，人们对政治本身的态度偏弱。从现实情况来观察，社会公众对政治确有偏弱的一面，但也有对政治相当敏感和关注的一面，20世纪中叶"政治挂帅"的深刻影响仍然存在，对问题的"政治思维"仍然习惯。总之，在实际状况中，人们对政治持"既消极弱化又敏感关注"的复杂态度。随着中国社会主义政治文明的建设，特别是社会主义民主政治和政治改革的逐步推进，这种状态必将得到改善，人民群众参与政治的热情也必有很大的提升。

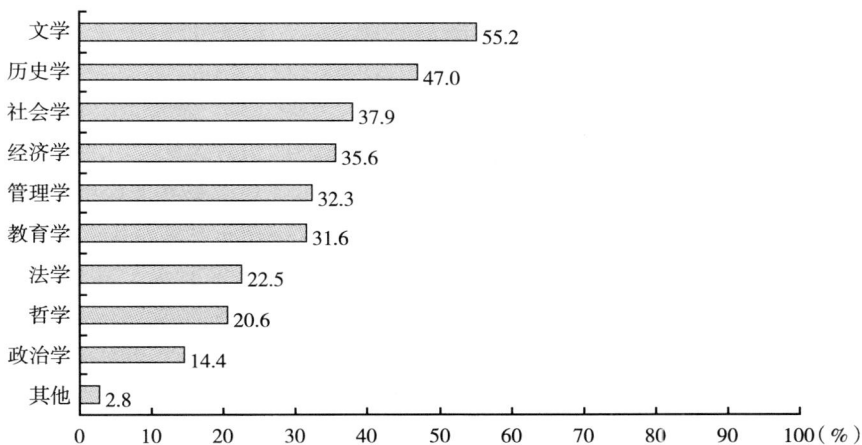

图4-29　个人感兴趣的人文社会科学学科

第六节　本章小结

问卷中设置的"最希望人文社会科学知识帮助提高的能力"这一题目的调查结果，极有分析意义。这项调查设置了九个问项，我们可以选取前五项为一个分析的代表性组合单元。这个组合单元所获得的调查数值，自上而下按从大到小的顺序排列，它们直观地显示了不同价值倾向或各种需求的重要程度和层次分级。这个"组合单元"可以称为"价值倾向的心理结构"，也可以称为"目标需求的层级构成"或者"社会价值观的层次结构"。前述已经看到，对这一社会价值观的认知和分析，是此次调查的一个重要收获，具有理论意义和应用价值。

此次调查显示的杭州公众"社会价值观"，由"道德素质"、"生存和发展的能力"、"文化水平"、"审美情趣"和"了解真相的能力"五项组成。对此做进一步的简便分析处理，可以看作"道德需求"、"功利需求"、"文化需求"、"审美需求"和"理性需求"五项价值需求的层级组合。"了解真相的能力"可以解读为"实事求是的理性认识能力"。从调查的量化数据看，我们对杭州公众的这一社会价值观的基本评估如下。第一，"道德挂帅"和"以德为先"的结构特征是健康的，符合中国文化积极向善的优良传统，也符合现当代中国的精神形塑，符合中国社会主义核心价值的建构。第二，"文化需求"处在上升的重要地位，"道德、生存和文化"三者在社会公众心目中居于"三甲之位"，被视为最重要的三大价值追求。改革开放以来的30余年，随着我国物质文明及生活条件的极大丰富和改善，人们的精神文明，尤其是文化需求也在不断提升和丰富，在此过程中文化水平的提升和文化产业的崛起就是重要的迹象。"道德、生存和文化"三者是中国自改革开放后价值重建的一个基本结构，生存需求和文化需求获得显著的提升。第三，审美包括自然审美、艺术审美及审美创造等，也属于文化类型之一，在价值需求的心理层次结构中亦有显著的提升，并且突出了文化在精神超越方面的特殊需要。第四，这一社会价值观的问题或者不足，是"理性能力"处在弱位，次于情感性的审美需要。作为思维的理性认识能力，它在现代社会的科学时代，在"科学技术是第一生产力"和"树立科学发展观"的现实生活中，其重要性不言而喻，因此有待加强和提升。我们还应当注意到，理性的认识能力是人文社会科学素养的基础和支点，也是最主要的思维方式，它能使人比较客观、真实、冷静地分析与综合对事物的认知与评价。一个成熟的民族，它的合理心智结构，应当是"道德、生存、文化和理性"的价值组合，或者是"理性、道德、文化和生存"的组合结构。从人文性格特征来看，杭州是"情感的城市"，上海则是一个"理性的城市"。此项调查结果也部分地印证了这一点。我们应当在人文素养中，期待更多的理性主导人的思想和行为。第五，杭州公众社会价值观的五个方面，也可以归纳为"五个心"，即道德心、功利心、文化心、艺术心和是非心，这相当准确地刻画出当代人群的人文性格特点。从历史发展看，道德的地位依然稳定，但对个人利益的追求（即功利心）处在上升的层级，已到了相当突出的位置，优于对文化的学习与享受需要。这和当下社会流行享乐主义、消费主义、物质主义和个人主义乃至拜金主义有内在关系。并且，功利心有着越过道德心的危险趋势，近几年频发并引起社会高度关注的"反道德人性"若干事件，就是不断发出的警示信号，因此要对此给予高度重视，不断加强社会主义核心价值体系建设，不断深化"我们的价值观"主题实践活动，不断弘扬"最美"现象。给予合理的完善，就是文化需求继续上升并带动审美需求，而生存需求则要得到更好的平衡、满足和保障。

第五章 杭州市公众对人文社会科学知识普及的基本需求及公共实践

第一节 杭州市公众对人文社会科学知识普及的总体需求

一 公众对科普工作的内容认知

科普工作的内容是什么？调查数据显示，在 4 个选项中，"自然科学和人文社会科学知识的普及"占比 79.9%，此项集中度非常高；其次为"自然科学知识的普及"和"人文社会科学知识的普及"，分别占比 9.9%、9.8%（见图 5-1）。这反映出人们对科普工作的内容有着正确的认识，科普工作在很大程度上受到了人们的关注。

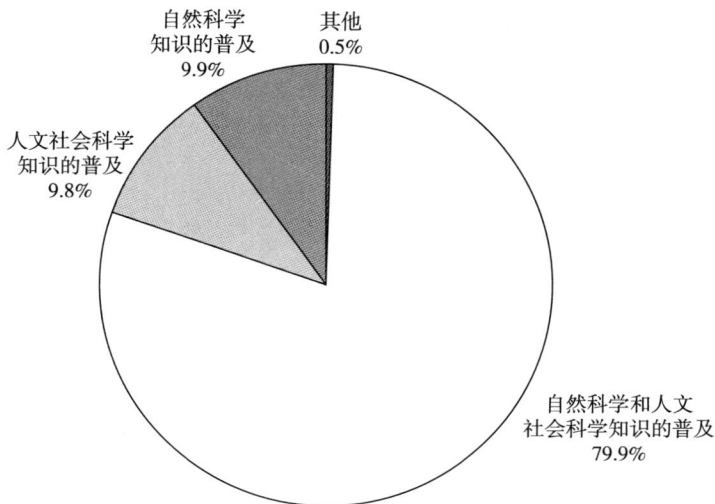

图 5-1 科普工作的内容

二　公众在人文社会科学知识普及中希望得到的知识

总体上对科普工作的内容是什么的认识比较集中，那么在人文社会科学知识的普及工作中，人们希望获得哪些方面的知识？结构分布如何？在11个选项中，占比在10%以上的有5项，依次为"文学/历史学/哲学知识"占17.9%、"社会问题分析"占16.5%、"人际交往技巧/社交艺术"占15.4%、"法学知识"占13.2%、"教育方法和技巧"占12.4%；占比在10%以下的依次为"经济学知识"占8.8%、"艺术知识"占5.3%、"管理学知识"占3.5%、"婚姻家庭问题"占3.4%、"政治学知识"占3.2%、"其他"占0.3%（见图5-2）。从中可以看出，在人文社会科学知识的普及工作中，公众对"文史哲"知识的诉求相对比较集中，同时对社会问题的分析也比较关注。

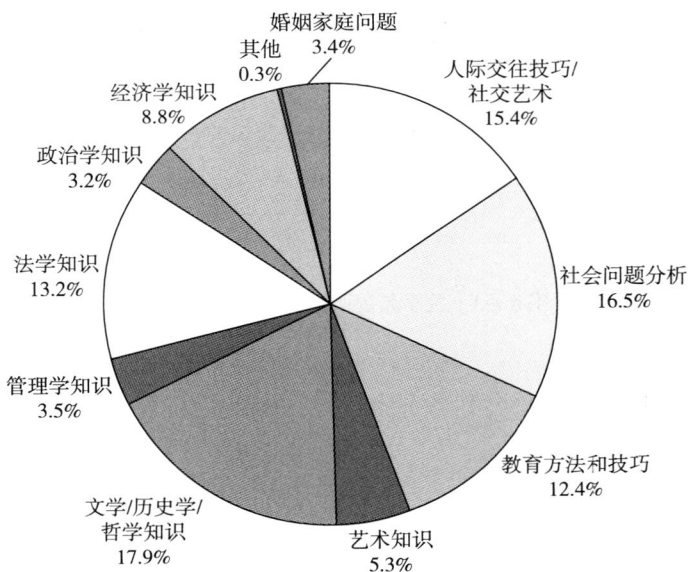

图5-2　关于希望听到什么内容的讲座

三　公众在人文社会科学知识普及中希望参加的讲座

去参加一场人文社会科学知识的普及讲座，您最希望听到什么形式的讲座？在6个选项中选出3项，其集中度见图5-3。依次排序为"实用性强，能解决实际问题"占90.7%、"通俗易懂，生动活泼"占80.2%、"信息量大，知识面广"占60.7%、"思维严谨，说理清楚"占48.2%、"有大师级的人前来"占19.4%、"其他"占0.9%。由此可见，公众对讲座的实用性、通俗性、信息量期望集中度高，至于讲座者是谁、是不是大师级则集中度不高。因此，在安排人文社会科学知识的普及讲座时，要把内容和方式的有效性问题放在首位。

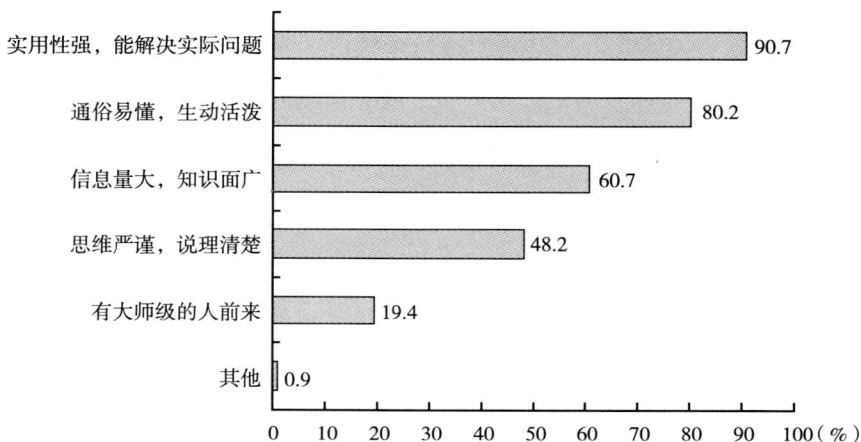

图5-3 关于希望听到什么形式的讲座

四 公众在人文社会科学知识普及中希望采取的措施

为了更好地开展人文社会科学知识普及工作，哪些措施是必要的？必要程度如何？问卷提供了9个选项，每项分6级计分，选择"很有必要"、"有必要"、"普通一般"、"不太必要"、"没有必要"和"不清楚"，依次赋值为5、4、3、2、1和0，最高为5。得分均值在4以上的有5项，从高到低，这5项措施依次是：①政府每年拨出充足的科普经费；②多建造展览馆、图书馆、人文景点等设施；③每年组织各类科普活动；④政府出资在社区建设宣传栏和活动场所；⑤多出版通俗易懂的人文社科类图书。这表明采取前5项措施在开展人文社会科学知识普及工作中的必要性程度相当高。得分均值为3～4的有3

项，分别是：①人文社会科学走进社区开展讲座、座谈等活动；②创办普及人文社会科学知识的报纸和杂志；③政府出资建立固定的报告厅和人文社科咨询培训中心。表明采取这3项措施的必要性程度比较高。得分均值排序最后的是自主兴建和修缮教堂、寺院等宗教场所，得分为2.855，低于3，表明公众不是很看重这项措施（见图5-4）。

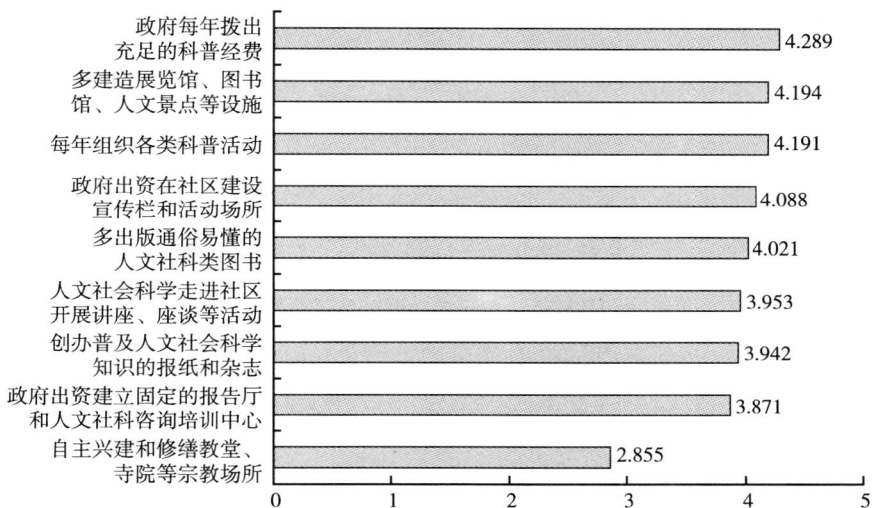

图5-4　关于各项人文社会科学知识普及工作的必要性

五　公众对人文社会科学素养与需求开展调查的必要性的认识

这一次对公众人文社会科学素养与需求进行调查你认为有无必要？统计数据显示，认为"有必要"和"很有必要"的比例分别占到59.0%和30.7%，二者合计为89.7%，说明公众对本次展开的调查认为必要的集中度非常高（见图5-5）。

六　公众对人文社会科学素养与需求开展调查对政策影响的认识

这一次对公众人文社会科学素养与需求进行调查，其调研结果是否会影响政府未来的政策措施？统计数据显示，认为"有可能"和"很有可能"的比

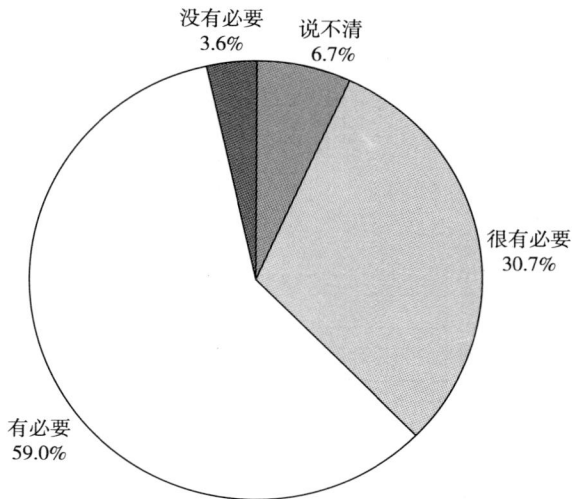

没有必要
3.6%

说不清
6.7%

很有必要
30.7%

有必要
59.0%

图 5－5　关于此次调查是否必要

例分别占到 54.9% 和 17.5%，合计为 72.4%（见图 5－6）。这一数据表明，公众认为深入调查研究对于政府政策的正确制定有着重要的影响。

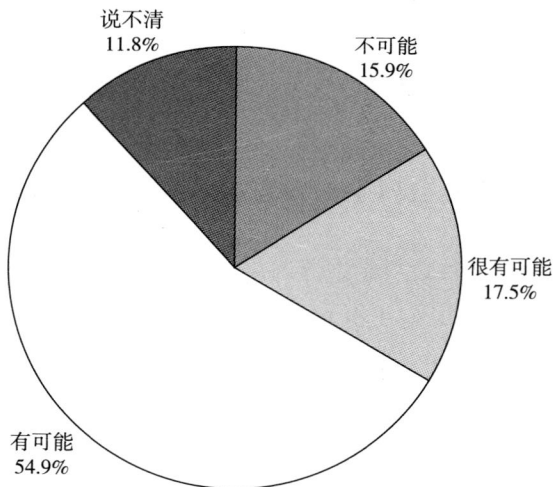

说不清
11.8%

不可能
15.9%

很有可能
17.5%

有可能
54.9%

图 5－6　关于此次调查是否会影响政府未来的
政策措施

第二节　主城区与县（市、区）公众对人文社会科学
知识普及的基本需求比较

一　主城区与县（市、区）公众在科普工作内容认知上的差异

科普工作的内容是什么？主城区与县（市、区）公众之间的差异数据见图5－7。在4个选项中，二者分布趋势基本一致。"自然科学和人文社会科学知识的普及"选项的比例最大，主城区和县（市、区）公众分别占81.2%和79.1%，前者比后者高出2.1个百分点，两个群体对此项集中度都非常高；其次为"自然科学知识的普及"和"人文社会科学知识的普及"选项。

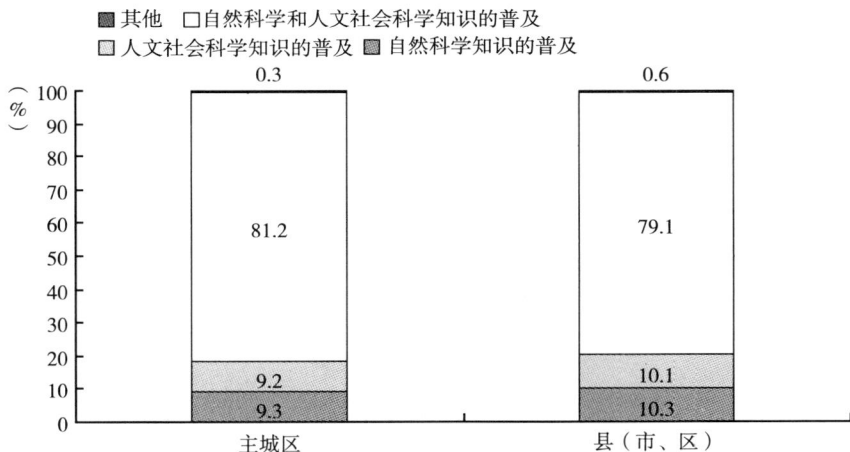

图5－7　主城区与县（市、区）公众关于科普工作内容的差异比较

二　主城区与县（市、区）公众在人文社会科学知识普及中希望得到的知识上的差异

在人文社会科学知识的普及工作中，人们希望获得哪些方面的知识？结构分布如何？主城区与县（市、区）公众之间的差异数据见图5－8。在11个选项中，占比超过5%的有7项，这7项的内容对于两个群体是相同的，但在所

占比例和排序上不完全相同。7 项中有 3 项排序一致，它们分别是排在第一位的"文学/历史学/哲学知识"、排在第六位的"经济学知识"和排在第七位的"艺术知识"。而所占比例相差 3 个百分点以上的有 3 项，它们分别是："文学/历史学/哲学知识"，主城区公众占比 20.9%，比县（市、区）公众的16.1% 高 4.8 个百分点；"社会问题分析"，前者占比 18.4%，比后者的15.4% 高 3.0 个百分点；"教育方法和技巧"，前者占比 10.4%，比后者的13.7% 低 3.3 个百分点。由此可见，在人文社会科学知识的普及工作中，对于希望获得哪些方面的知识，主城区与县（市、区）公众之间存在一定差异。

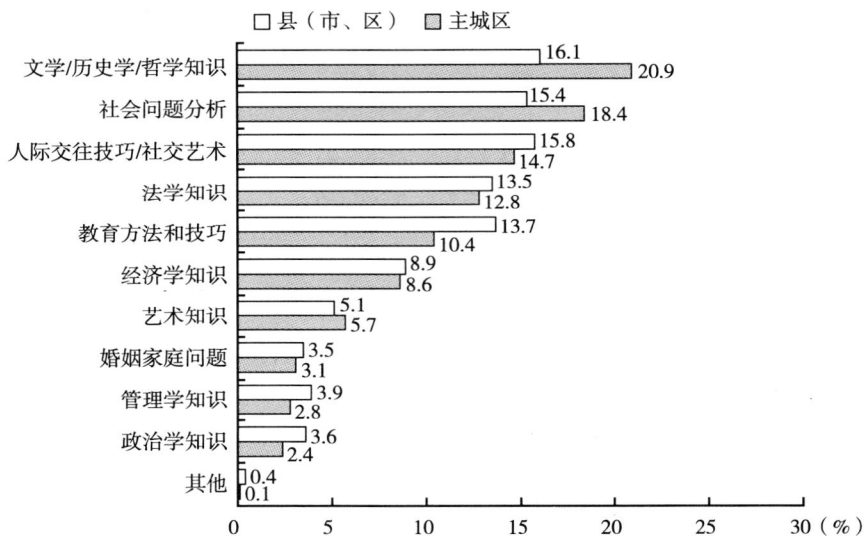

图 5-8　主城区与县（市、区）公众关于希望听到什么内容的讲座的差异比较

三　主城区与县（市、区）公众在人文社会科学知识普及中希望参加的讲座上的差异

去参加一场人文社会科学知识的普及讲座，您最希望听到什么形式的讲座？主城区与县（市、区）公众之间的差异数据见图 5-9。在 6 个选项中，集中度排序一致，与整体排序一样，但具体项目所占比例不完全一样。相差 3个百分点以上的有 3 项，它们分别是："通俗易懂，生动活泼"，主城区公众

占比82.3%，比县（市、区）公众的79.0%高3.3个百分点；"思维严谨，说理清楚"，前者占比45.2%，比后者的50.0%低4.8个百分点；"有大师级的人前来"，前者占比21.9%，比后者的17.9%高4.0个百分点。由此可见，关于主城区与县（市、区）公众最希望听到什么形式的讲座，在6个选项中集中度分布排序一致，最为看重的是"实用性强，能解决实际问题"，占比都在90%以上，在具体要求的集中度上存在一定差异。

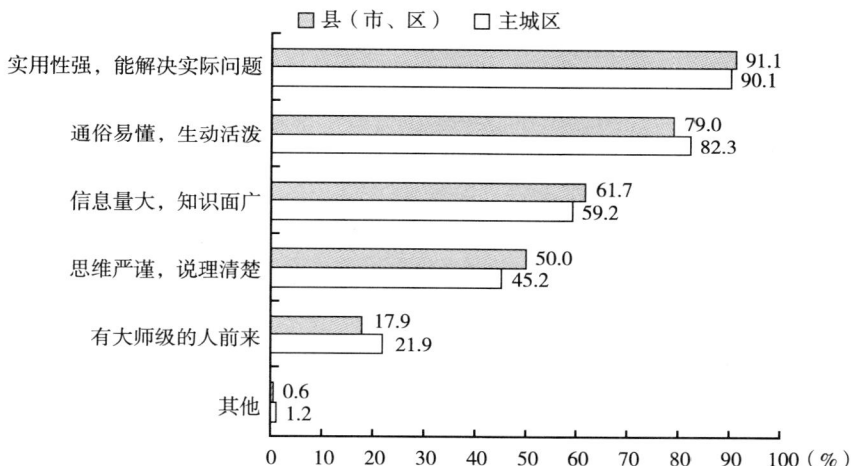

图5-9 主城区与县（市、区）公众关于希望听到什么形式的讲座的差异比较

四 主城区与县（市、区）公众在人文社会科学知识普及中希望采取的措施上的差异

为了更好地开展人文社会科学知识普及工作，哪些措施是必要的？必要程度如何？主城区与县（市、区）公众之间的差异数据见图5-10。在9个选项中，主城区与县（市、区）公众得分均值在4以上的有5项，这5项措施与总体分析一致，但在排序上稍有不同。在排序相邻的"多建造展览馆、图书馆、人文景点等设施"和"每年组织各类科普活动"两项中，主城区公众相对更看重的是后者，而县（市、区）公众相对更看重的是前者，除了这两项排序不一致外，其余的7个选项排序一致。两个群体得分都低于3的只有1项，即

115

"自主兴建和修缮教堂、寺院等宗教场所"。从 9 个选项中两个群体得分的差异来看，相差 0.1 以上的仅有"每年组织各类科普活动"这一项，其中主城区公众得分为 4.265，比县（市、区）公众的 4.146 高 0.119。由此可见，为了更好地开展人文社会科学知识普及工作，两个群体在 9 个方面措施的必要性看法上差异不是很明显。

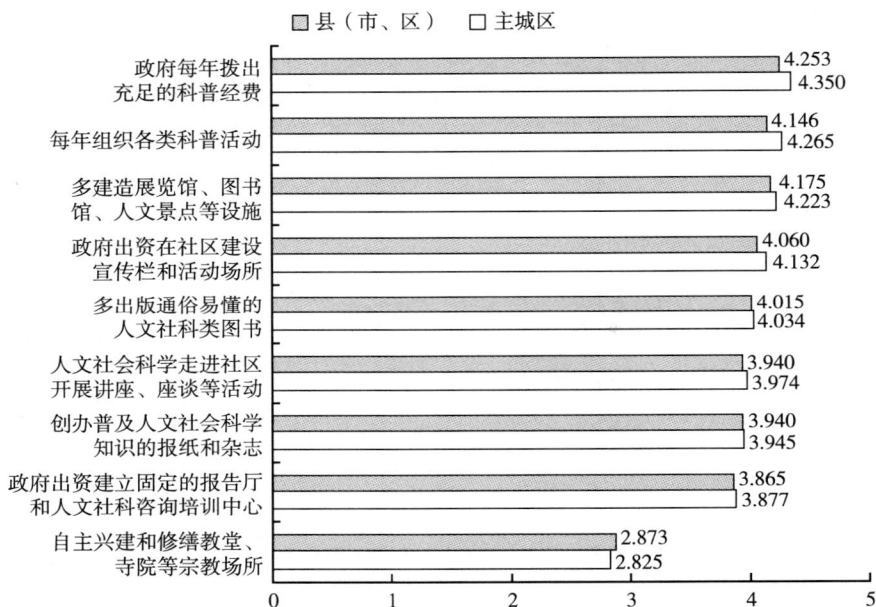

图 5－10　主城区与县（市、区）公众关于各项人文社会科学知识
普及工作的必要性的差异比较

五　主城区与县（市、区）公众对人文社会科学素养与需求开展调查的必要性认识上的差异

这一次对公众人文社会科学素养与需求进行调查，你认为有无必要？主城区与县（市、区）公众之间的差异数据见图 5－11。认为"有必要"和"很有必要"的比例合计，主城区与县（市、区）公众分别为 91.8% 和 88.6%，这说明公众对本次展开的调查认为必要的集中度都非常高，只是前者更为集中。

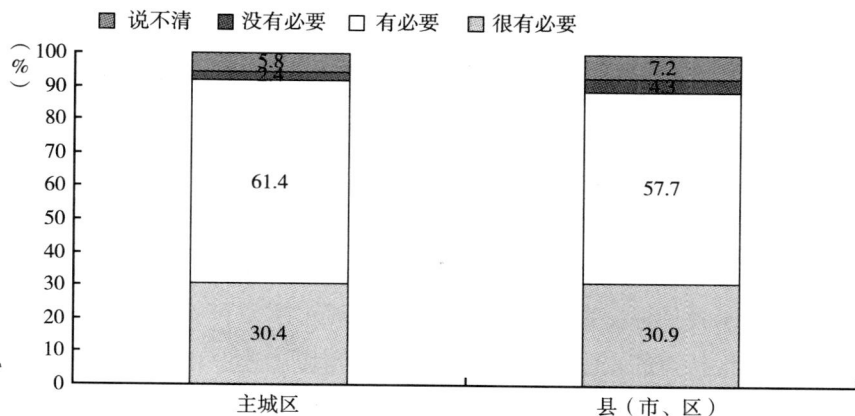

图 5 - 11 主城区与县（市、区）公众关于此次调查是否必要的差异比较

六 主城区与县（市、区）公众对人文社会科学素养与需求开展调查对政策影响的认识上的差异

这一次对公众人文社会科学素养与需求进行调查，其调研结果是否会影响政府未来的政策措施？主城区与县（市、区）公众之间的差异数据见图 5 - 12。认为"有可能"和"很有可能"的比例合计，主城区与县（市、区）公众分别为 75.4% 和 70.5%。这一数据表明，两个群体都比较集中，认为深入调查研究对政府政策的正确制定有着重要的影响作用，只是前者更为集中。

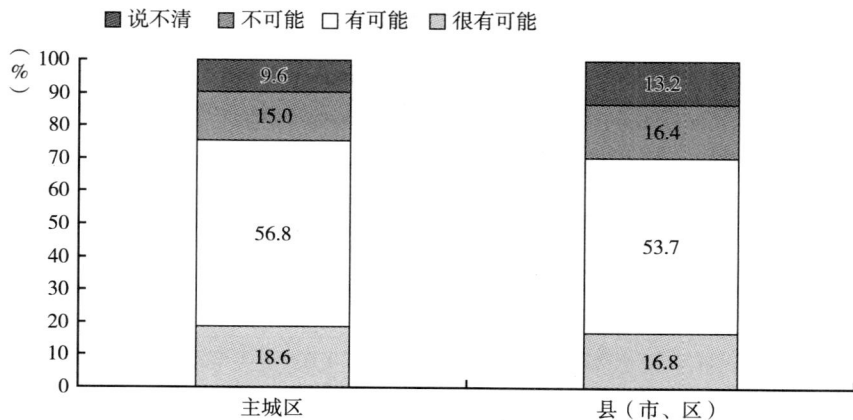

图 5 - 12 主城区与县（市、区）公众关于此次调查是否会影响政府
未来的政策措施的差异比较

第三节　主城区公众人文社会科学素养公共实践状况
实地考察与分析

对人文社会科学知识普及工作的评价不仅反映在公众对人文社会科学知识的认知水平上，而且反映在公众的行动上，尤其是表现在社会公共实践中。一个城市的人文素养如何，在很大程度上体现在城市建设和环境面貌中。本次结合杭州市主城区特点的实际，选取了六大方位与城市建设和环境面貌密切相关的维度作为测量指标，主要包括环境清洁指数、交通秩序指数、公共场所指数、社区文明指数、文化环境指数和景区环境指数。实地考察表和评分标准表涉及一级指数 6 个、二级指数 26 个、三级指数 123 个，设立了 342 个观测点，涵盖六大主城区，收回有效登记记录单 342 份。数据分析结果如下。

一　各项指标综合测评结果和分析

（一）各城区综合情况

从图 5 – 13 可以看出，在杭州市的 6 个城区中，公共实践六大方位指数综合测评得分最高的是滨江区，得分为 714.33 分，下城区和拱墅区的得分相对靠后。最高分与最低分之间相差 166.34 分。这反映出各主城区人文素养面貌

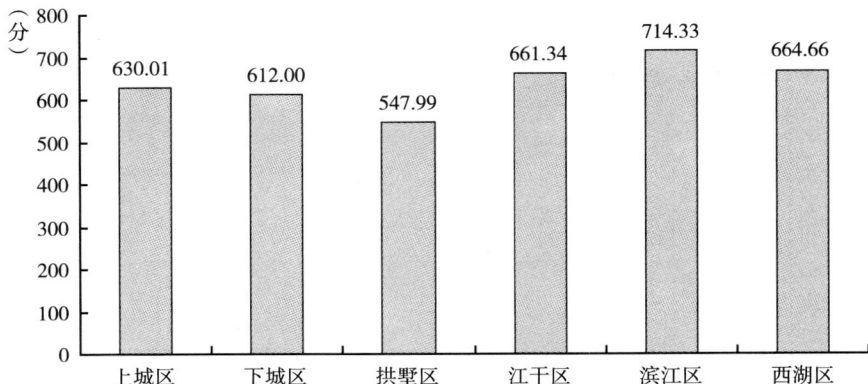

图 5 – 13　分城区公共实践综合指数

注：满分为 790 分。

118

存在差异性，并有较大的差距。

（二）杭州城区总体情况

从表 5 - 1、图 5 - 14 可以看出，六大方位指数之间分值较为接近，其中文化环境指数的相对指数最高，为 88%；其次为景区环境指数和公共场所指数，其相对指数分别为 87% 和 86%。这说明，杭州是一个具有悠久历史文化的旅游名城，名胜古迹众多，独特的历史积淀了杭州市深厚的文化底蕴，这也在很大程度上为文化环境和景区环境增加了可观的分数。另外，杭州市非常注重文化建设，在文化建设上做了很多努力，科学的管理也使得这两个测量指标会呈现相对指数排名比较靠前的状况。但是，杭州城区的环境清洁指数和交通秩序指数排名却相对比较靠后。在主要的商业街、交通要道、广场、公园甚至背街小巷，存在不同程度的垃圾乱扔、绿化环境不到位、河道污染等现象。在交通方面，存在乱闯红灯、违规停车等不符合交通规则的现象。在六大方位指数中，需要特别重视对环境清洁和交通秩序的管理和改善。同时，在社区文明方面也要重视起来。社区文明指数在此次考察中，相对指数排名处于中间偏下的位置。

表 5 - 1　一级指标测评得分及排名

一级指标	总分值（分）	测评得分（分）	相对指数（%）	排名
环境清洁指数	180	131.44	73	6
交通秩序指数	155	122.11	79	4
公共场所指数	220	189.56	86	3
社区文明指数	85	64.44	76	5
文化环境指数	70	61.61	88	1
景区环境指数	80	69.22	87	2

注：相对指数为最终得分与总分值之比；满分为 790 分；测评得分指平均值。

二　分方位指数分城区综合测评结果和分析

（一）环境清洁综合指数

该项指数通过对杭州城区商业街、主干道、背街小巷、广场、公园、河

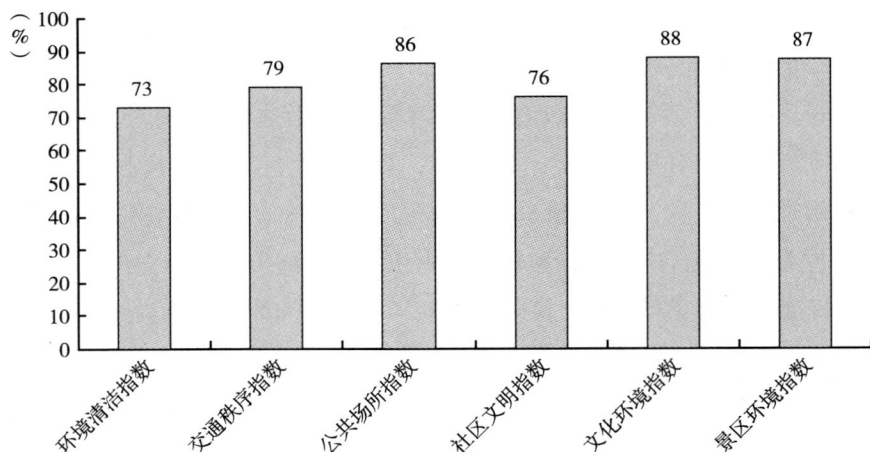

图 5-14　城区总体公共实践方位指数的相对指数

道、建筑工地及城乡接合部等主要场所进行实地考察，并得出数据。全市及主城区该项目指标测评结果见图 5-15。

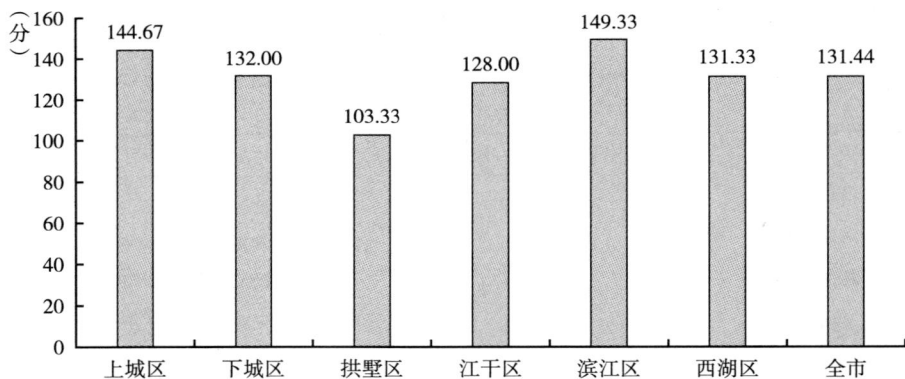

图 5-15　环境清洁综合指数

从图 5-15 可以看出，该项指数总体良好，但是各区之间的情况参差不齐。上城区、下城区、滨江区均达到了全市平均值，西湖区与全市平均值持平。其中滨江区的分数最高，为 149.33 分。江干区和拱墅区的环境清洁指数低于全市平均值，江干区与全市平均值的差距较小，而拱墅区与全市平均值的差距就比较大。从相对指数来看，环境清洁指数的相对指数较低，这反映出杭州市各城区的环境状况还存在较大的差异，并且杭州市总体环境清洁的整体水平还需要提高。

（二）交通秩序综合指数

该项指数通过对杭州城区商业街、主干道、路口、公交车及出租车等考察对象的实地考察及测评，得出数据。全市主城区该项目指标测评结果见图5－16。

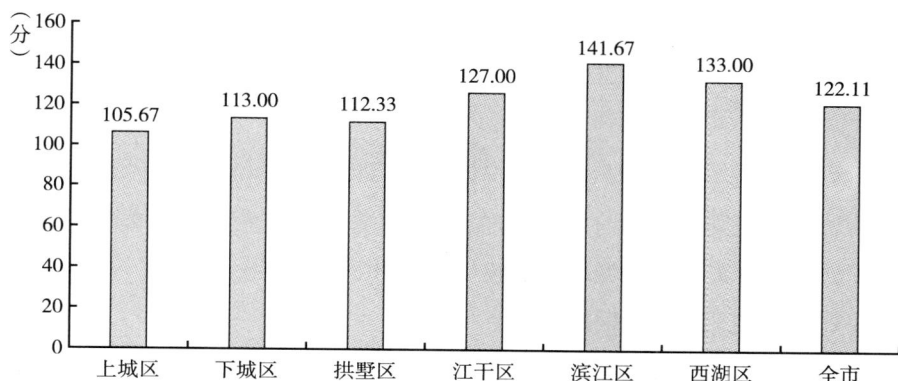

图5－16　交通秩序综合指数

从图5－16可以看出，杭州城区的交通秩序综合指数得分相对较低，有三个城区没有达到全市平均值，分别是上城区、下城区和拱墅区，并且与全市平均值相差较大，滨江区的分值最高。这说明在各城区内，违规停车、行人闯红灯、公交车秩序混乱的现象还时有发生。同时也说明杭州城区的交通秩序还有待提高。

（三）公共场所综合指数

该项指数通过对杭州城区商业街、主干道、广场及公园等公共场所进行考察评分，最后得出数据。全市及主城区该项目指标测评结果见图5－17。

从图5－17可以看出，杭州城区公共场所综合指数得分相对较高，大部分城区的分数都达到了全市平均值。其中滨江区的分数最高，为204.67分；其次是江干区，分数为204.00分。在没有达到全市平均值的城区中，上城区和下城区的分数与全市平均值相差较小，差距仅约为7分和2分。而拱墅区与全

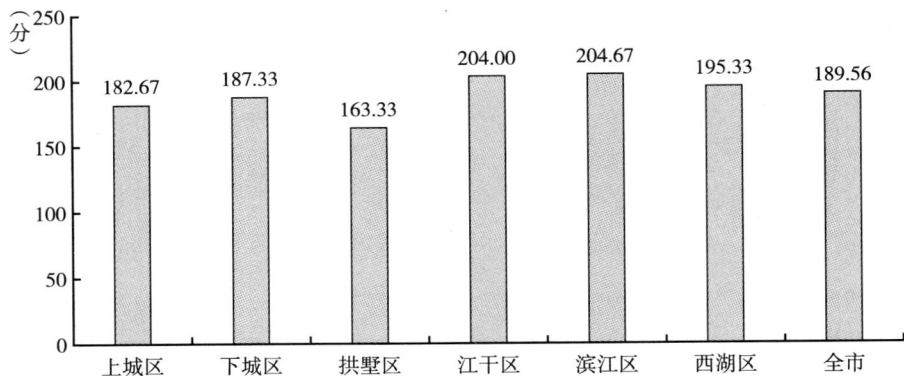

图 5 - 17　公共场所综合指数

市平均值的差距则较大，约有 26 分的分差。杭州城区公共场所文明程度总体较高，这说明有关部门在城市文明建设方面做了很大的努力。

（四）社区文明综合指数

该项指数通过对杭州城区各大社区进行考察评分，最后得出数据。全市及主城区该项目指标测评结果见图 5 - 18。

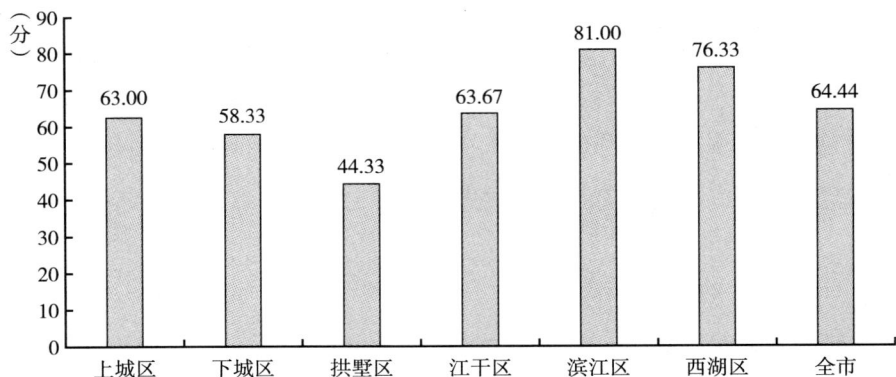

图 5 - 18　社区文明综合指数

从图 5 - 18 可以看出，杭州城区社区文明综合指数仍有较大的提升空间。

（五）文化环境综合指数

该项指数通过对杭州城区各大学校、文化市场、文化场所、网吧及电子游戏厅等进行考察评分，最后得出数据。全市及主城区该项目指标测评结果见图5－19。

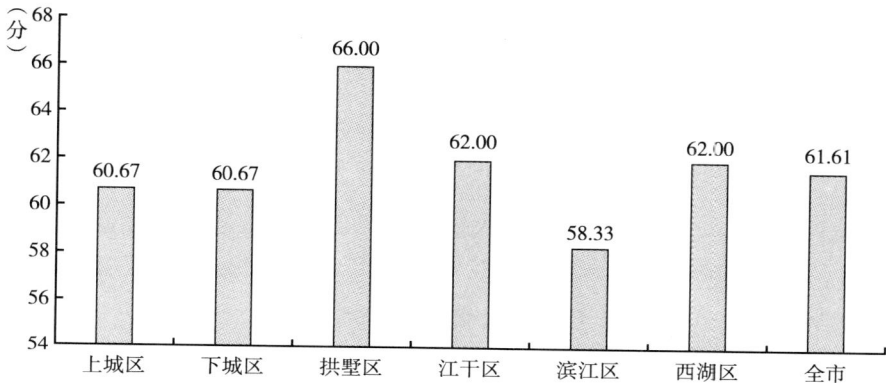

图5－19 文化环境综合指数

从图5－19可以看出，杭州城区文化环境指数总体较好，相对指数较高，在所有测评指数中排名第一。其中拱墅区、江干区、西湖区的分数均高出全市平均值。而上城区、下城区和滨江区三区的分数也与全市平均值较接近。这说明杭州城区的文化环境较为良好，杭州是历史悠久的文化旅游名城，本身具有很深的历史文化底蕴，加上相关部门的科学管理，使得杭州城区的文化建设呈现一片美好和谐的景象。但是各区域的差异性还是不同程度的存在，因此，要加强各城区的文化建设，如为市民创造一个良好的文化环境，加强对网吧、电子游戏厅的监管力度，等等。

（六）景区环境综合指数

该项指数通过对杭州城区各大景区进行考察评分，最后得出数据。全市及主城区该项目指标测评结果见图5－20。

从图5－20可以看出，杭州城区的景区环境指数总体较好，相对指数排名比较靠前，其中上城区、江干区和滨江区的分数超出了全市平均值。这说明杭州市作为文化旅游名城，景区的环境总体较为理想，但是个别城区还需要加大景区环境的管理力度，注重景区的环境清洁、公共设施维护、公共文明等。

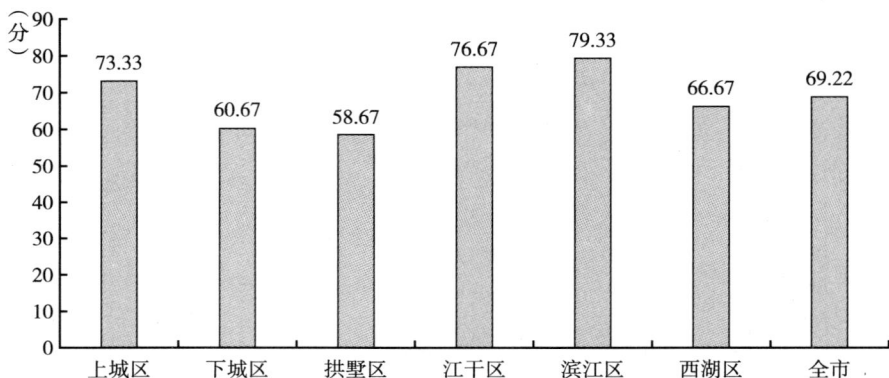

图 5 - 20   景区环境综合指数

第四节　本章小结

从杭州市公众对人文社会科学普及的需求及公共实践的调研数据中可以看出，公众对人文科学、社会科学知识的需求强烈，尤其是实用性强、能解决实际问题的知识和社会问题的分析，表现出对科普工作的要求既要讲究效果，又要关注社会；在相关意见中，要加大政府对科普资源的投入，并做好调查研究工作，为政府制定相应政策措施提供服务。同时，数据显示，杭州市主城区与县（市、区）公众在人文社会科学普及的需求及相关意见方面呈现一定差异，这要求我们在开展科普工作时要将共性与区分性相结合，提高科普工作的针对性和实效性。在公共实践中，环境清洁指数、交通秩序指数、公共场所指数、社区文明指数、文化环境指数和景区环境指数六大方位指数数据显示，杭州市城区总体上各指数都有待提高，尤其是环境清洁指数、社区文明指数和交通秩序指数要加强，在各主城区间六大方位指数数据存在差异，个别指数差异很大，要分类研究，解决发展不平衡问题。

第六章　杭州市公众人文社会科学素养调查基本结论与对策建议

第一节　基本判断和主要结论

综合前几章的分析，可以得出以下结论。

第一，杭州市公众人文社会科学知识掌握情况良好。在对人文社会科学"术语的了解"、"观点的掌握"和"常识的理解"三个维度的考察上，总体答题正确率为69.5%。其中，在"术语的了解"维度上的答题正确率为52.0%；在"观点的掌握"维度上的答题正确率为72.4%；在"常识的理解"维度上的答题正确率为75.0%。

第二，杭州市公众在对人文社会科学知识的掌握和运用水平上存在性别、年龄、城乡的差异。男性的人文社会科学知识掌握水平要略高于女性，但差异不明显；除20岁以下的群体之外，随着年龄的增加，公众的人文社会科学知识掌握水平在总体上呈下降趋势，20~39岁的群体人文社会科学知识掌握水平最高，40~59岁的群体次之，60岁及以上的群体最低；主城区公众的人文社会科学知识掌握水平要比县（市、区）公众高5.5个百分点。

第三，杭州市公众对人文社会科学知识的掌握和运用有较鲜明的倾向。即对与日常生活联系较为紧密的人文社会科学知识掌握得较好，而对具有一定专业性的人文社会科学知识掌握得相对不够；对与市场经济有关的基本知识掌握得较好，而对与现实政治有关的基本知识掌握得相对不够；对常识性的中国历史文化知识掌握得较好，而对国际政治常识掌握得相对不够；对有关公民教育方面的知识掌握得较好，而对基层民主政治方面的知识掌握得相对不够；对社会现象的评判能够注重实证调查，在涉及迷信和伪科学现象等具体问题上也能持有科学、理性、明晰的态度和认知。

第四，杭州市公众对人文历史学科更感兴趣。其中，排在公众最感兴趣的学科前三位的分别是文学、历史学、社会学。而对其他人文社会科学学科的兴趣程度依次是经济学、管理学、法学、哲学等。

第五，杭州市公众认为影视是人文社会科学知识传播效果最佳的途径。报纸次之，紧接着的是培训、图书、互联网等传播方式。他们产生这些看法的原因主要是影视做到了图、文、声、形统一，具有表现方式的多样性、传播的广泛性和观众的参与性等明显特性和优势。因此，在下一步的人文社会科学知识的普及工作中，要充分利用影视这一现代传媒途径，以提高人文社会科学知识普及的效果。同时，互联网虽然占据了公众最多的时间，但其传播效果却降至第五位，在未来杭州的人文社会科学传播中需对此加以进一步开发、利用和规范。

第六，杭州市公众对各种科普场所的利用率不高。公众去得最多的是名胜古迹或人文风景区，其次是书市或书店以及电影院或 KTV。此外，公众利用科普设施的情况也不太理想。这一方面说明公众利用博物馆或展览馆、图书馆或阅览室等公共文化设施进行学习的习惯有待进一步养成；另一方面对公共文化部门更好地为公众提供服务提出了现实的要求。

第七，杭州市公众对"文史哲"知识的诉求相对比较集中。公众最希望获取的前五类人文社会科学知识依次为文学/历史学/哲学知识、社会问题分析、人际交往技巧/社交艺术、法学知识、教育方法和技巧，占比均在 10% 以上。占比在 10% 以下的依次为经济学知识、艺术知识、管理学知识、婚姻家庭问题、政治学知识等。从中可以看出，在人文社会科学知识的普及工作中，对"文史哲"知识的诉求相对比较集中，同时对社会问题的分析也比较关注。

第八，杭州市公众对于人文社会科学类讲座的实用性要求较突出。杭州市公众对"实用性强，能解决实际问题"的人文社会科学知识的普及讲座最感兴趣，其次是"通俗易懂，生动活泼"和"信息量大，知识面广"的讲座，而对于"有大师级的人前来"的讲座缺乏兴趣。因此，今后杭州在安排人文社会科学知识的普及讲座时，要把内容和方式的有效性问题放在首位。

第九，杭州市公众认为人文社会科学的影响力在诸多方面高于自然科学。杭州市公众认为在道德水准、文化生活、人际关系、社会治安、心灵提升、政策制定、世界和平、经济发展、公众健康和环境保护十个方面，人文社会科学的影响力都要高于自然科学的影响力。在两者的比较中，尤其是在道德水准、文化生活、环境保护、社会治安等方面，人文社会科学的积极影响比较突出，而在公众健康、经济发展、政策制定和世界和平方面的积极影响相对不那么突出。本次调查也显示，杭州市公众最希望通过人文社会科学知识来提高道德素质、生存和发展的能力、文化水平、审美情趣、了解真相的能力等，只有13.6%的公众希望通过人文社会科学知识来提高政治参与能力。

第十，杭州市公众对职业有不同程度的偏好，与专业预期呈正相关。杭州市公众对职业的偏好依次是医生、科学研究人员、律师、高校教师、一般公务人员、工程技术人员、设计师、民营企业家、会计师、中小学教师、企业管理人员、建筑师、文艺工作者、军人等，这些专业选择比例均在10%以上。而这些职业偏好与他们对下一代就读的专业预期呈正相关，选择医学专业的最多，其他依次为工学、经济学、法学、教育学、管理学等。

第十一，杭州市公众对社会科学科研机构的认知度偏低。他们对中国社会科学院、浙江省社会科学院、杭州市社会科学院等人文社会科学科研机构的认知比例均在65%以上，对中国科学院、中国工程院的认知占据了第一和第二的位置，比例分别为95.3%和90.3%。

第十二，杭州市公众对各种组织、各种机构的信任度不一。在调查中我们发现，杭州市公众对科研院所、教育机构的信任度最高，对社区基层组织、电台或电视台、出版社或报社等也有较高的信任度，但对网站、中介组织等却普遍缺乏信任，信任度呈现负值，分别为 -0.019、-0.480。

第二节　主要对策建议

一　进一步转变观念，完善人文社会科学工作长效机制

第一，要进一步转变观念，充分认识繁荣发展人文社会科学的重要性和迫切性。政府要着力把加强人文社会科学知识普及工作和提升公众人文社会科学素养放到实现杭州市文化大发展大繁荣的基础性战略地位，作为一项长期的、

系统的社会工程，像抓"全民科学素养行动计划"那样，切实抓好人文社会科学知识普及和公众人文社会科学素养提升的工作。

当前，党中央、国务院对人文社会科学的繁荣和发展极为重视，党和国家领导人多次强调，社会科学与自然科学同等重要，提高全民族的哲学社会科学素养与提高全民族的自然科学素养同等重要。党和国家领导人的多次强调无疑为人文社会科学普及工作提供了一个良好的机遇和动力，这要求党委、政府部门从党和国家事业发展的全局高度，把繁荣发展杭州市人文社会科学作为一项重大而紧迫的战略任务来抓，把社会科学普及纳入工作规划，在经费投入、设施建设上体现政府职能。只有党委、政府部门重视社会科学普及工作，经常研究和布置社会科学普及工作，社会科学普及工作才能取得长足进步。同时，人文社会科学工作者要增强责任感和使命感，在思想上高度重视，在行动上积极投入，经常深入群众，向群众学习，了解群众所思所想、所疑所惑，找准切入点，把握着力点，把贴近群众生活和实践贯穿于社会科学普及工作的全过程，将人文社会科学的宣传普及有效覆盖社会的各个层面。广大社会公众自身要进一步更新观念、开阔视野，提高自身追求科学知识和科学方法的积极性和主动性，努力培养良好的学习习惯，加强自我修养，提升人生境界，在人文社会科学普及工作的过程中，发挥积极能动的作用。

第二，要加强人文社会科学普及工作的法制化建设。改革开放以来，党和政府确立了科教兴国战略，召开了多次全国科技大会和全国科普工作会议，制定了许多政策和法规。2002 年，第九届全国人民代表大会常务委员会第二十八次会议通过并颁布了《中华人民共和国科学技术普及法》，这在世界上"独此一家"。2006 年 12 月，浙江省制定颁布了《浙江省科学技术普及办法》，《杭州市科学技术普及条例》也将于 2014 年出台。然而，对于人文社会科学的普及工作，法律法规保障依然不足，以至于哲学社会科学的宣传和普及仅限于一定的范围，影响了哲学社会科学事业的发展，使社会科学普及工作的制度建设和长期发展计划无法得到完善和落实。

我国的《宪法》、《党的十八大报告》、《中共中央关于进一步繁荣发展哲学社会科学的意见》以及《中共浙江省委关于进一步繁荣发展哲学社会科学的意见》都强调了社会科学工作的重要性，明确指出要加强社会科学普及立法工作。近年来，各省（自治区、直辖市）党委、政府越来越重视社会科学领域的立法工作。2012 年 8 月，《宁夏回族自治区社会科学普及条例》正式颁布实施；2014 年 2 月，广东省人大常委会法工委社会法规处发布《广东省社会科学普及条例（草案修改稿征求意见稿）》；同月，福建省人大常委会公告将于 2014 年审议包括《社会科学普及条例》在内的 11 项法规。另外，江西、湖南、四川等省也加紧实施社会科学普及立法工作。杭州应借鉴其他省份的经验，争取早日颁布实施人文社会科学普及的相关法律、法规，使人文社会科学普及工作有法可依。

第三，要积极建构以社会主义核心价值体系为基础的，与杭州经济社会发展相适应的，充分体现"富强、民主、文明、和谐、自由、平等、公正、法治、爱国、敬业、诚信、友善"价值取向的公众人文社会科学知识与素养的内涵体系和培育体系。人文社会科学既是知识体系，又是价值体系。它的多数学科体系、学术流派蕴含着包括政治倾向在内的价值判断。当前杭州正处在经济社会转型升级的关键时期，随着经济体制深刻变革、社会结构深刻变动、利益格局深刻调整，公众在思想认识上的独立性、选择性、多变性、差异性日益增强，各种价值观念和社会思潮较多。在这种思想多样、价值多元的环境下，要构建充分体现杭州特色的公众人文社会科学知识与素养的内涵体系和培育体系。在坚持贯彻落实党的十八大精神的前提下，在践行社会主义核心价值体系的基础上，以此引领整合多样化社会思潮，把不同阶层、不同认知水平的人们团结和凝聚起来，形成杭州市公众的共同价值追求和精神合力，引导公众形成一种比较统一的价值导向或公众文化精神。一旦人文社会科学素养培育有了集中目标，就可以产生较强的导向性和内驱力，在提升公众人文社会科学素养、引导社会思潮、传播先进文明、促进社会和谐发展、提升文化软实力、增强城市竞争力、助推杭州文化名城和文化强市建设等方面都能发挥积极能动的作用。

第四，加大政策扶持力度，逐年增加对人文社会科学工作的经费投入。2006 年颁布施行的《浙江省科学技术普及办法》（以下简称《办法》），明确了社会科学普及工作的重要地位和作用，并在第十二条中规定："各级人民政府应当将科普经费列入同级财政预算，并随着经济社会发展水平的提高同步增加；加大对社会科学知识宣传、普及工作的支持力度……"但在实践中，社会科学普及与自然科学普及"一手软、一手硬"的现象仍然存在，社会科学普及经费短缺问题依然没有得到有效缓解，《办法》中有关社会科学普及经费的规定还有待落实。据科技部统计结果，2008 年我国人均科普经费投入已升至每人每年 1.84 元。而从全国来看，社会科学普及经费远低于自然科学普及经费，杭州也不例外。

杭州应在保证哲学社会科学研究机构经费正常运转的基础上，逐年加大对哲学社会科学事业经费尤其是科研经费的投入。要逐步建立以财政拨款为主、自我争取项目资金为辅、广泛吸纳社会资金的多渠道的哲学社会科学事业经费投入机制，并切实加强对经费的管理。各区、县（市）要将社会科学普及活动经费列入年度经费预算，保证社会科学普及活动正常开展、经费落实到位并逐年增加。

第五，加快公共基础设施建设，营造良好的社会科学环境。公众人文社会科学素养的提升是一个"润物细无声"的漫长过程，除了社会科学普及工作之外，在很大程度上还要依赖于社会环境的潜移默化的感染与熏陶。国家《"十二五"规划纲要》立足国家经济和社会发展大局，要求"深入实施全民科学素质行动计划，加强科普基础设施建设，强化面向公众的科学普及"。因此，打造文明的社会科学环境，不仅是政府文明工程的重要工作，也是现代服务型政府行政职能的一部分。

良好的社会科学环境包括硬环境和软环境两方面，硬环境主要指文化设施建设，如图书馆、博物馆、展览馆、科技馆、文化馆、书店、剧场、影院、公园等；软环境主要指由硬环境提供的各项服务所营造的文化氛围，如由展览馆、文化馆组织的展览、讲座、报告等文化活动的质量，公众到达文化场所是否便捷，图书馆拥有多少藏书量以及是否能够让每一位读者方便借阅，参观博物馆、观看影剧等的票价是否能够为大多数家庭轻松承受，是否有制度化的管理措施可以保证每一位市民无论其收入状况如何都能够有机会走进博物馆、影剧院、公园去感受文化，等等。这些建设属于公共事业范畴，应将这笔费用纳入政府财政支出，在每一年的财政预算中设立专项基金，确保设施建设的落实。此外，还要建立和完善政府主导、多元并举的科普资源形成机制。加大社科类展馆市场开放力度，鼓励社会投资建设展馆，建立和完善政府主导、多元并举的科普资源形成机制；通过推进展馆的"零票制"，实现"文化惠民"，在杭州市营造良好的社会科学发展环境。

二 强化规划管理，推进多主体参与人文社会科学工作

第一，加大调研力度，深入实际加强人文社会科学普及工作的研究，尽快制定适合各区、县（市）的人文社会科学普及工作中长期规划，为本区域的人文社会科学普及工作提供规范的规划指导和有效的系统管理。各区、县（市）具有人文社会科学普及职能的部门，要在广泛深入调查的基础上，组织有关方面专家协助党委和政府尽快制定切实可行、针对性和可操作性强的中长期人文社会科学普及规划，从而制定今后一个时期本地区人文社会科学普及工作的指导方针、工作目标和重点，以及落实措施和保障措施。

第二，加强人文社会科学人才队伍的建设。政府及相关部门要树立人才资源是第一资源的思想，根据杭州市人文社会科学人才队伍建设的特点和规律，因势利导，为形成人文社会科学人才辈出、人尽其才的良好局面创造条件，保证发展方向的正确性。同时，加强人文社会科学专业人才的发现、选拔、培养工作，努力建设一支导向正确、功底扎实、结构合理、勇于奉献的人文社会科学专业队伍。各级组织要有计划、分期分批地举办培训班，长期坚持对本地区人文社会科学骨干的培训。着力加强对拔尖人才的重点扶持，着力加强对中青年人才的重点扶持。在课题资助、进修培训、学术交流等方面给予大力倾斜，改善他们的工作、学习和生活条件。

第三，进一步丰富人文社会科学普及的工作内容，强化有鲜明地方特色品牌载体的培育。近年来，随着杭州市社会开放性和包容性的不断增强，公众的兴趣爱好表现出很大的异质性，对于人文社会科学知识的需求也各不相同。科普工作者应当把公众关注的热点当作人文社会科学普及工作的重点，使他们在对社会问题的关注中受到科学认识和思维的熏陶，从而提高个人的人文社会科学素养。因此，要根据不同对象的需要，有针对性地开展相关活动，以提高人文社会科学传播的效果和科普资源的利用效率。具体的措施主要有：一要以一年一度的"社会科学普及周"为载体，围绕就业保障、婚姻家庭、投资理财、

心理咨询、法律援助等百姓关注的热点问题，以所属学会、研究会以及部分大专院校、科研院所等单位的知名社会科学专家学者为依托，开展大型广场公益咨询；二要以"市民大讲堂"为平台，整合各种资源，面向领导干部、青年学生、企业家、市民等不同人群，开展不同形式的讲座，并努力向区县和周边城市延伸；三要以科普读物为抓手，以"贴近实际、贴近生活、贴近群众"为方针，运用大众语言，回答百姓关注的社会热点问题，引导大众认知、关注、运用人文社会科学。

第四，创新人文社会科学普及的工作形式，拓展各类阵地建设。公众接触人文社会科学的现实条件各不相同，需要针对不同的群体特点，选择最适合的普及方式。在人文社会科学普及工作中，要把开展集中性科普活动（如社科普及周）、经常性科普活动（如市民大讲堂）以及流动性科普活动（如送书下乡和社会科学普及刊物、图书、图片展板送进社区、农村等）结合起来，运用多种形式广泛开展社会科学进机关、进学校、进社区、进企业、进农村的"五进"工程，使人们能够在各领域、各行业内根据自身实际，体会人文社会科学知识的价值。科普工作者可以借助图书馆、文博馆、学会、媒体建立市级人文社会科学普及基地，举办科普讲座、论坛、报告、展览等活动，努力创造更多群众喜闻乐见的科普形式，为公众形成科学、文明、健康的生产和生活方式做出积极贡献。

第五，建立健全人文社会科学普及工作的评估体系和激励机制。目前在从事社会科学研究与教学的社会科学理论工作者群体中，很少有人参与社会科学普及工作，这主要是因为社会科学普及工作缺乏相应的评估机制和激励机制。杭州市社会科学界联合会有90余家所属学会，科普工作是学会工作的重要组成部分，然而几乎所有的学会都反映科普工作太难做。主要原因是科普作品往往被认为是"小儿科"，不是真正的"学问"，特别是在各种评奖中，科普作品很难获奖，不能成为晋职晋级的业务成绩。但实际上，一部好的科普作品的创作，其难度不亚于一部学术著作的撰写。其影响力比一部学术专著要大得多，其价值也显而易见。因此，应当建立相应的评估机制和激励机制，在出版、评奖、晋级等方面制定相应的政策，在发表、出版方面对于社会科学的普及精品给予相应的扶持，在社会科学评奖中给予一定的支持。其具体措施主要是，对在社会科学普及工作中取得优异成绩的单位和个人予以表彰，把社会科学的普及著作（读物）与学术著作都作为社会科学的重要成果看待。通过这些激励机制的建立，使广大人文社会科学工作者积极担负起研究和发展、传播和普及社会科学的双重任务，积极投身人文社会科学普及事业。

第六，建立和完善人文社会科学普及志愿者队伍。拥有一批高素质、多结构、热心参与科普服务的人力资源是做好人文社会科学普及工作的关键。近年来，杭州市科普志愿者队伍发展迅速，但仍然存在队伍人员结构单一、流失率高、服务形式过于集中等问题。如何根据志愿者"志愿"的特性，实现科普志愿者队伍的动态优化，还需要在组织和管理上实现机制性突破。其措施主要有：一是将科普志愿者服务与志愿者个人的心理特点、知识背景和个人需求结合起来，组织不同形式的服务项目，实现与个人的自我价值相统一，使志愿者服务成为个人体现价值、培养能力和提高素质的平台；二是科普志愿者队伍的组建要善于整合不同的社会资源，充分利用社区、学校、科研机构和企业等的人才资源，根据服务内容的不同组建多元化的志愿者服务队伍，吸引不同专业、不同背景的人加入科普志愿者队伍，扩大科普的深度和广度；三是建立系统的培训制度，根据服务项目的特点为志愿者提供专业化和规范化的培训，增强科普志愿服务的可持续发展能力；四是建立科普志愿者网络互动平台，提供科普观点发表、交流讨论的场所，献计献策，提高科普业务水平。

三　创新教育方式，分阶段、分重点地推进人文社会科学普及

第一，高度重视家庭教育。家庭是孩子成长的摇篮，家长是孩子的启蒙教师，家庭教育是培养孩子良好品格的基础，父母的思想意识、言谈举止对孩子起着潜移默化的作用，这种作用是学校所不能代替的。国外研究表明，学前期是接受社会化的最佳时期，而学前期主要是在家庭生活中接受父母影响的时期，这足以证明父母对子女社会化影响的重要性。家庭的影响反映了社会文化的要求，父母在教育子女及与其子女的相互关系中，加入了大量的社会文化准则与行为规范来约束子女。他们根据社会公认的行为准则和价值观点、风俗和传统习惯来判断子女的行为。子女为了取悦父母，满足自己合理的需要，就要使自己的行为符合当时的社会文化。也就是说，人文社会科学具有连续性。心

理学家海尔特（I. Heider）研究发现，家长对孩子的教育所采取的方式和态度，以及他们在与人交往中体现出来的修养水平都会无形中影响孩子的学习能力和人格特点。由此可见，家庭环境、父母修养、教育方式等因素都会直接影响孩子的人文社会科学素养的程度。因此，人文社会科学普及工作中应加大这方面的宣传力度，使广大家长能认识到此问题的重要性，使人文社会科学的教育能渗透到青少年的日常生活中去。

第二，深化学校教育改革。学校是帮助一个人社会化的另一个主要阵地。它主要是依照一定的目标，通过有计划、有步骤的教学活动，把社会规范和价值观念以及历代所积累下来的知识和技能传授给学生，使他们顺利实现社会化。在这个过程中，人文素质教育不仅是思想政治教育工作者、学生工作者的事，也是每位任课教师、每位学生的事。首先，基础教育阶段。中小学基础教育是为公众人文社会科学素养建设打下良好基础的重要阶段，对提高公众人文社会科学素养起着基础性的作用。要使学校教育在公众人文社会科学素养建设中发挥更大的作用，关键是实现从"应试教育"向"素质教育"的转变，在教学内容、教学目的、教学方法上进行适当的调整和完善。具体应将公众科学素养建设通过各级学校人文社会科学教育工作和相关课外活动等载体来实现。需要按照"KAP"（知识、态度、实践）理论的基本路径认真处理好课堂教学与课外活动、知识传授与态度培养的关系，把人文社会科学素养培养有机地融入各学科教学活动和各种实践活动中。同时，制定与学校科学课程标准相配合的人文社会科学素养标准，促进学生全面发展。其次，高等教育阶段。对大学生进行人文精神的培养和熏陶是一个系统工程，需要学校各个方面的通力协作，只有这样，才能充分调动广大教工和学生的积极性、主动性和创造性。一是要加大宣传力度，积极营造人文精神的校园氛围。一方面，应将学校的自然环境、教学条件和规章制度按照人文化标准进行建设和配置，这将有利于学生从内心乐于接受学校的人文要求；另一方面，应积极宣传、倡导并实践所推行的人文精神，使社会认同、接受甚至称赞，让学生感受到人文精神的价值和力量，从而产生一种渴求养成高尚人文素质的内在欲望，形成强大的内在驱动力。二是要设立合理的人文社会科学课程，并将人文素质教育渗透于学科教育中。加强对人文社会科学教学内容的更新，加强对人文社会科学教学过程、形式、方法、手段的改善。三是要充分发挥社会实践活动在高校人文素质教育中的作用，使教育由课堂内扩展到课堂外，由学校延伸到社会。

第三，大力发展社区教育。社区教育是学校教育、家庭教育、社会教育三位一体的现代教育方式，社区教育的实质是教育社会化和社会教育化的统一。社区教育强调共同的文化、共同的行为规范、共同的社区归属感，可以促使居民形成积极的人生观、价值观，可以加强居民的相互理解和协作，可以推动居民参与社区的管理和服务工作。从我国社区教育的实践来看，社区教育的内容可以包括公民道德教育、职业培训、法制教育、科普教育、家庭教育、环境教育、艺术教育、国防教育等，这些都是公众人文社会科学素养中不可或缺的内容。

第四，继续推进社会教育。当前，杭州市正处于社会转型期，公众只有掌握更多的人文社会科学知识，成为一个知识结构全面的人，才能更好地适应各种变化。因此，在家庭与学校教育之外，人文社会科学普及工作相关部门应担负起社会教育的职责，加大宣传力度，提高人们对普及人文社会科学活动意义的认识，使他们能够从内心主动接受这种教育，积极学习人文社会科学知识，并在日常学习、工作和生活中自觉展现人文社会科学素养。本次调查发现，公众人文素养水平与其文化程度呈正相关，低学历群体的人文社会科学认知水平总体低于较高学历群体；是否接受高中（含中专）以上文化教育成为人文社会科学认知水平是否高于相对平均水平的重要分界线。因此，社会教育的设置更应倾向于低学历群体的特点和需求，开展一些相关的人文社会科学知识普及工作。如专门为他们设立继续教育学堂，为他们开展继续学习教育，给他们提供学习的平台，提高他们的人文社会科学素养。

四　实现互动传播，拓展人文社会科学普及新渠道

第一，依托大众媒体，增强人文社会科学普及效果。信息时代的大众媒体是传播信息的主要载体，构成了整个社会互通消息的媒体环境，利用大众传媒进行社会科学普及是大有可为的。贝尔纳提出："小学和中学是传授已构成的知识，高等学校传授正在构成的知识，而新闻媒介的任务是传播处于萌芽时期的知识。真正的教育也离不开新闻媒介，因为大众传播工具是一种扩大器，可

以使教育者的作用超过一般传统对象。"大众媒介可以使人文社会科学知识迅速社会化，除了教育系统外，它是传播功能最强、速度最快、受众面最广的传播体系。也即，大众媒体已成为对公众进行再教育的社会资源整合的平台和提高公众人文社会科学素养的重要渠道。

第二，活用新兴媒体，开辟人文社会科学普及新阵地。在人文社会科学传播强调多元主体的前提下，必然要求传播渠道在不同层次和层面上的交叉，以满足人文社会科学传播事业中因主体不同、环境不同、目的不同或条件不同而导致的不同需要。不同传播对象根据自身文化程度与偏好，也需要有多种人文社会科学传播渠道供选择。本次调查显示，互联网这一新型的传媒形式已经超越电视、报纸等传统的传媒形式，成为杭州公众获取信息的首要渠道；且文化程度越高的人越倾向于从互联网获取人文社会科学信息。因此，对于未来杭州市的人文社会科学普及工作，一方面，要进一步发挥主渠道媒体和新兴综合媒体的正面积极的引导作用，通过互联网、移动通信等终端进行文字、音频、视频等各种形式的社会科学普及，开辟与现实科普相对应的虚拟科普新阵地；另一方面，传统科普载体媒介也可以利用网络传播，充分利用新兴媒体具有覆盖面广、使用便捷、交互性强、跨时空等的优势，弥补自身不足，获得新的发展空间。

第三，多渠道交叉互融，实现人文社会科学普及的互动传播。人文社会科学传播应当是双向互动而不是单向传授。因此，需要构建施受双方可沟通的、形式灵活的传播渠道。近年来，电脑的普及和互联网的快速发展，使这种传播方式有了实现的可能。以互联网为代表的新兴媒体不但可以同时满足"许多人表达意见和接受意见"，而且人们"所表达的任何一种意见都能立即得到有效的回应"，并使意见得以快速扩散，从而间接影响大众传媒议程设置。例如，在安排人文社会科学讲座前，可以通过网络论坛、QQ、微博、微信等网络媒体方式和在社区张贴宣传海报等传统方式，征求公众对讲座的内容、时间、形式等方面的意见和需求。在活动举办后，及时反馈网络上参与者的意见等，这有助于提高讲座的有效性和受欢迎程度，形成良性循环。

第四，强化新闻意识，开辟传播人文社会科学知识的新领域。大众传媒应加强与人文社会科学普及的组织领导部门的联系，主动参与人文社会科学普及工作的宣传活动。例如，对一年一度的社会科学普及周进行连续的系列报道，利用媒体的广泛影响和通俗性、渗透力传播科普知识，扩大科普周的覆盖面，使杭州市更多的公众受益。这就要求在人文社会科学普及实践中要根据新形势，探索新方法，尤其要探索利用大众传媒开展经常性的人文社会科学普及工作的途径和办法。各人文社会科学团体要强化新闻意识，做好学术理论的信息化、大众化、通俗化工作，以适合于新闻传播的特点和新闻媒体受众的接受方式；要善于发现人文社会科学普及活动中的亮点与新闻点，把平常的理论研讨、报告讲座变换角度，策划成传媒话题。积极打造"我们圆桌会"和"钱塘论坛"等精品人文社会科学类节目。

五　发展中介组织，逐步推进经营性社会科学普及产业

人文社会科学普及工作是文化建设的一个重要组成部分，在目前市场经济的条件下，应当与其他文化建设事业一样，逐步探索以市场化运作的方式整合社会资源，在政府支持和宏观指导下，按照市场规律拓展有效途径，培育一批为科普事业提供服务的中介组织，从科普展会、科普活动、科普培训、科普文化艺术、科普影视创作、科普国际交流等方面全方位设计、搭建科普发展的新平台，丰富科普工作的多样性。

在此基础上，逐步推进可市场化发展的经营性科普产业。经营性科普产业是相对于公益性科普事业而言的一个概念，这是随着我国文化事业的改革和发展以及市场经济的不断完善而产生的。发展经营性科普产业，首先要认清性质、明确任务，实现公益性科普事业与经营性科普产业的有机结合，坚定推动经营性科普产业发展的思路。经营性科普产业的根本性质是在社会主义市场经济下科普公共服务市场化的一种体现，其根本任务是繁荣科普文化市场，满足公众多层次、多方面、多样化的精神文化需求；其根本特点是市场在科普资源配置中发挥基础性作用；其最终目的是丰富科普资源，实现社会科普资源的最大化利用，最终实现能够满足全社会需求的科普资源公共化。因此，发展经营性科普产业的核心思路应该是：在政府的主导下，在政府公益性投入不能达到或不能满足公众需求的领域，利用市场的资源配置作用和企业管理运作方式，大力发展经营性科普产业。始终把社会效益放在首位，做到经济效益与社会效

益相统一。这些科普产业的经营收入除了用于支出成本外，还应用于对科普资源的再生、创造和更新。例如，学会、社团利用自身具有独立法人资质的学术中介组织的优势，依靠所联系的专家学者，整合学科资源，大力开展面向社会或定向的教育培训活动。这一方面可以改变学会因经费欠缺而造成的困顿局面，增强学会的活力和凝聚力；另一方面可以通过对培训对象较为系统的专业化训练和知识传授，提高受众获取和支配社会资源的能力。

此外，还应建立有效的监督机制和激励机制来保证中介组织的良性发展，利用市场机制合理配置社会资源，发挥市场机制的杠杆作用。政府应该结合市场反馈的信息，建立有效的监督机制和激励机制，保证市场的有效运行，协调市场内部各主体的相互关系，保障社会公平。

下篇 分 论

第七章 杭州市主城区公众人文社会科学素养调查报告

第一节 主城区公众人文社会科学素养总体状况

本次调查的范围是杭州市主城区（上城区、下城区、江干区、西湖区、拱墅区、滨江区）内 18～69 岁的公众（不包括智力障碍者）。调查以入户调查为主，共发放问卷 750 份，收回有效问卷 741 份，有效率达 98.8%。样本按统计抽样方法选取，入户要求受访者填写调查问卷（调查问卷详见附录二），力求客观、真实、全面地把握目前杭州市公众人文社会科学素养水平，同时也为今后有针对性地开展人文社会科学普及工作提供客观依据。

一 主城区公众人文社会科学认知水平

（一）总体状况

课题组将人文社会科学素养调查数据按照"术语的了解"、"观点的掌握"和"常识的理解"三个维度进行统计分析处理，结果得出，杭州市主城区人文社会科学知识认知理解综合指数为 75.87%，其中"术语的了解"指数为

57.65%，"观点的掌握"指数为 80.44%，"常识的理解"指数为 77.67%。这说明杭州市主城区公众普遍具备较高的人文社会科学知识，能够了解和掌握人文社会科学中的基本观点和基本原理等内容，但对术语的学术内涵了解有所不足。从答题正确率上看，男性与女性的认知水平都较高且差异不大。

（二）地区差异

1. 主城区公众的人文社会科学认知水平现状

从图 7-1 可以看出，杭州市主城区公众对人文社会科学的认知水平均较高且差异不大，各个主城区的认知水平均在 70% 以上。但对杭州主城区和下辖县（市、区）做统计 t 检验，会发现存在显著差异。杭州市主城区和县（市、区）公众的人文社会科学认知水平差异较大，主城区公众在术语的了解、观点的掌握、常识的理解、综合指数 4 个指标上普遍高于下辖县（市、区）公众。

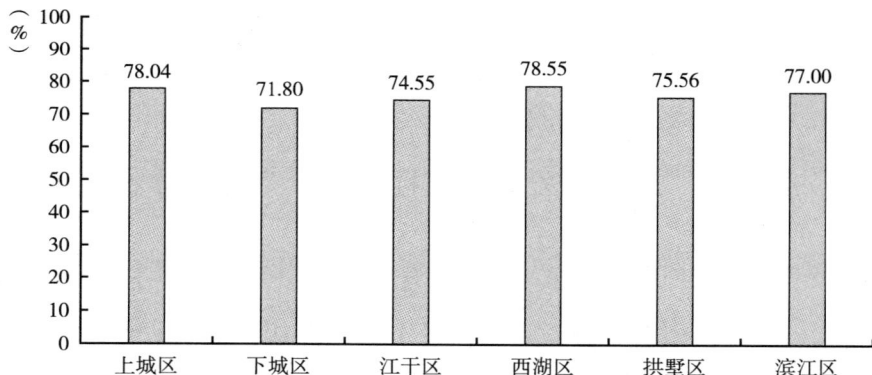

图 7-1　主城区公众人文社会科学认知水平的地区差异

2. 主城区公众在人文社会科学知识方面的需求及获取途径差异

主城区公众在人文社会科学知识方面的需求及获取途径总体差异不大（见表 7-1），最高的上城区（78.04%）与最低的下城区（71.80）仅相差 6.24 个百分点。

（三）年龄差异

调查结果显示，40 岁以下的青壮年对人文社会科学的认知水平普遍高于 40 岁及以上的中老年。40 岁成为人文社会科学认知水平是否高于相对平均水平的重要分界线，因而应对 40 岁及以上的人群给予更多关注。

表7－1　主城区公众对人文社会科学知识的需求及获取途径差异

主城区	最感兴趣的学科	最主要的信息获取方式	最信任的信息机构	最常用的知识传播方式	人文社会科学的影响力	最希望听到的讲座内容
上城区	文学、社会学	互联网、报纸	教育机构	报纸	文化生活、公众健康（并列）	文学/历史学/哲学知识
下城区	文学、历史学	报纸、互联网	社区基层组织	报纸	文化生活、道德水平（并列）	文学/历史学/哲学知识
江干区	文学、历史学	互联网、电视	科研院所	教学与培训	道德水平	文学/历史学/哲学知识
西湖区	文学、历史学	互联网、报纸	科研院所	影视	文化生活	文学/历史学/哲学知识
拱墅区	文学、经济学	互联网、报纸	科研院所	影视	文化生活	文学/历史学/哲学知识
滨江区	文学、历史学	报纸、互联网	科研院所	影视	文化生活	社会问题分析

（四）受教育程度差异

通过对调查数据的分析，得出受教育程度与认知差异总体呈正相关。受教育程度越高，人文社会科学认知水平也越高。是否接受高中（含中专）以上文化教育成为人文社会科学认知水平是否高于相对平均水平的重要分界线，因而应对高中（含中专）以下文化程度的人群给予更多关注。

二　主城区公众人文社会科学知识的综合应用情况

人文社会科学包罗万象，调查组以杭州市主城区公众对社会问题的评价和构建日常生活中常见问题的情况来考察公众对假定问题的态度。其中对当前社会现象评价类的问题主要涉及民主政治、纳税、按揭购房、理想社会和道德瑕疵等，包括上层建筑、经济基础、生产生活、道德规范的各个方面。

（一）对社会问题的评价

1. 对民主政治的评价（T4－10）

对"民主政治"的评价，我们通过调查主城区公众对"越来越多的私营企业主当上了人大代表和政协委员"这一社会现象的看法，得知有54.4%的受访者认为"这是好现象，说明我们的民主政治在发展"，有10.9%的受访者认为"这是坏现象，有钱人当权会滋生权钱交易等腐败现象"，有34.7%的受访者认为"无所谓，只要能给老百姓带来实在好处，谁当选都可以"。主城区公众对此持较为开放的态度，且普遍持积极的态度，而且不同年龄、不同性别、不同学历的公众认为是好现象的看法占据主流。

2. 对按揭买房的理解（T4-18）

关于按揭买房，调查组针对"现在很多年轻人通过银行按揭买房买车，以下对'按揭消费'的理解您赞同哪几点"这一问题进行调查，发现有73.3%的受访者认为是"一种现代消费观念，值得提倡"，有67.3%的受访者认为是"今天花明天的钱"，"没听说过"的只占0.9%。事实上，"天堂"杭州作为"东方休闲之都"，"住在杭州"是普遍观念，而在杭州购房需要按揭已经是普通公众常见的消费行为，因此按揭买房对杭州公众来说不是一件难以理解的事。

3. 对理想社会的期待（T4-19）

杭州市主城区公众对理想社会的期待，主要集中在"缩小贫富差距"和"依法治国"这两个方面，分别占57.8%和40.5%。其他诸如"社会治安良好"、"食品安全"、"政府信息透明公开"、"普及与专业的医疗设施"、"人与人之间讲信用"、"人尽其才"、"环境整洁"、"公共设施完善"、"照顾弱小"和"尊重少数人的选择"分别占39.0%、35.5%、30.1%、21.2%、20.9%、15.1%、13.8%、12.8%、7.4%和4.9%。对理想社会的期待，一方面折射出了杭州市公众对当前社会中公共权力运作存在贪污腐败、收受贿赂、权力滥用，以及由此造成的某些不义之财向少数人集中等现象的不满情绪；另一方面说明杭州市主城区公众的公民意识和权利意识较强。

4. 对道德瑕疵的看法（T4-30）

调查组向受访者询问"哪些道德瑕疵最不希望发生在自己身上"。从调查显示的统计数据来看，"对父母亲不孝顺"、"做别人婚姻中的第三者"和"迷上赌博无法自拔"这三项列居前三位，分别占86.6%、68.7%和60.1%。"贪污公款"、"同性恋"、"没有生小孩"和"其他"分别占51.0%、17.5%、14.4%和1.6%。从总体上看，杭州市主城区公众对道德瑕疵的容忍度体现了传统思维与当代思维的激烈碰撞。儒家思想是中国传统文化的主流。从统计数据可以发现，主城区公众最不能容忍的道德瑕疵是"对父母亲不孝顺"。

（二）对假定社会事件的处理

此部分主要考察受访者对假定问题的态度，包括签订合同、购买软件、养老方式、世界观等多个涉及法律、经济、人生变故的情境，主要考察受访者的消费观、人生观、价值观等。

1. 对签订合同的处理方式（T4-21）

对"在现实经济生活中，我们越来越多地碰到需要签订合同的情况，假如您现在要签一份合同，您会如何处理"这一问题的看法，受访者选择"自己找法律条文弄清楚怎么签"、"找个律师帮助自己签"、"凭自我感觉签"、"基本上信任对方，无所谓，随便签"和"其他"的比例分别为56.1%、31.0%、9.2%、2.6%和1.1%。总体而言，杭州市主城区公众对合同的签订是比较慎重的，绝大多数都选择"自己找法律条文弄清楚怎么签"，说明公众对签订合同的审慎态度和责任意识。从受教育程度差异看，本科及以上学历的人由于自身文化程度较高，学习能力比较强，采用"自己找法律条文弄清楚怎么签"的比例是最高的，都在60%以上。

2. 对软件获取的处理方式（T4-22）

调查组通过调查受访者对"现在假设您急需一个图像处理软件，您会选择哪一种途径得到它"这一问题的做法，了解到"自己到网络上去下载"的比例是最高的，占67.7%。这说明绝大多数受访者具备一定的上网能力和在网上利用信息的能力。从受教育程度差异看，对于软件获取方式，绝大部分受访者选择采用网上下载的方式，而且受教育程度越高，采用网上下载来获取软件的比例就越高。

3. 对养老问题的处理方式（T4-25）

对于"老龄化社会已逐渐来临，老年人的生活保障问题日益突出，您觉得老年人最好的生活保障方式是什么"这一问题的看法，受访者中选择"社会化养老"、"自力更生"、"养儿防老"和"其他"的比例分别为72.4%、19.2%、6.9%和1.5%。选择"社会化养老"的比例是最高的，远远高于其他选项。

4. 对迷信与伪科学的态度（T4-26）

调查组通过调查受访者对"假设您的家人患了一种很奇怪的病，去医院看了很长一段时间仍不见好转，那么您主张"这一问题的看法，来了解公众对迷信与伪科学问题的看法。统计数据表明，"祈求上帝/真主/菩萨等神灵的帮助"和"找巫婆/神汉/萨满等民间神媒破解"的比例相当低，分别只占1.3%和0.1%，大部分都选择"继续就医"（占79.9%），这说明杭州市主城区公众绝大部分都相信科学，相信医学，公民科学素养较高。

5. 关于个人权利保障（T4－29）

在"某社区一老人因附近一所学校使用高音喇叭发出的噪声妨碍了他休息，就把学校告上了法庭，要求学校停止使用高音喇叭并象征性地赔偿他1元精神损失费"这一事件的看法上，选择"赞赏老人的这种行为，但自己不会这么做"和"很支持老人的行为，自己碰到这样的情况也会这么做"这两个选项的比例比较高，分别占59.1%和35.4%。这体现出大部分公众（年龄差异不明显）普遍认同个人权利应得到保障的观念。

6. 消费选择倾向（T4－31）

对"现在假设一下，经过5年的创业奋斗，您积累了5000万元的个人财产，那么您会如何支配这笔钱"这一事件的看法，从图7－2的统计数据上看，杭州市主城区公众在财富的使用上还是以个人及家庭为主，但对公共慈善事业的奉献意识也在逐步深入人心，绝大部分人不太认同有钱后"造庙修寺/烧香拜佛/祈求保佑"的行为。说明当前杭州市主城区公众有着较为积极理性的财富观。有钱后会选择提升个人或亲友的生活品质，而且投身慈善的意识也在不断提升。从性别差异上看，女性更倾向于个人享受、家庭和公益事业，而男性则倾向于帮助亲朋好友、投资和修桥铺路。

三 地域认知

1. 对杭州未来发展状态的期望（T4－1）

对"您依次希望杭州在未来发展成怎样的状态"这一问题的看法，选择"东方品质之城"、"东方休闲之都"和"文化名城"的比例明显高于其他选项，都达到了40%以上（见图7－3）。这体现了主城区公众对杭州作为"天堂"，生活品质和养生休闲得到了公众最为广泛的认可。"东方品质之城"是杭州城市品牌的观念已经深入人心。

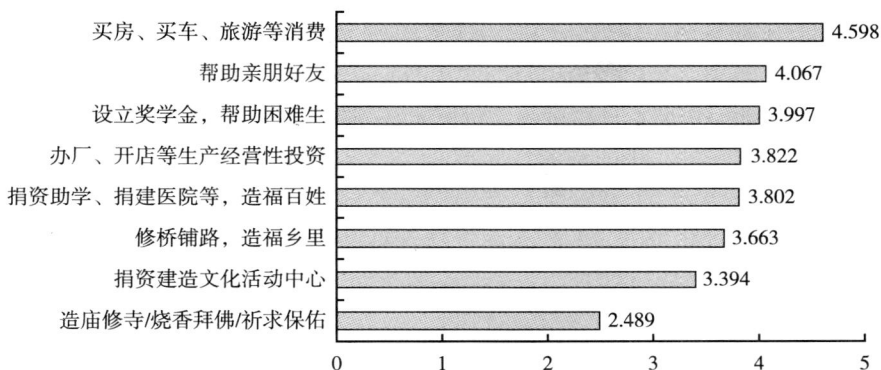

图7-2　消费选择的总体状况

买房、买车、旅游等消费　4.598
帮助亲朋好友　4.067
设立奖学金，帮助困难生　3.997
办厂、开店等生产经营性投资　3.822
捐资助学、捐建医院等，造福百姓　3.802
修桥铺路，造福乡里　3.663
捐资建造文化活动中心　3.394
造庙修寺/烧香拜佛/祈求保佑　2.489

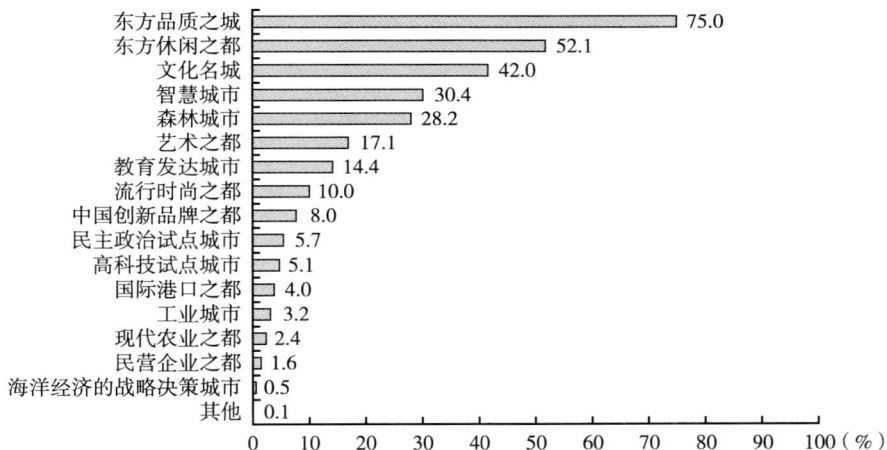

图7-3　对杭州未来发展状态的期望的总体状况

东方品质之城　75.0
东方休闲之都　52.1
文化名城　42.0
智慧城市　30.4
森林城市　28.2
艺术之都　17.1
教育发达城市　14.4
流行时尚之都　10.0
中国创新品牌之都　8.0
民主政治试点城市　5.7
高科技试点城市　5.1
国际港口之都　4.0
工业城市　3.2
现代农业之都　2.4
民营企业之都　1.6
海洋经济的战略决策城市　0.5
其他　0.1

2. 对杭州市的整体认同与看法（T4-2）

将"对杭州市的整体认同与看法"划归为城市认同感和城市归属感。从调查统计看，杭州市主城区公众对杭州的城市认同感和城市归属感都持肯定态度，但城市归属感的比例总体上要高于城市认同感。其中，滨江区作为新城区，吸引了全国各地的人才来此工作和生活，新杭州人比例较高，城市认同感和城市归属感显著高于老城区受访者（见图7-4）。究其原因，一方面，杭州秀丽的风景、宜人的气候、发达的经济、人才引进的优惠政策等城市有利因素吸引他们来杭州工作；另一方面，滨江区是国家级高新区，2010年在全国国家级高新区中综合排名第七。该区的很多新杭州人本身就是技术型人才，比较受人尊重。而且前几年杭州市出台的一系列"户口新政"，对他们来说是非常有利的，这使得他们更愿意待在杭州，对杭州有较强的城市认同感和城市归属感。

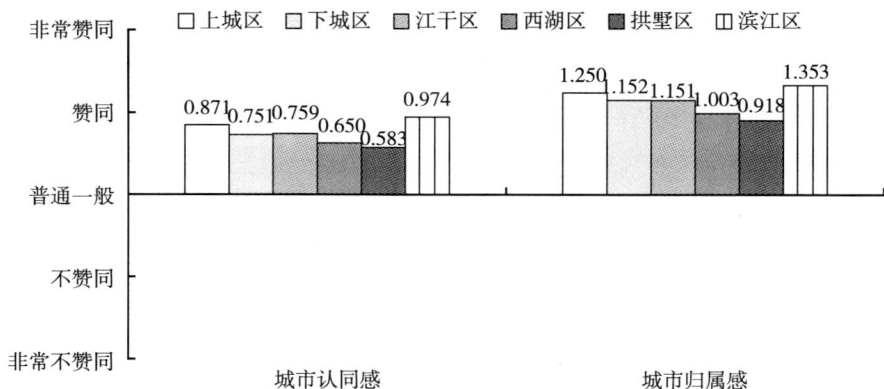

图 7 - 4　对杭州市的整体认同与看法的地区差异

3. 对杭州城市精神的了解情况（T4 - 32）

城市精神是对城市传统优秀质素的萃取，既要体现地域特点、市民风气，包含了城市自我完善的要求，也要注入新的时代内涵；既要与中华民族传统美德相承接，也要与现代科学发展观相合拍。杭州的城市精神是八个字："精致、和谐、大气、开放"。调查组通过调查受访者对"您知道杭州的城市精神是什么吗"这一问题的看法了解到，选择"非常了解"、"比较了解"、"听说过，但不太清楚"和"没听说过"的比例分别为 14.4%、37.0%、37.4%、11.2%。从总体上看，杭州市主城区公众对杭州城市精神的了解状况较好。在城区差异上，下城区和滨江区公众对杭州城市精神的了解程度略高于其他主城区，西湖区相对较低（见图 7 - 5）。

4. 对杭州打造"全国文化创意中心"的了解情况（T4 - 34）

对"您对杭州打造'全国文化创意中心'了解程度如何"这一问题，表示"非常了解"和"比较了解"的占 54.2%，"听说过，但不太清楚"的占 34.1%，而"没听说过"的占 11.7%。从统计数据看，杭州市主城区公众对杭州"全国文化创意中心"的地位了解状况较好。根据调查数据，在城区差

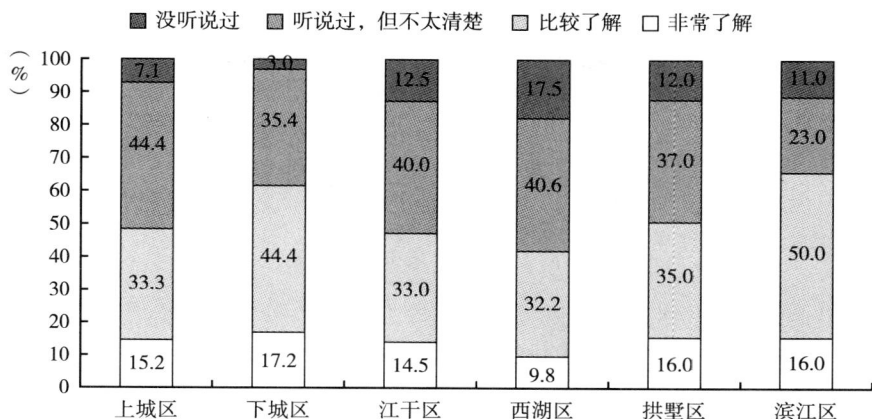

图 7 - 5　对杭州城市精神了解程度的地区差异

异上，上城区和下城区公众的了解程度略高于其他主城区。

第二节　主城区公众对人文社会科学知识的
兴趣及获取渠道

调查组主要通过调查公众对人文社会科学知识的主观兴趣和获取信息的渠道两方面来进行。主要涉及的指标有兴趣方向、兴趣强度、知识获取的渠道及频率、投入参与程度、传播效果等。具体的数据分析如下。

1. 感兴趣的人文社会科学学科（T2 - 1）

调查组通过对"请依次选择下列您最感兴趣的三门人文社会科学学科"这一问题进行调查，发现喜欢文学、历史学、社会学的公众比例最高，依次为58.4%、47.6%、38.7%；喜欢经济学、管理学、教育学、法学、哲学、政治学的比例依次为35.2%、31.8%、31.2%、21.5%、20.4%、13.0%。从感兴趣的学科的性别差异上看，女性受访者最感兴趣的学科是文学，而男性受访者最感兴趣的学科是历史学。

2. 获取人文社会科学知识的渠道（T2 - 2、T2 - 3、T2 - 4）

从统计数据看，互联网、报纸、电视为公众获取人文社会科学知识的主要渠道，分别占68.7%、60.7%、52.2%，远远超过其他渠道。从获取信息所花费的时间来看，从高到低依次是浏览网络，观看电视，阅读报纸、杂志与图书，收听广播。从涉足各种社会活动场所的频率来看，从高到低依次是名胜古迹或人文风景区、电影院或 KTV、书市或书店、图书馆或阅览室、博物馆或展览馆、教堂或寺庙、音乐厅或戏剧院、民间集会。从受教育程度来看，高中及以上学历者主要通过网络这一新媒体来获取信息，小学及以下学历者主要通过电视、报纸、杂志和广播等传统方式来获取信息。从年龄上看，50 岁及以上的人群以报纸和电视为主；40~49 岁的人群依次选择报纸、互联网和电视；40 岁以下的人群更倾向于互联网，其次是报纸和电视。

这说明杭州市主城区公众主要通过网络、电视、报纸、杂志来了解和获取人文社会科学信息，特别是网络，利用网络的时间和频率都远远超过其他传统方式，这一点在年纪较轻、学历较高的受访者中表现得尤为明显。这也充分表明网络已经成为杭州市主城区公众获取信息的主要方式。

3. 对各种机构的信任程度（T2-6）

调查组对公众对科研院所、教育机构、中介组织、出版社或报社、电台或电视台、网站和社区基层组织等机构的信任程度进行了调查，并对各个机构的信任程度的年龄差异、受教育程度差异做了统计分析。从总体上看，杭州市主城区公众对传统媒体、科研院所、社区基层组织、电台或电视台、出版社或报社等传统机构比较信任，但对网站的信任度出现了较明显的分化。其中，高学历、年轻的受访者比较信任网站的信息，而受教育程度低的受访者和老年人对网站信息的信任度低。这说明网络虽已经成为杭州市主城区公众，尤其是高学历人群和年轻人群较常见的生活方式，但信任度在不同年龄段和不同受教育程度的人群中存在很大差异。值得注意的是，各个年龄段的受访者对中介组织往往不太信任。

4. 各种人文社会科学知识的传播效果（T2-7）

在对人文社会科学知识传播方式的评价效果方面，"没有讲解的展览"效果是最差的，影视、报纸、图书、教学与培训、互联网等的传播效果是比较好的。调查数据显示，展览、知识竞赛等过去常见的传播方式都存在着弱化趋势，甚至面临被淘汰的风险，尤其是没有讲解的展览，这就要求我们今后在这方面需加强。从年龄上看，60 岁及以上的群体更倾向于报纸、影视、图书、教学与培训，对互联网使用得比较少；20 岁以下的群体更倾向于影视、互联网和教学与培训。

从受教育程度上看，对于小学及以下学历的受访者来说，只认可影视和报纸的传播效果。这些都说明我们在进行知识传播的时候，要充分考虑受众信息接收的媒介喜好，只有适应他们的需求，才能达到更好的传播效果。

第三节　主城区公众对人文社会科学的价值判断和态度倾向

调查组主要通过调查人文社会科学在公众心目中的地位、作用、功能以及职业倾向等指标来反映公众对人文社会科学的价值判断和态度倾向。

1. 人文社会科学产生的影响（T3－1）

杭州市主城区公众对人文社会科学的积极作用持赞成观点，普遍认为人文社会科学知识对活跃人的精神文化生活、提升人的道德水准关系密切，相对而言，公众较关注与日常生活相关的社会方面（道德、环保、治安等）。从受教育程度差异看，对于小学及以下学历的受访者来说，人文社会科学在他们心目中的作用不大。这是因为他们可能更受"学好数理化，走遍天下都不怕"这种老观念的影响，他们更看重"摸得着、看得到"的自然科学带给他们的变化。

2. 人文社会科学和自然科学的影响力（T3－2）

通过对受访者调查人文社会科学与自然科学对道德水准、文化生活、公众健康、世界和平、环境保护、经济发展、政策制定、社会治安、心灵提升和人际关系这几方面的不同影响程度，统计数据显示，杭州市主城区公众普遍认为人文社会科学对道德水准、文化生活、公众健康等方面的影响力显著超过自然科学方面的影响力。在调整自身关系（文化生活、心灵提升）以及人与人关系（道德水准、人际关系、社会治安、政策制定）等方面，受访者认为人文社会科学的影响力较大，而涉及经济发展、公众健康、环境保护等包含较高自然科学知识领域的方面，人文社会科学知识的影响力则较弱。

60岁及以上和20岁以下的受访者对人文社会科学对社会治安、心灵提升、政策制定三个方面的影响作用看法较为一致，但在环境保护问题上，这两个年龄段的受访者的看法不同：60岁及以上的受访者认为人文社会科学对环境保护方面的影响较大，而 20 岁以下的受访者则认为自然科学对环境保护方面的影响大。

3. 最希望人文社会科学知识帮助提高的能力（T3 - 3）

对于"最期望人文社会科学知识帮助您提高哪方面的能力/水平"这个问题，调查数据显示，杭州市主城区公众最希望借助人文社会科学知识提升自身的道德素质（占 61.5%）。从总体上看，杭州市主城区公众主要希望通过人文社会科学知识提升自身修养，增强个人生存和发展能力。这说明杭州市主城区公众对待人文社会科学知识作用的认识是丰富和多元的，既认同人文社会科学知识能够起到审美等"非功利"作用，又认可人文社会科学知识能提升个人谋生能力等方面的"实际"功能。

4. 最好的职业（T3 - 4）

在认为最好的职业上，杭州市主城区公众更加认可医生、科研工作者、高校教师、律师等具备较高知识水平的传统的专业技术工作者。对占据我国职业人口比重最大的两个职业——工人和农民的认可度较低，特别值得注意的是，对记者这一职业的认可度介于工人和农民之间。

从性别差异上看，杭州市主城区女性公众更倾向于传统的专业技术性工作。

从年龄差异上看，杭州市主城区不同年龄段的公众对好职业的认识存在一定差异。一般来说，年纪越大的受访者的职业观越传统，特别偏爱医生、科研工作者、高校教师等职业，而年纪轻的受访者则对职业的认可度相对均匀。

从受教育程度差异上看，研究生及以上学历的受访者不认为医生是最好的职业，他们认为高校教师是最好的职业，这与该群体受访者的学历水平和研究生及以上学历者是高校教师的主要来源等因素密切相关。

5. 喜好的专业方向（T3 - 5）

对于"如果您的子女或亲友今年报考大学，您倾向于让他选择哪些专业方向"这一问题，调查显示，杭州市主城区公众更倾向于让子女选择医学、工学、法学、经济学、管理学、教育学等专业，这些专业的就业方向主要是医生、律师、工程师、科研工作者、教师等职业，这与对"最好的职业"的认可程度较为一致。相对而言，历史学、哲学、社会学等专业选择人数不多（见图 7 - 6）。

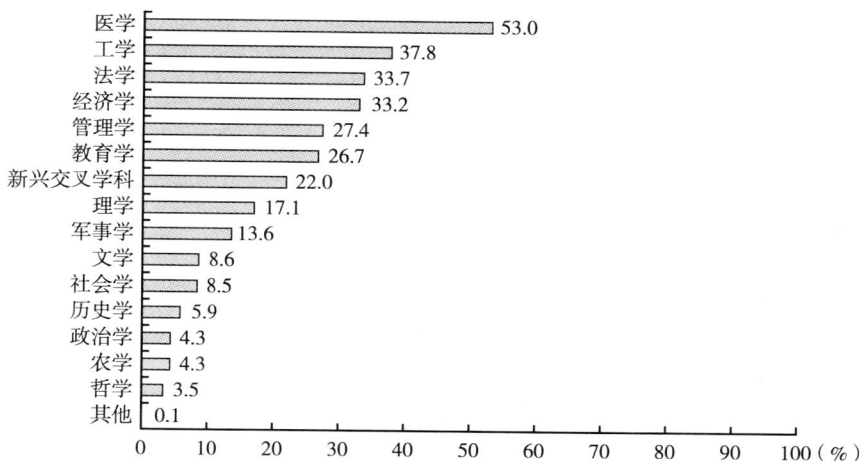

图 7 - 6　倾向选择的专业方向的总体状况

第四节　主城区公众对人文社会科学知识普及的基本需求及相关意见

调查组通过调查公众对"科普工作"的认知情况、最希望了解的人文社会科学知识的内容和形式、今后更好地开展人文社会科学知识普及工作的举措、对本次调研的看法等内容，以便提出合理的对策。

1. 对科普工作内容的认识（T5 - 1）

调查显示，有81.2%的受访者认为科普工作的内容是"自然科学和人文社会科学知识的普及"，有9.3%的受访者认为科普工作的内容是"自然科学知识的普及"，有9.2%的受访者认为科普工作的内容是"人文社会科学知识的普及"，剩余0.3%的受访者认为是"其他"。从统计数据来看，杭州市主城区公众普遍了解科普包括"自然科普"和"社会科普"两个方面。从年龄差异看，50岁及以上的受访者了解程度略低，相对而言，中青年的求知欲比较强。

2. 希望听到什么内容的讲座（T5 - 2）

对于"假如现在您去参加一场人文社会科学知识的普及讲座，您最希望听到哪一方面的内容"这一问题，调查显示，杭州市主城区公众最希望了解

151

"文史哲"类的普及讲座，其次是社会问题分析类、人际交往技巧类的讲座。这也体现了公众对人文社会科学知识普及的参与积极性与内容偏好取向。

从年龄差异上看，不同年龄段的受访者对人文社会科学普及讲座需求不一。30～49岁的受访者最关注教育方法和技巧方面的普及讲座，20岁以下的受访者则更加关注人际交往技巧方面的普及讲座。

从受教育程度差异上看，文化程度与对法学知识的关注度基本成反比，学历越低，越关注法学知识。初中及以下学历的受访者最希望听到法学知识方面的讲座，高中学历的受访者最关注人际交往技巧和社会问题分析方面的讲座，中专、大专学历的受访者最关注人际交往技巧和"文史哲"方面的讲座，本科学历的受访者最关注社会问题分析和"文史哲"方面的讲座，而研究生学历的受访者更希望听到社会问题分析及"文史哲"方面的讲座。因此，低学历人群应成为普法教育关注的重点。

3. 希望听到什么形式的讲座（T5-3）

对于"假如现在您去参加一场人文社会科学知识的普及讲座，您最希望听到的讲座形式"这一问题，杭州市主城区公众普遍希望普及讲座能够具备一定的实用性，并希望形式通俗易懂，便于公众理解和掌握，这也体现出公众对实用性讲座内容的需求（见图7-7）。

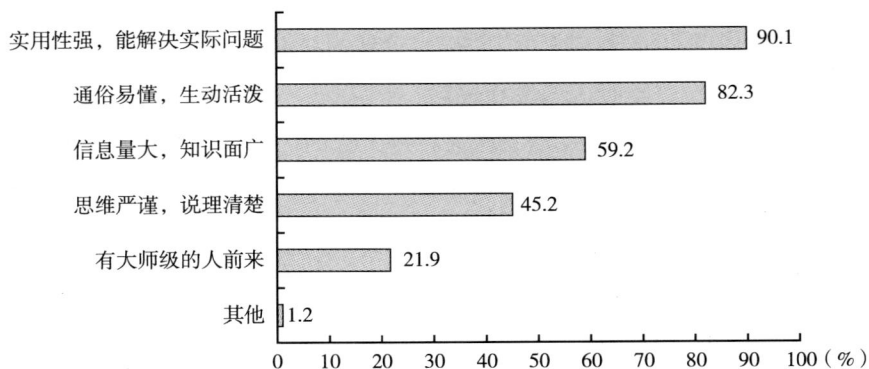

图7-7　希望听到什么形式的讲座的总体状况

4. 各项人文社会科学知识普及工作的必要性（T5-4）

对于开展杭州市人文社会科学知识普及工作提出的具体措施的看法，杭州市主城区公众普遍认为科普工作需要充足的经费、各种类型的科普活动、高质量的出版物，并能提供硬件和软件的配套服务等，这些措施是必不可少的（见图7-8）。

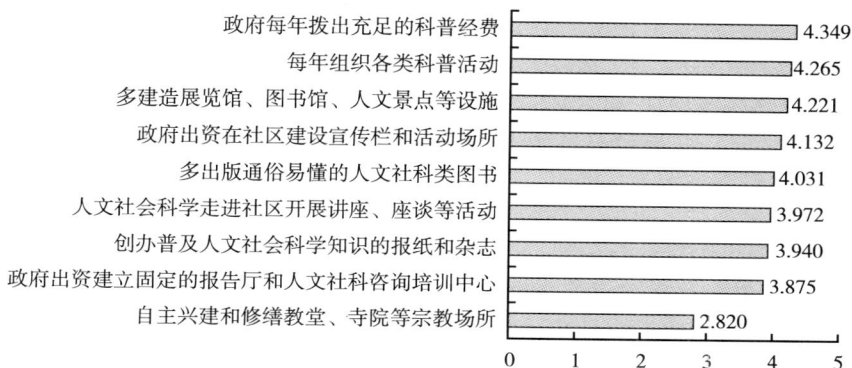

政府每年拨出充足的科普经费	4.349
每年组织各类科普活动	4.265
多建造展览馆、图书馆、人文景点等设施	4.221
政府出资在社区建设宣传栏和活动场所	4.132
多出版通俗易懂的人文社科类图书	4.031
人文社会科学走进社区开展讲座、座谈等活动	3.972
创办普及人文社会科学知识的报纸和杂志	3.940
政府出资建立固定的报告厅和人文社科咨询培训中心	3.875
自主兴建和修缮教堂、寺院等宗教场所	2.820

图7-8 各项人文社会科学普及工作的重要性的总体状况

5. 此次调查是否必要（T5-5）

杭州市主城区不同年龄段的公众普遍认为这次调查有必要。这种开放型的、积极配合的心态，也体现出杭州主城区公众良好的社会参与意识，为后续相关对策的制定与实施，打下了一个扎实的群众基础。

6. 此次调查是否会影响政府未来的政策措施（T5-6）

杭州市主城区公众希望此次调查能够影响政府的决策制定。

第五节 小结和建议

一 小结

（1）杭州市主城区公众具有较高的人文社会科学认知水平。

（2）年龄因素对认知差异水平影响较大，40岁成为人文社会科学认知水平是否高于相对平均水平的重要分界线。

（3）受教育程度与认知表现呈正相关，高中（含中专）成为人文社会科学认知水平是否高于相对平均水平的重要分界线。

（4）杭州已经进入老龄化社会，养老问题受到较大关注，杭州市主城区公众对养老问题希望政府采用社会化的方式解决。

（5）杭州市主城区公众对杭州的城市认同感和归属感很强。

（6）杭州市主城区公众对传统媒体、科研院所、社区基层组织、电台或电视台、出版社或报社等传统机构比较信任，但对网站的信任度出现了较明显的分化，高学历、年轻的受访者比较信任网站的信息，而受教育程度低的受访者和老年人对网站信息的信任度低。

（7）杭州市主城区公众对人文社会科学知识的作用普遍持积极肯定的态度，认为人文社会科学对道德水准、文化生活、公众健康、世界和平、环境保护、经济发展、政策制定、社会治安、心灵提升和人际关系的影响力显著超过自然科学方面的影响力，特别认可人文社会科学知识对提升自身道德素质的作用。

（8）杭州市主城区公众最希望借助人文社会科学知识提升自身的道德素质。女性公众比男性公众更看重人文社会科学知识对提高审美情趣的作用，而男性公众比女性公众更加看重人文社会科学知识对提高理论水平的作用。

（9）杭州市主城区公众普遍认为医生、科研工作者、高校教师、律师等专业技术工作者属于最好的职业，其中医生最受公众欢迎，许多受访者也希望子女能够从医。

（10）杭州市主城区公众对各类国家级和省级的科研机构了解较多，对杭州市的科研机构了解相对较少。

二 对策建议

（一）思想上，高度重视

1. 政府层面

转变社会治理方式，积极构建"人文杭州"。主城区各政府要着力把加强人文社会科学知识普及和提升公众人文社会科学素养工作放到实现杭州市文化大发展大繁荣的基础性战略地位。作为一项长期的、系统的社会工程，切实抓好人文社会科学知识普及和公众人文社会科学素养提升的工作。通过此次对主城区公众人文社会科学素养的调查，公众普遍认为这次受访有必要。这种开放型的、积极配合的心态，也体现出杭州主城区公众良好的社会参与意识和对人文社会科学知识的需求。因此，各个主城区应当更加重视杭州市民的人文社会科学素养问题，加大科普力度，赋予人文精神，重视人文与社会科学的结合，重视哲学社会科学及其普及，将杭州打造成为真正的"人文杭州"。同时，要在公众人文社会科学素养的提高上起推动和带头作用，构建完善的基础文化设施，为公众提供基础的文化服务，加大对公益组织及事业单位的扶持力度，使文化服务平台满足多层次的需求。

2. 公众层面

全员总动员，推行公众文化精神。除了政府重视外，公众本身也要重视人文社会科学素养的提高。根据调查结果，受访者配合态度积极认真，这可以看出主城区公众有很大的内在积极性。因此，要把提高公众人文社会科学素养看成一项全民工作。积极号召全员总动员，推行一种公众文化精神，形成精神的合力，把人文社会科学素养培育的目标集中化，结合人文社会科学素养的知识教育和日常实践来提高整体人文社会科学素养水平。例如，西欧国家资本主义上升期的新教伦理、韩国 20 世纪的国民精神教育、新加坡 20 世纪 90 年代的共同价值观，都对经济和社会发展起到了极大的促进作用[1]。同时，要积极引导杭州市主城区公众形成一种公众文化精神，并以该精神指导实践，从而提高公众的人文社会科学素养。

（二）内容上，尽量拓宽

1. 要具有针对性

杭州市主城区公众有不同的年龄、不同的受教育程度、不同的职业、不同的性别，他们对人文社会科学知识的需求是不一样的。在进行人文社会科学知识普及时，在内容选择上要尽量广泛，要根据不同需求，因材施教。而且要采取公众喜闻乐见的形式，满足不同人群的需要。同时，要推进社会科学普及基地的建设。既要把理论送到公众身边，又要搭建公众便于参与、乐于参与的平台，调动公众参与社会科学知识普及活动的热情。

---

[1]　胡秀丽：《提升市民人文素养　推进生活与创业和谐》，《中共杭州市委党校学报》2005 年第 1 期。

2. 要注重实用

对"假如现在您去参加一场人文社会科学知识的普及讲座，您最希望听到的讲座形式"这一问题开展调查时，有90.1%的受访者选择了"实用性强，能解决实际问题"这一选项，这说明公众是抱着实用主义的态度来选择人文社会科学普及知识的内容的，因此在开展人文社会科学普及工作时，尤其要注意普及内容的实用性，即要重点考虑普及的内容是否对公众的生活、工作、身心健康等有帮助。从本次调查可以看出，杭州市主城区公众对人文社会科学知识的需求主要集中在两个方面：一是文学、历史学、哲学方面，目的是进一步增强个人的道德修养；二是经济学、管理学和金融学等方面，目的是进一步加强个人生存和就业能力。因此，在内容选择时还要侧重这两方面知识的普及。当然，为了更好地传播知识，可以借鉴北京的"周末社区大讲堂"和南京的"市民学堂"等形式，将讲座日常化。

3. 要结合本地特色

除了一些常规的人文社会科学知识普及外，各个城区要积极思考"本地化"的人文社会科学普及策略，完善公共文化服务平台，即进一步根据各个主城区的特点进行人文社会科学知识普及。如上城区围绕"中心文化、老年文化（主城区老龄化程度排名中上城区是最高的）"、下城区围绕"商业文化"、西湖区围绕"西湖文化、创意文化、教育文化"、拱墅区围绕"运河文化、创意文化"、江干区围绕"大学文化、商业文化"、滨江区围绕"新区文化、技术文化"等开展相应的人文社会科学普及工作，让公众不仅能提高自身的人文社会科学素养，同时也能对本城区有更加深入的了解，从而提高他们的城区归属感。

（三）形式上，积极创新

1. 要通俗易懂

普及人文社会科学知识的活动，主要是在于知识的传播，而非知识的生产。对"假如现在您去参加一场人文社会科学知识的普及讲座，您最希望听到的讲座形式"这一问题，有82.3%的受访者选择了"通俗易懂，生动活泼"这一选项，这说明通俗易懂的传播形式更受公众欢迎。因此，在举办讲座、发行人文社科类出版物时，关键在于广大人文科普工作者要将文学、史学、哲学、经济学、管理学、金融学、社会学、政治学、法学等学科的高深知识采用受众喜闻乐见的形式和通俗易懂的语言进行传播。

2. 要增强互动性

广大市民在学习人文社会科学知识的过程中，不再完全是被动的学习，其学习的主动性和主体性越来越强，尤其是在自媒体时代。互联网的这类技术变迁"重新安排"了空间，改变了我们的时间体验，因为电子高速公路上的沟通几乎是即时性的[①]。这就要求在传播人文社会科学知识时，应多考虑利用互联网的沟通渠道，增强互动性。如在安排人文社会科学讲座前，可以通过网络论坛、QQ、微博、微信等网络媒体方式和在社区张贴宣传海报等传统方式，征求公众对讲座的内容、时间、形式等方面的需求。在活动举办后，及时反馈网络参与者的提问等。这样有助于提高讲座的有效性和受欢迎程度，从而形成一个良性循环。

3. 要积极创新传播形式

杭州市主城区相关部门在开展人文社会科学普及时除了采用传统的传播途径和形式外，还要全力增设新型的传播形式。一是网络传播。如将需要普及的部分人文社会科学知识拍摄成动漫或微电影，在互联网进行传播；利用网络开展不同类型的社会科学普及讲座、论坛、沙龙；积极组织不同兴趣的社会科学爱好者建立各种各样的QQ群，并有意识地加以正确的引导。二是社交传播。鼓励广大公众以兴趣为中心，进行自主学习。从公众间的兴趣团体中吸收成员，进行自主学习，形成终身学习的城市氛围。三是多主体参与传播。传统上，政府部门对人文社会科学的普及起着主导作用，今后要加强非政府组织、社会团体、企业和自然人的共同参与。政府也可以考虑购买社会服务来进行人文社会科学知识的普及工作。四是商业传播。鼓励商业资本进入人文社会科学普及领域，探索构建政府、社会、市民多赢的局面。

（四）对象上，突出重点

1. 重点关注老年人群体

截至2012年底，杭州60岁及以上户籍老年人口已达到127.89万人，占

---

① 〔英〕安东尼·吉登斯：《社会学》（第五版），李康译，北京大学出版社，2009。

全市户籍人口总数的 18.26%，比上年高出 0.73 个百分点。其中老年户籍人口的增长率达到 4.66%，明显高于杭州市户籍人口的增长率 0.46%。根据杭州市人口发展战略研究，预计到 2015 年，60 岁及以上老年人口将达到 148 万人，约占总人口（户籍人口）的 20%①。通过本次调查发现，年龄因素对人文社会科学认知差异水平影响较大。因此，在开展人文社会科学知识普及时，要重点关注老年人群体，针对老年人群体的特点和需求开展一些相关的人文社会科学知识普及工作。如成立老年活动室、老年活动中心、老年大学，为老年人交流提供平台、活跃老年文体娱乐生活，提高老年人在社会发展方面的参与度；开设老年学堂等免费、多样的公益培训课程，举办系列健康讲座，等等。

2. 重点关注低学历群体

在文化领域，低学历、无学历者由于本身受教育程度较低，可能从事的工作不是特别稳定，社会地位不是特别高，收入也不是特别可观，他们面临的生存压力和生活压力往往会比高学历者更大。他们在平时可能疲于工作养家糊口，不太关注人文社会科学知识的积累和能力的提高。再加之本身学历层次较低，学习能力比较弱，对于接受人文社会科学知识的难度也比高学历者更大。因此，应针对该群体的特点和需求开展一些相关的人文社会科学知识普及工作，可以专门为他们设立继续教育学堂，为他们开展继续学习教育，给他们提供学习的平台，在民工学校中开设人文社会科学的课程，提高他们的知识储备和学习能力，从而提高他们的人文社会科学素养。

（五）机制上，优化整合

1. 一个中心：以社区为中心

社区是社会的基本单元，也是一个城市的组成单位。居住在城市中的任何一个人都有相应的社区。20 世纪末，社区作为我国社会发展新崛起的现代化因素而迅速地积累和膨胀自身力量，并且以其独特的功能，向社会的各个领域渗透，通过不断地吸纳社会领域中原有的政府职能，开辟出具有独立作用能力的自主空间和自主领域②。因此，在开展公众人文社会科学知识普及时可以以

---

① 《美丽杭州　幸福养老——杭州人口老龄化日趋严重》，http：//www.hangzhou.gov.cn/main/zwdt/ztzj/mlhzxfyl/。
② 谢晶仁：《社区文化建设新论》，中央文献出版社，2007。

社区为中心，充分利用社区的职能和优势，尽量让社区中的每一个人享受到人文社会科学知识普及的好处。

2. 四种模式：政府－社区、企业－社区、学校－社区、非政府组织－社区①

一是政府－社区模式。社区文化中一般有着传统的文化生活方式与共同的归属心理特征。因为每个社区都有特定的地域、人口、区位、结构和社会心理因素，所以人们对自己所处的文化共同体有着相应的认同意识②。将政府的政策、资源等直接输入社区，通过政策、法律、经济手段努力推动社区文化事业的发展，同时通过提供优质高效的公共服务，激发社区居民参与提升人文社会科学素养活动的热情，从而发挥政府在提高人文社会科学素养机制创新中的引导作用。二是企业－社区模式。企业，尤其是文化产业领域的企业，通过嵌入社区，参与社区的公共服务事务，获得社区居民的良好评价和相应的社会资本。社区则通过利用企业投资和财政支持，提高本区居民人文社会科学素养，为企业提供优秀人力资源和良好环境，以此达到二者的互动。三是学校－社区模式。校园与社区相互开放，形成一个大社区，资源优势互补，共享互惠。如图书馆的共享、区域内文化设施的共享等。学校可定期开展"送文化下社区"活动，在社区建立校外教育基地，在学校开设社区人文课程。四是非政府组织－社区模式。将非政府组织引入社区，使其活动与社区人文社会科学素养建设活动结合起来，促进社区文化建设向社会化和专业化方向发展，从而提升社区居民人文社会科学素养活动的前瞻性和与时俱进性。

（六）政策上，全力保障

1. 经费保证

调查显示，公众认为科普经费很重要。2004 年，杭州市修订的《杭州市科学技术进步条例》就规定杭州市人均科普经费不少于 0.6 元。2012 年 3 月 1 日起施行的《杭州市科学技术进步条例》第三章第十五条规定："市和区、县（市）人民政府应当逐步增加财政用于科学技术经费的投入，其增长幅度应当高于本级财政经常性收入的增长幅度一个百分点以上。市和区、县（市）人

---

① 高翔、彭文钢等：《试论提高北京市民人文素养的四种模式》，《科教导刊》2012 年第 6 期。
② 郑永富主编《群众文化学》，中国国际广播出版社，2001。

民政府财政用于科学技术经费占本级财政经常性支出的比例应当分别不低于百分之六和百分之四。"第三章第十八条规定:"各级财政应当逐年提高用于科学技术普及活动的专项经费。市财政每年应当安排人均不少于 1.20 元的科学技术普及专项经费,区、县(市)财政每年应当安排不少于人均 1.70 元的科学技术普及专项经费,专项用于当地的科学技术普及、宣传活动。"但是对于人均社会科学普及经费并没有明文规定。因此,杭州市各个主城区要将社会科学普及活动经费列入年度经费预算,保证社会科学普及活动正常开展,经费落实到位并逐年增加。

2. 人员保证

普及社会科学知识、提高公众人文社会科学素养,需要有一批专业的机构(基地)和人员。杭州市虽然有杭州市社会科学界联合会、杭州市社会科学院、杭州市科学技术协会等专门组织和推动全市社会科学知识普及与社会科学成果推广应用的组织以及杭州市社会科学普及基地,但是从调查中发现,杭州市公众对此并不是十分了解,因此要进一步加强对外宣传,并增强该组织的人员配备。此外,除了这些专门的机构外,也要积极依托高校、科研院所、文化历史场馆、街道社区、企事业单位和其他民间社团组建一支专兼职相结合的专家队伍,定期开展群众性、经常性的社会科学普及和宣传教育活动,倡导科学方法、传播科学思想、弘扬科学精神、引领精神富有,努力促进人的全面发展和社会全面进步。

3. 制度保证

制度的制定可以保证各项工作的顺利开展。为进一步推进杭州市主城区人文社会科学普及工作的社会化、群众化、经常化和规范化,杭州市各个主城区的相关部门应积极出台相关的管理办法或制度。人文社会科学素养的形成与发展,是在动态中形成的,需要持久的行为活动来实现。人文社会科学素养的提高也不是一朝一夕就可以完成的,它不是孤立单一的工作,而是一个长期、艰巨的系统工程,需要全体公众共同努力。

第八章 杭州市县（市、区）公众人文社会科学素养调查报告

第一节 县（市、区）公众人文社会科学素养总体状况

本次调查研究的对象为杭州市 7 个县（市、区）18～69 岁的居民。本次调查在政府机关、企事业单位、商场、学校和居民居住区等地集中发放了问卷1250 份，实际收回有效问卷1246 份，问卷有效率为99.7%[①]。经检验,样本符合研究要求。

一 县（市、区）公众人文社会科学认知水平

调查将人文社会科学认知理解指数分为术语了解指数、观点掌握指数、常识理解指数三个维度。表8－1 显示杭州市县(市、区)公众人文社会科学认知水平综合指数为7.28。其中,最高的是观点掌握指数(7.79),最低的是术语了解指数(5.20)。

---

① 调查样本分布

调查样本分布

单位：份，%

县（市、区）	发放问卷数量	有效问卷数量	问卷有效率
萧　山	250	250	100
余　杭	200	200	100
富　阳	200	200	100
临　安	150	150	100
建　德	150	150	100
桐　庐	150	150	100
淳　安	150	146	97.3
合　计	1250	1246	99.7

表 8-1　县（市、区）公众总体人文社会科学认知理解水平指数

指　　标	术语了解指数	观点掌握指数	常识理解指数	综合指数
平均数	5.20	7.79	7.50	7.28
标准差	2.83	1.65	1.68	1.51

　　县（市、区）公众对日常性观点掌握水平最高，对专业性术语了解较少，说明大部分公众对人文社会科学具有较为明显的实用化和生活化的倾向。

　　不同性别、地区、年龄、受教育程度的公众在人文社会科学知识认知上存在较大差异。按地区分，富阳认知水平最高，临安最低（见表 8-2、图 8-1）；按性别分，男性高于女性；按年龄分，20～29 岁组最高；按文化程度分，受教育程度越高，认知水平也越高（见图 8-2～图 8-4）。

表 8-2　县（市、区）公众人文社会科学认知理解水平指数

县（市、区）	综合指数	术语了解指数	观点掌握指数	常识理解指数
萧　山	6.89	4.61	7.45	7.12
余　杭	7.16	4.48	7.87	7.36
富　阳	7.38	5.36	7.85	7.63
临　安	6.80	4.57	7.36	7.00
建　德	7.10	4.57	7.65	7.45
桐　庐	7.13	4.63	7.78	7.37
淳　安	7.23	6.03	7.42	7.51

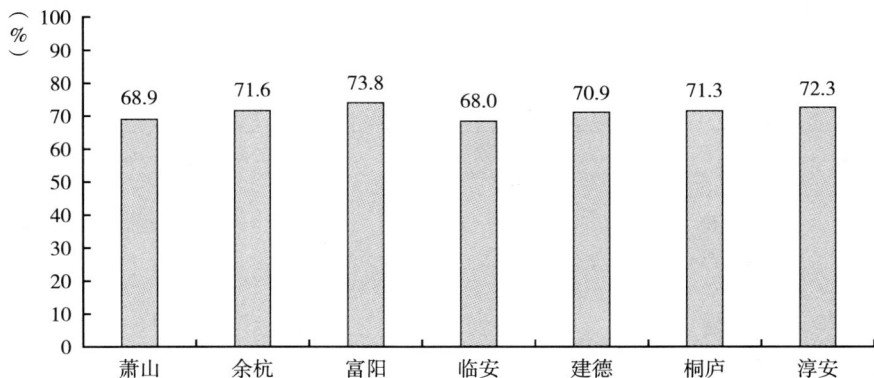

图 8-1　县（市、区）公众人文社会科学认知水平的地区差异

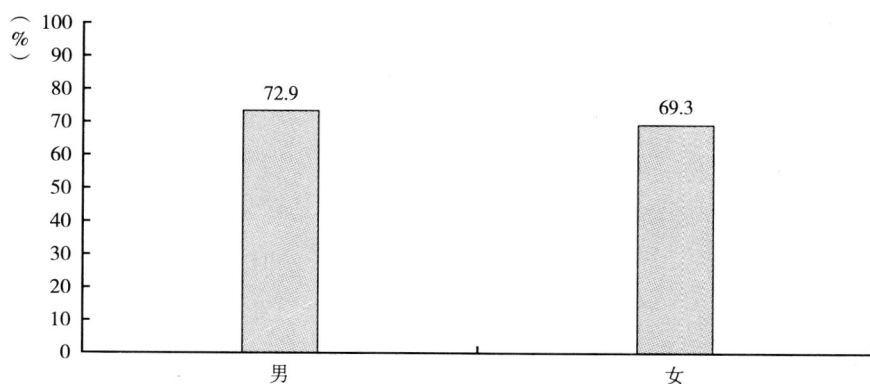

图 8 - 2　县（市、区）公众人文社会科学认知水平的性别差异

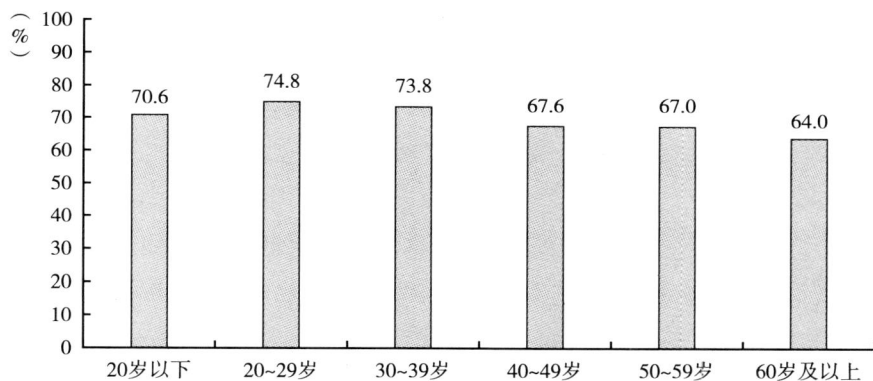

图 8 - 3　县（市、区）公众人文社会科学认知水平的年龄差异

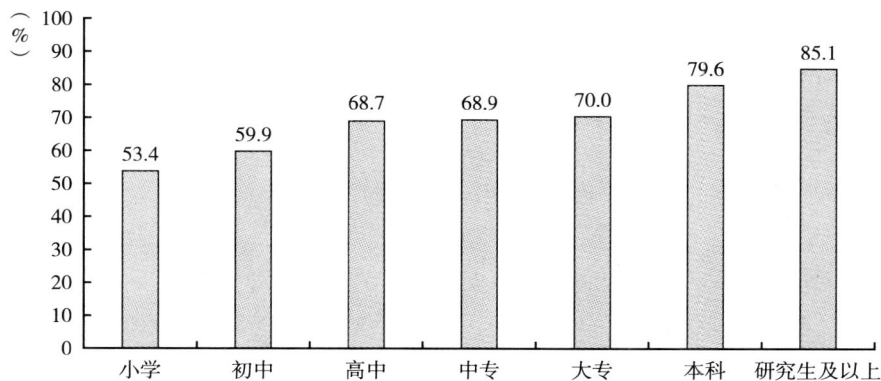

图 8 - 4　县（市、区）公众人文社会科学认知水平的受教育程度差异

二 县（市、区）公众人文社会科学知识的综合应用情况

县（市、区）公众人文社会科学知识的综合应用评价标准分为对社会问题的评价和对假定社会事件的处理两部分。

（一）对社会问题的评价

人文社会科学所面对的社会问题十分复杂，本次调查的问题主要是日常生活中最常见的问题，考察公众政治生活、经济生活、生产、道德规范等方面。对"民主政治"的评价，是调查公众对"越来越多的私营企业主当上了人大代表和政协委员"这一现象的看法，47.0%的人认可"这是好现象，说明我们的民主政治在发展"，17.8%的人认可"这是坏现象，有钱人当权会滋生权钱交易等腐败现象"，35.2%的人认可"无所谓，只要能给老百姓带来实在好处，谁当选都可以"（见图8－5）。

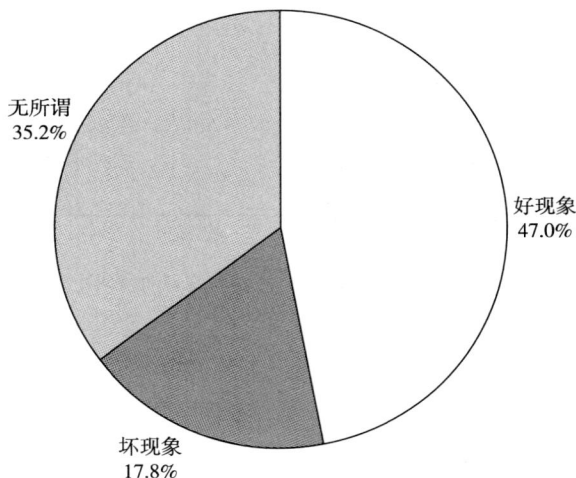

无所谓
35.2%

好现象
47.0%

坏现象
17.8%

图8－5　对民主政治的评价

不同地区公众对这一问题的看法有较大差异，余杭有53.0%的人认为是好现象，萧山只有40.0%。男性认为是好现象的占49.8%，比女性高5.0个百分点。年龄越大认为是好现象的比例越高，60岁及以上组达到了69.0%，40～49岁组只有42.1%。不同文化程度公众的评价差异较大，初中文化组认

为是好现象的占 54.8%，比大专文化组高 16.6 个百分点。

关于按揭消费，68.6% 的人赞同是"现代消费观念，值得提倡"，67.5% 的人赞同是"今天花明天的钱"（见图 8 - 6）。女性赞同提倡按揭消费的达到 61.1%，比男性高 1.1 个百分点。不同年龄公众赞同提倡按揭消费的比例最高的是 30 ~ 39 岁组（70.8%），其次是 50 ~ 59 岁组（70.7%），最低的是 60 岁及以上组（62.9%）。不同地区公众赞同提倡按揭消费的差距较大，比例最高的是富阳（80.0%），最低的是淳安（60.3%），相差 19.7 个百分点。大学文化组赞同提倡按揭消费的占 76.2%，比小学及以下文化组高 29.1 个百分点。

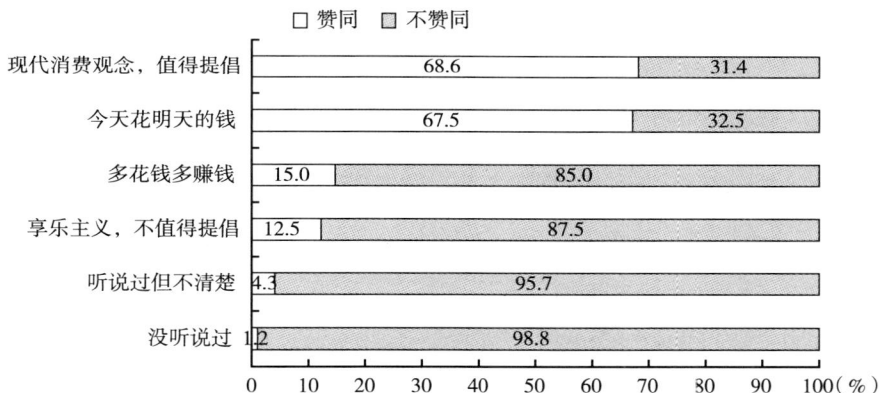

图 8 - 6 对按揭买房的评价

公众对理想社会最重要价值的期待，主要集中在缩小贫富差距、依法治国和社会治安良好等方面，其中对缩小贫富差距的期望达到了 61.6%（见图 8 - 7）。两性都把缩小贫富差距作为首选，其中男性占 62.0%，比女性高 0.6 个百分点。男性第二位选择的是依法治国（45.5%），女性选择的则是社会治安良好（33.4%）。初中文化组更期待缩小贫富差距，占 70.4%，比大学文化组高 20.4 个百分点。

公众普遍支持纳税，经五分量表法评价，对纳税是公民的义务的认同度达到 4.417，认同购物索要发票的为 3.861，对纳税人决定税收使用和政府税收保障社会公平认同度也较高（见图 8 - 8）。

公众在回答哪些道德瑕疵最不希望发生在自己身上时，"对父母亲不孝

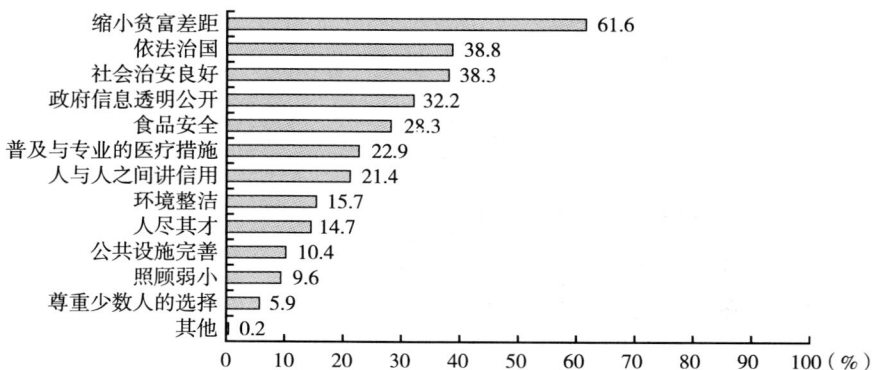

图 8 - 7 理想社会最重要的价值

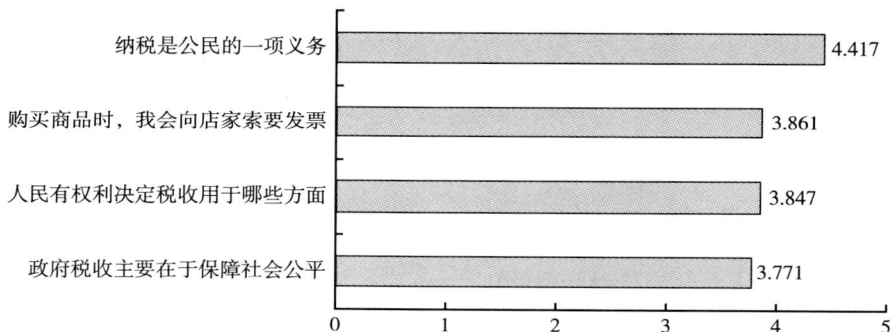

图 8 - 8 对公民纳税的评价

顺"、"做别人婚姻中的第三者"和"迷上赌博无法自拔"位列前三，分别占87.2%、68.1%和65.6%。可以看出，中国传统文化仍然有着较大的影响，但对"没有生小孩"却有较高的容忍度（15.1%）（见图 8 - 9）。两性都看重"对父母亲不孝顺"这一道德瑕疵，且男性比女性高 1.3 个百分点。两性差异最大的是，女性第二位选择的是"做别人婚姻中的第三者"，比例达到了75.2%，比男性高 69.1 个百分点。年龄越大越看重"对父母亲不孝顺"这一道德瑕疵，比例最高的是 50 ~ 59 岁组（90.7%），最低的是 20 ~ 29 岁组（84.4%）。从县（市、区）来看，选择"对父母亲不孝顺"是最不希望发生在自己身上的道德瑕疵，占比最高的是建德（94.0%），最低的是萧山（80.4%），相差 13.6 个百分点（见图 8 - 10）。

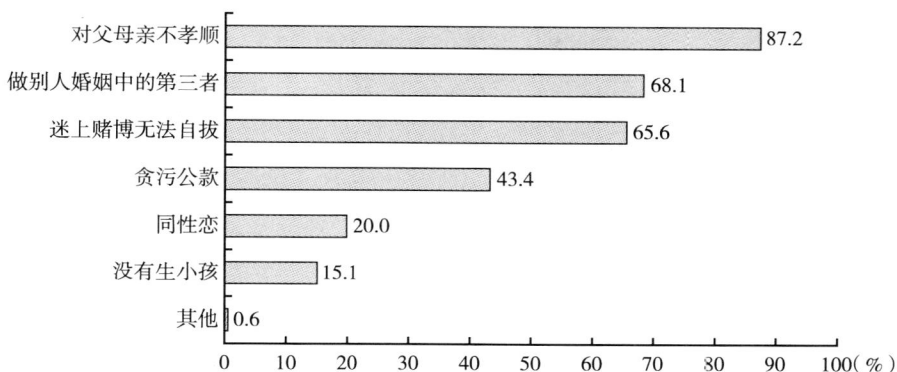

图 8－9 对道德瑕疵的评价

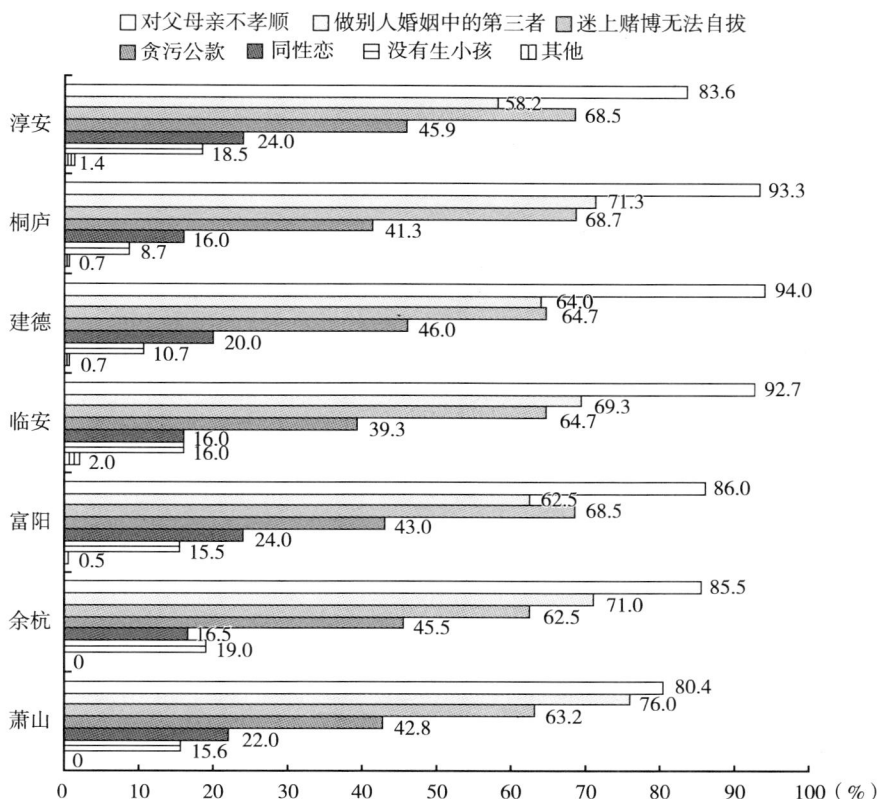

图 8－10 县（市、区）公众对道德瑕疵评价的情况

（二）对假定事件的处理

主要考察受访者对假定事件的态度，涉及合同签订、养老方式选择等代表消费观、人生观、价值观的问题。

调查设置"在现实经济生活中，我们越来越多地碰到需要签订合同的情况，假如您现在要签一份合同，您会如何处理"这一问题，54%的人选择自己找法律条文弄清楚怎么签，其次是找个律师帮助自己签的占33%。在经济生活中，总体上依法行事已经为公众所认同（见图8－11）。两性的选择顺序相同，选择自己找法律条文弄清楚怎么签的男性稍多于女性，选择找个律师帮助自己签的女性多于男性。年龄越小的人越多地选择依法行事，选择自己找法律条文弄清楚怎么签和找个律师帮助自己签比例最大的是20～29岁组（96.9%），比例最小的是50～59岁组（82.8%）。地区间依法行事最高的是淳安，为91.2%。中专文化组选择依法行事的比例最高，为92.1%，较比例最低的小学文化组高13.7个百分点。

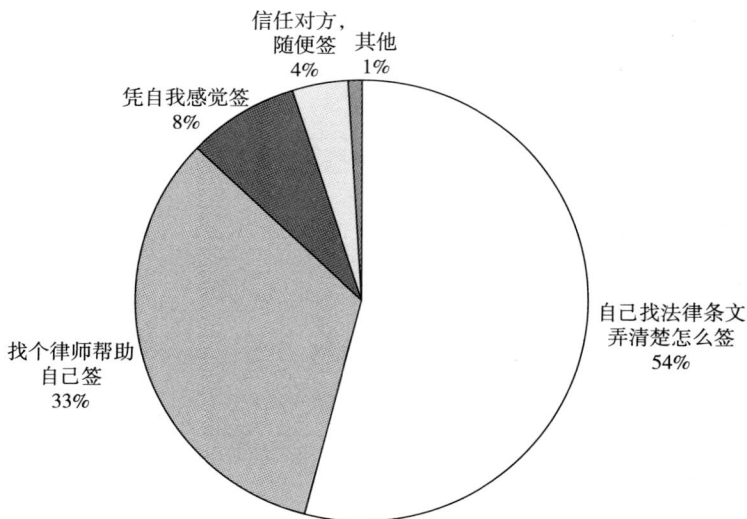

信任对方，随便签 4%　其他 1%

凭自我感觉签 8%

找个律师帮助自己签 33%

自己找法律条文弄清楚怎么签 54%

图8－11　签订合同的方式

养老既是一个假设问题，又是人们普遍关心的问题，对"老龄化社会已逐渐来临，老年人生活保障问题日益突出，您觉得老年人最好的生活保障方式是什么"这一问题的回答，66%的人选择社会化养老，19%的人选择自力更生，只有13%的人选择养儿防老（见图8－12）。两性的选择顺序相同，选择社会化养老的女性稍多于男性，选择自力更生的男性稍多于女性。30～39组选择社会化养老的比例为72.6%，而20～29组选择养儿防老的比例为30.8%。文化程度较高的人较多地选择社会化养老，研究生及以上和大学文化组所占比例分别为74.3%和73.5%；比例最低的是小学及以下文化组，只有49.0%。

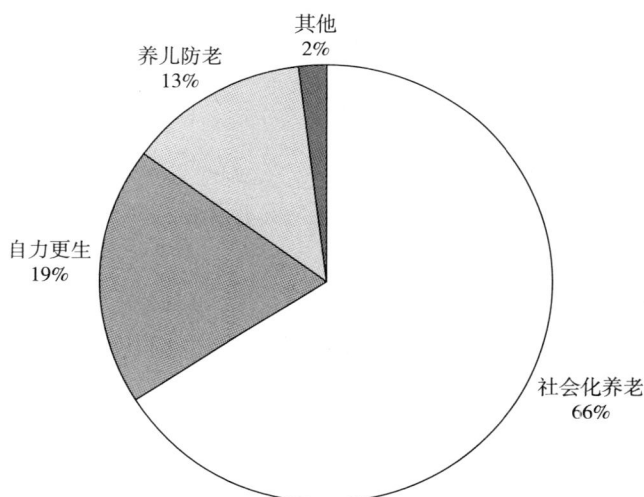

图8－12 对养老问题的看法

在被问到"现在假设您的家人患了一种很奇怪的病，去医院看了很长一段时间仍不见好转，那么您主张怎么做"时，有78.2%的人选择继续就医，10.8%的人选择寻找民间土方，8.6%的人选择既就医又找神媒破解（见图8－13）。60岁及以上组选择继续就医的比例最高，占87.9%；其次是50～59岁组，占81.3%；30～39岁组只占74.3%。

在涉及公众个人权利保障意识的问题上，赞赏和支持并自己也会主张对个人权利进行保障的，分别占56%和37%，两项合计达到93%（见图8－14）。这体现出公众对个人权利应得到保障的普遍认同。两性赞赏和支持并自己也会主张对个人权利进行保障的比例均为93%。支持保障个人权利，但自己并不行动

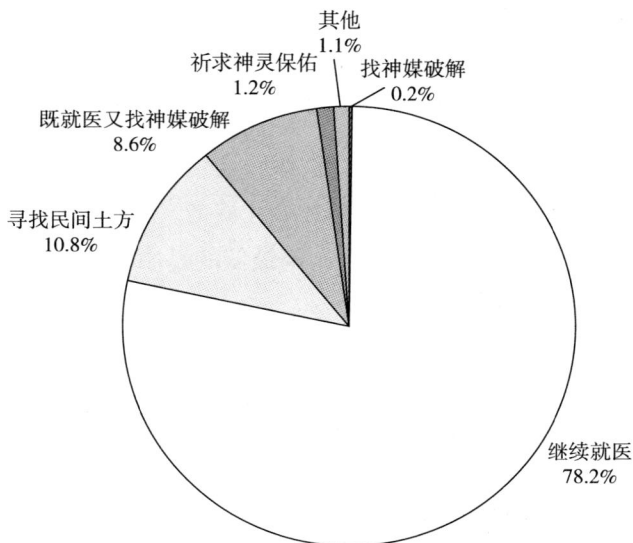

图 8-13 对迷信与伪科学看法

的女性比例比男性高 7.4 个百分点，相应的，支持且自己也行动的男性比例比女性高 7.4 个百分点。年龄越小的人越赞赏和支持并自己也会主张对个人权利进行保障，其中比例最大的是 20 岁以下组（95.5%），比例最小的是 50~59 岁组（86.6%）。

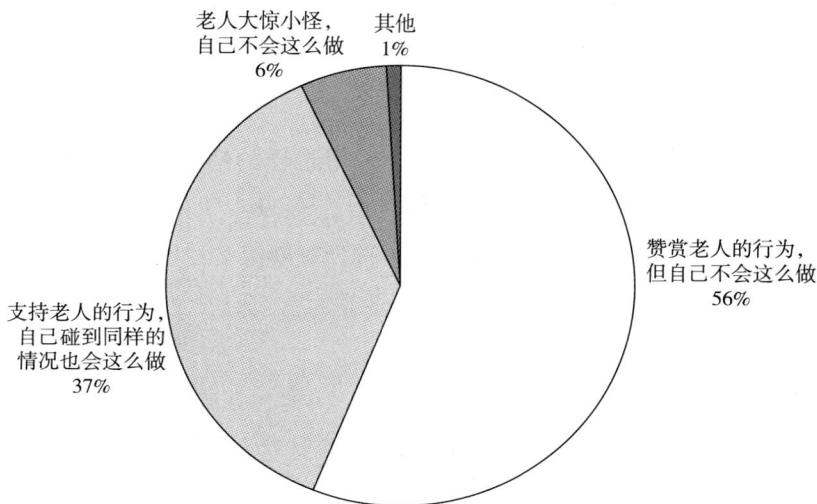

图 8-14 对个人权利保障的看法

假设经过创业奋斗有了一定的财富积累，如何支配和消费？对这一问题的看法仍然是以个人为核心的"差序结构"[1]。以 5 分制表示，"自己买房、买车、旅游等消费"为 4.495，"帮助亲朋好友"为 4.066，"办厂、开店等生产性经营投资"为 3.958，"设立资奖学金，帮助困难生"、"捐资助学、捐建医院等，造福百姓"和"捐资建造文化活动中心"分别达到了 3.939、3.782 和 3.475（见图 8 - 15）。女性得分高于男性的有"设立奖学金，帮助困难生"、"建庙修寺/烧香拜佛/祈求保佑"和"捐资建造文化活动中心"，男性得分高于女性的是"办厂、开店等生产经营性投资"和"帮助亲朋好友"。

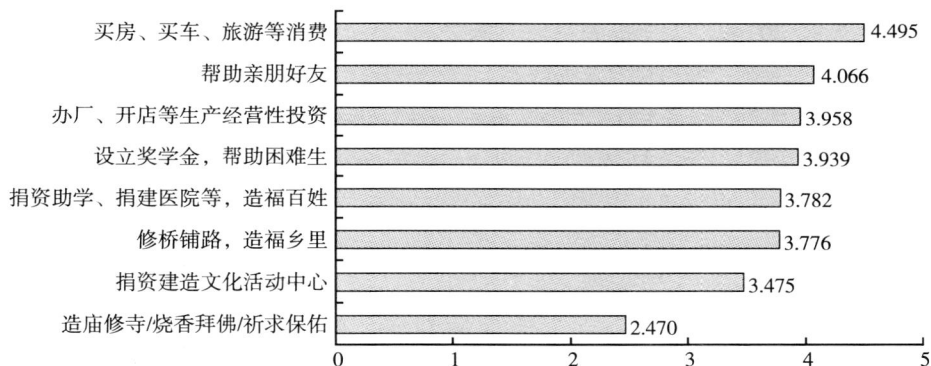

图 8 - 15　财富有积累后的选择

三　地域认知

结合本地实际，地域认知包括四个内容，分别是对杭州市未来发展状态的期望、对杭州市的整体认同与看法、对杭州城市精神的了解和对杭州打造"全国文化创意中心"的了解。

杭州未来发展成为东方品质之城符合人们的理想目标，也是人们的首选（70.7%），依次还有东方休闲之都（48.4%）、文化名城（38.2%）、智慧城市

---

[1]　费孝通：《乡土中国：生育制度》，北京大学出版社，1998。

（27.3%）、森林城市（26.0%）、教育发达城市（20.0%）等（见图8－16）。对这一问题的选择，两性的差别不大，排在前三位的选项相同，女性高于男性的有教育发达城市和流行时尚之都，其余都是男性高于女性。

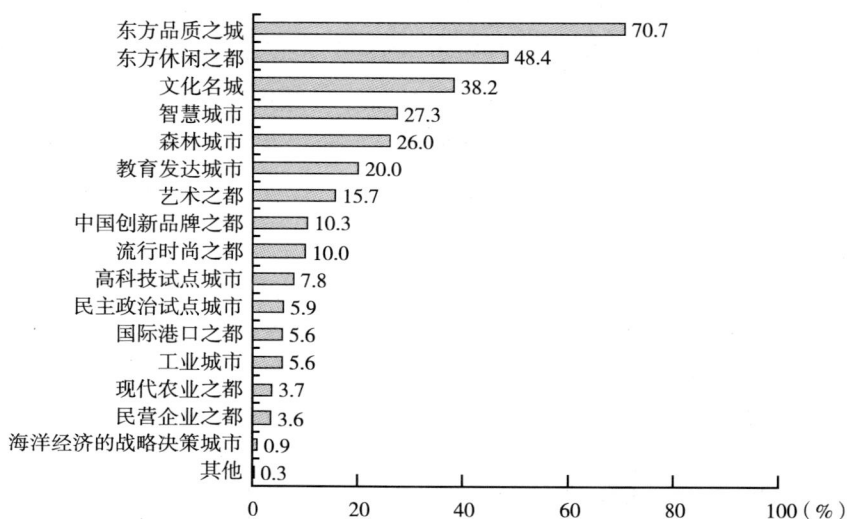

图8－16　希望杭州未来的发展状态

大部分公众对杭州市的整体认同与看法良好，并且以"我以身为杭州人为荣"得分最高（4.325），其他依次为"我认为杭州是全中国最美的地方"（4.215）、"杭州文化休闲活动很多"（4.079）、"我没打算迁移到外地去"（3.980）、"如果可以选择，我会待在杭州而不考虑移民国外"（3.870）、"杭州对外来文化很包容与接纳"（3.770）、"杭州人文化素养很高"（3.729）。认为"杭州是个公平的地方"，得分也达到了3.539（见图8－17）。

城市精神是人们对城市客体的主观反映，是主客观的内在统一。"非常了解"和"比较了解"的占38.0%，"听说过，但不太清楚"的占44.9%，还有17.1%的人根本"没听说过"（见图8－18）。可见，进一步宣扬杭州城市精神还有较大的工作空间。男性"非常了解"和"比较了解"的比例比女性高2个百分点。

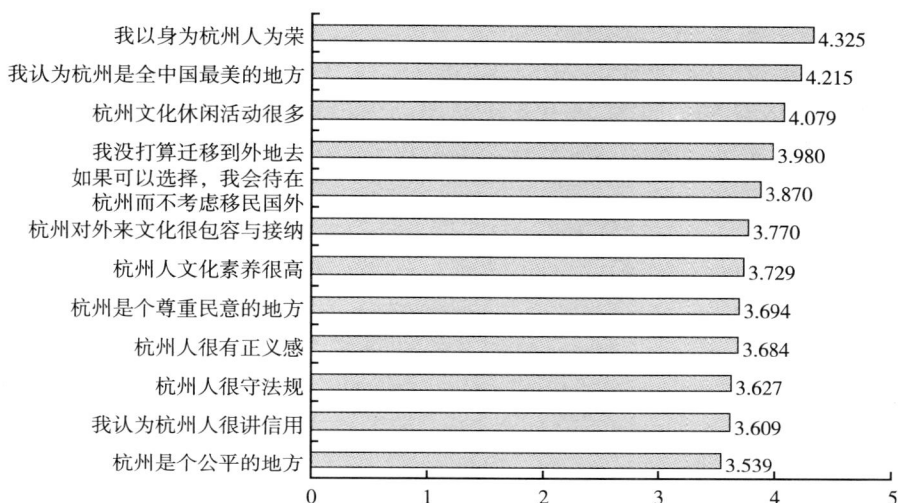

图 8－17 杭州整体认同感

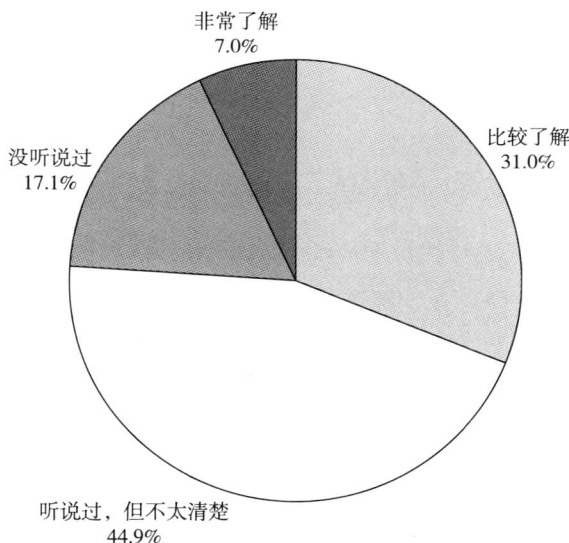

图 8－18 杭州城市精神了解状况

　　杭州的文化创意产业已经在经济社会发展中占有重要的地位，是城市的新名片，是名副其实的全国文化创意中心之一。调查中公众"非常了解"和

"比较了解"的分别占 6.3% 和 38.9%，"听说过，但不太清楚"的占 38.9%，
"没听说过"的占到 15.8%（见图 8－19）。前两项合计，从地区差异看，了
解最多的地区是桐庐，为 54.6%（见图 8－20）；从性别差异看，男性为
48.6%，比女性高 6 个百分点；从年龄差异看，60 岁及以上组了解最多，为
62%，比了解最少的 20～29 岁组高 24.7 个百分点。

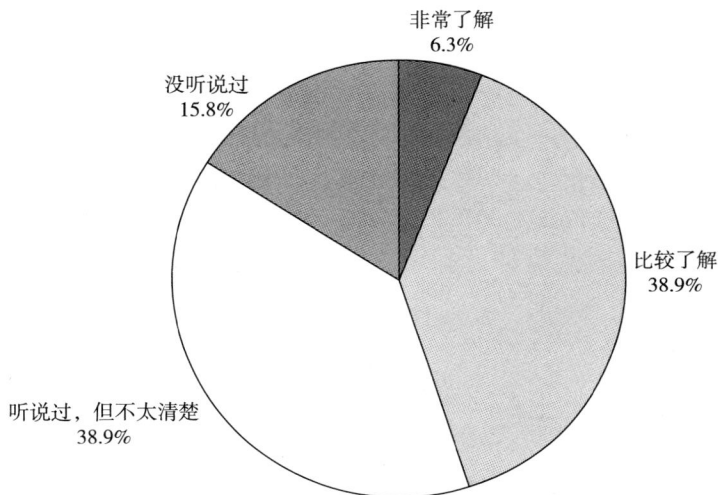

图 8－19　了解杭州"全国文化创意中心"状况

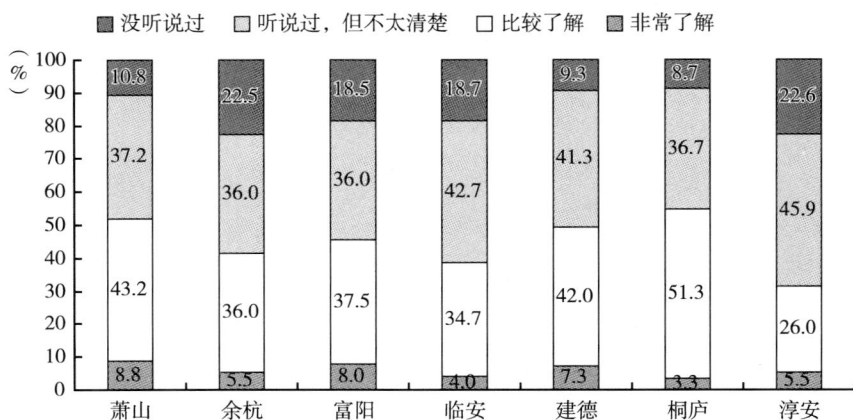

图 8－20　了解杭州"全国文化创意中心"状况的县（市、区）比较

第二节 县（市、区）公众对人文社会科学知识的
兴趣及获取渠道

一 感兴趣的人文社会科学学科

人文社会科学具有学科涵盖面广的特点，它包括文学、历史学、社会学、经济学、管理学、教育学、法学、哲学、政治学等学科门类。公众最感兴趣的三门人文社会科学学科分别是文学（53.3%）、历史学（46.6%）和社会学（37.4%），其余的依次是经济学、管理学、教育学、法学、哲学和政治学等。女性最感兴趣的学科是文学（62.6%），比男性高20个百分点。男性最感兴趣的学科是历史学（58.2%），比女性高11个百分点。两性对经济学和哲学的兴趣也有较大差异，男性为41.2%和17.5%，分别比女性高9.5个和3.9个百分点。女性对教育学的兴趣（62.6%）比男性高22.1个百分点。

二 获取人文社会科学知识的渠道

各县（市、区）公众获取人文社会科学知识的主要渠道是电视（65.4%）、互联网（62.8%）、报纸（56.5%），其他依次为图书、杂志、和亲友同事谈话、教学上课、广播、听讲座、培训、参观展览、向专业人员咨询等（见图8-21）。电视、互联网、报纸等媒介具有显著的信息更新快速、获取方式便利、获取成本低廉等特点，与其他渠道相比更能满足大部分公众的需求，公众乐于选择也在情理之中。不同年龄的公众获取人文社会科学知识的渠道差别很大，年龄越大的人越多地利用电视和报纸，相应的，年龄越小的人越多地利用互联网。60岁及以上组利用电视和报纸的比例都是80.9%，利用互联网的比例只有14.7%；20~29岁组利用互联网的比例达到了81.1%，利用电视的比例只有51.8%。利用电视获取知识多的地区是建德（74.7%）、富阳（73.5%）；利用互联网获取知识多的地区是淳安（73.3%）、桐庐（63.6%）；利用报纸获取知识多的地区是桐庐（72.7%）、

萧山（64.8%）。女性较多地利用电视（66.6%），比男性高2.7个百分点；女性较少利用互联网（62.4%）和报纸（54.8%），分别比男性低1.0个和3.8个百分点。

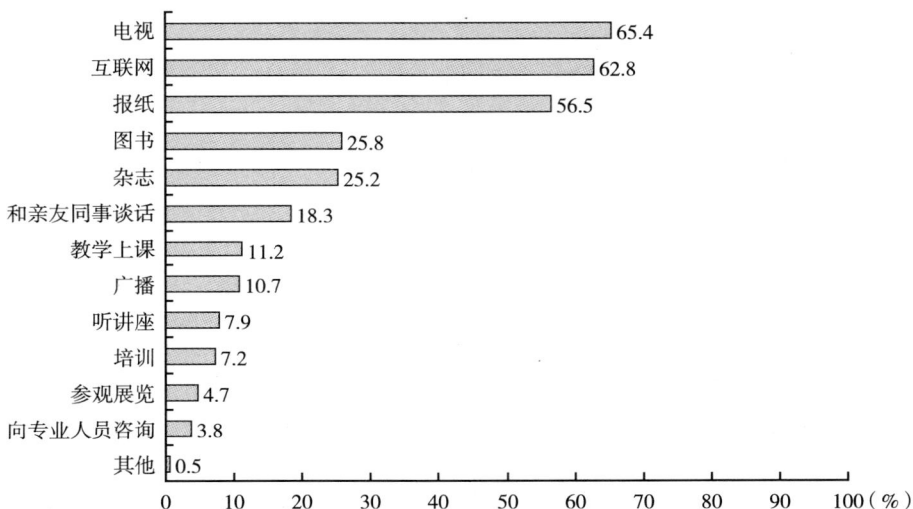

图8-21　获取人文社会科学知识的渠道

各县（市、区）公众获取知识花费在浏览网络上的时间最多（2.076小时），其次是观看电视（1.661小时）和阅读报纸、杂志和图书（1.093小时），公众收听广播的时间很少（见图8-22）。浏览网络时间最多的是桐庐公众（2.396小时），最少的是建德公众（1.815小时）。观看电视时间最多的是临安公众（1.845小时），最少的是淳安公众（1.602小时）。阅读报纸、杂志和图书时间最多的是余杭公众（1.508小时），最少的是临安公众（0.924小时）。年龄越大的公众观看电视的时间越多，浏览网络的时间越少。60岁及以上组观看电视的时间为2.690小时，而用于浏览网络的时间只有0.461小时；20~29岁组浏览网络的时间为2.985小时，而用于观看电视的时间只有1.271小时。文化程度越高的人观看电视的时间越少，而用于浏览网络的时间越多。小学及以下文化组观看电视的时间为2.657小时，而用于浏览网络的时间只有0.750小时；研究生及以上文化组浏览网络的时间为3.061小时，而用于观看电视的时间只有0.750小时。

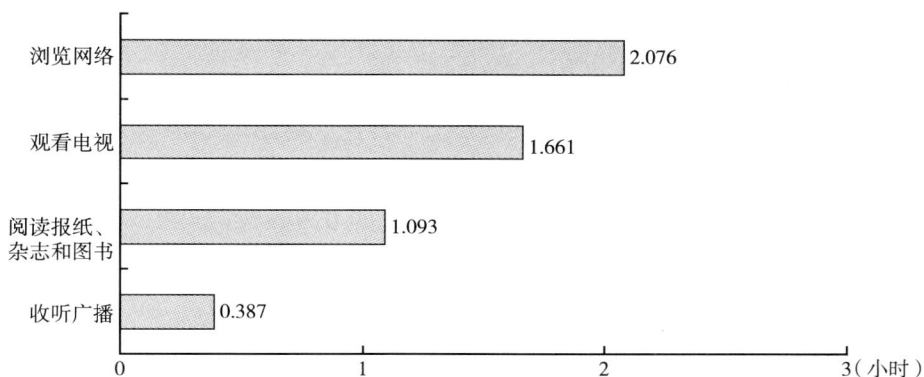

图 8-22　获取人文社会科学知识所花费的时间

公众涉足各种社会活动场所的频率从几乎没有到十分频繁，以 1～5 次计量，排在前三位的是书市或书店（2.616）、名胜古迹或人文风景区（2.563）和图书馆或阅览室（2.439）（见图 8-23）。

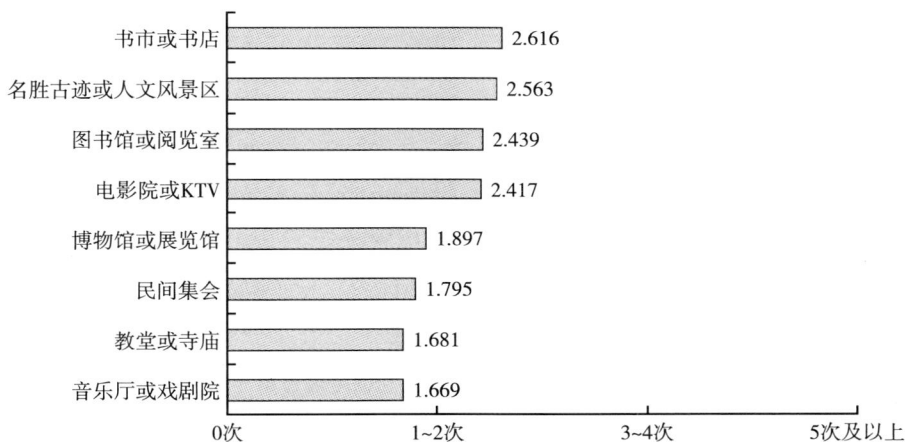

图 8-23　涉足各种社会活动场所的频率

三　对人文社会科学机构的信任度

各县（市、区）公众对人文社会科学机构的信任度排序，依次是教育机构（0.792）、科研院所（0.772）、社区基层组织（0.628）、出版社或报社（0.525），不信任的机构是中介组织（－0.488）及网站（－0.053）。桐庐公众对教育机构（0.973）、科研院所（0.867）、电台或电视台（0.833）、社区基层组织（0.847）、出版社或报社（0.680）的信任度都是最高的。不同年龄组公众对各机构的信任度差异显著。年龄越大越趋于信任社区基层组织，从60岁及以上组的0.989降为20岁以下组的0.449；年龄越大越不信任网站，从60岁及以上组的－0.802降为20岁以下组的－0.083。

四　人文社会科学知识的传播效果

各县（市、区）公众认为各种人文社会科学知识传播效果最好的是影视（0.920），其余依次是教学与培训（0.811）、报纸（0.793）、图书（0.715）和互联网（0.705）等。没有讲解的展览和广播列最后两位（见图8－24）。

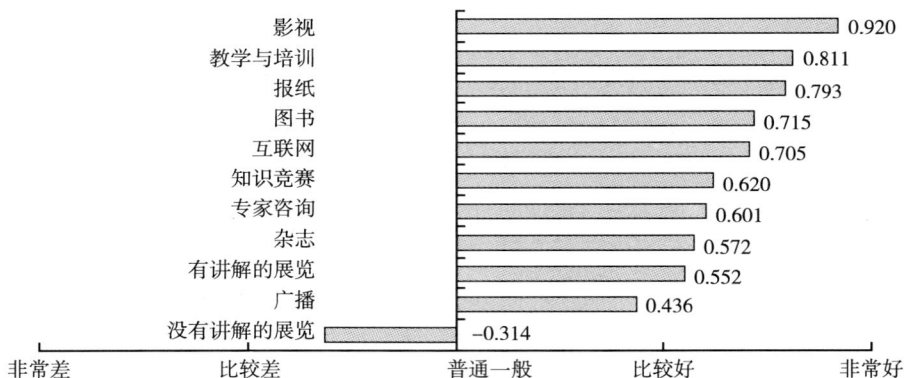

图 8－24　人文社会科学知识传播效果

第三节　县（市、区）公众对人文社会科学的价值判断和态度倾向

人文社会科学在公众心中的地位、作用和功能以及职业倾向在一定程度上反映了人们的价值和态度。

一 人文社会科学的影响

人文社会科学对社会发展所起的作用是客观的，人们对其认识的程度却有所不同。选择人文社会科学有影响的，由高到低依次是道德水准、文化生活、环境保护、社会治安、公众健康、经济发展、政策制定和世界和平（见图 8 – 25）。选择人文社会科学对道德水准、社会治安和政策制定有影响且程度最高的是建德（1.320、1.676 和 1.113），选择对文化生活影响程度最高的是余杭（1.250），选择对环境保护和经济发展影响程度最高的是桐庐（1.220 和 1.167）。60 岁及以上组对人文社会科学各方面的影响选择比例都高于其他年龄组，其次是 20 岁以下组。

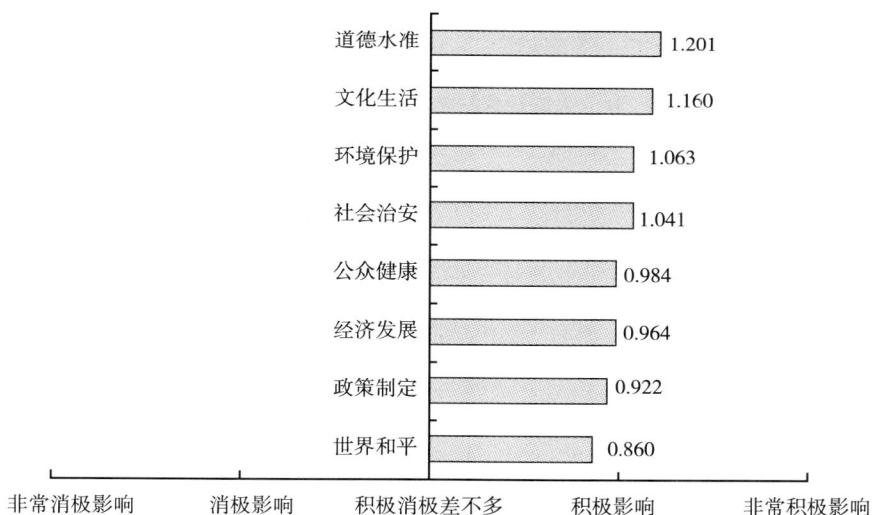

道德水准	1.201
文化生活	1.160
环境保护	1.063
社会治安	1.041
公众健康	0.984
经济发展	0.964
政策制定	0.922
世界和平	0.860

非常消极影响　消极影响　积极消极差不多　积极影响　非常积极影响

图 8 – 25　人文社会科学的影响

二 人文社会科学和自然科学的影响力比较

公众更看重人文社会科学在调整人与人关系中的作用。在所列出的 10 个选项中，人文社会科学的影响力都大于自然科学，由大到小的排序依次是道德水准、文化生活、人际关系、社会治安、政策制定、心灵提升、世界和平、经济发展、公众健康和环境保护（见图 8 – 26）。可见，在经济发展这一类物质层面上，人文社会科学能发挥较大的影响力。女性在所列 10 项中有 8 项超过了男性。

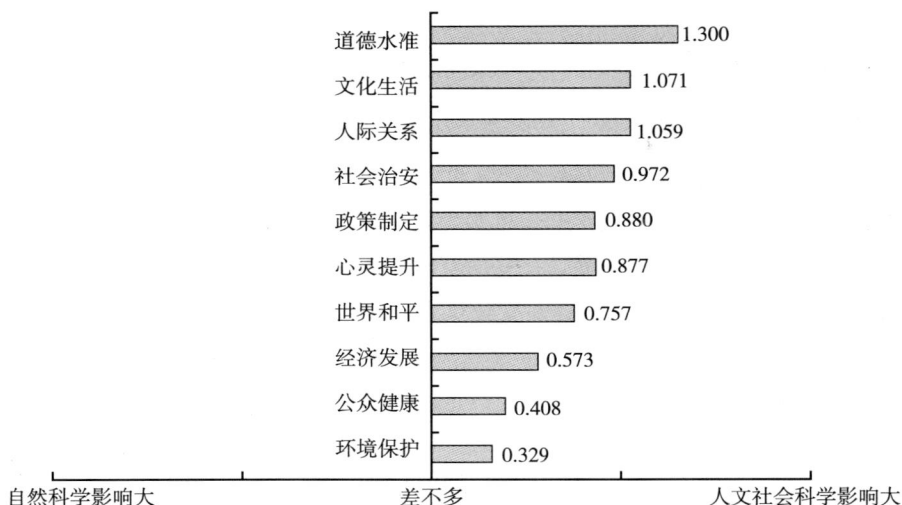

道德水准 1.300
文化生活 1.071
人际关系 1.059
社会治安 0.972
政策制定 0.880
心灵提升 0.877
世界和平 0.757
经济发展 0.573
公众健康 0.408
环境保护 0.329

自然科学影响大　　　　　　差不多　　　　　　人文社会科学影响大

图 8 - 26　人文社会科学和自然科学影响力比较

三　最希望人文社会科学知识帮助提高的能力

公众在获取人文社会科学知识的过程中，每一个个体所表现出来的目标需求存在较大差异。希望人文社会科学帮助自己提高的能力，由高到低依次是道德素养（63.3%）、生存和发展的能力（51.4%）、文化水平（43.7%）、审美情趣（34.6%）、了解真相的能力（33.5%）、法律素养（30.1%）、理论水平（27.5%）和政治参与能力（14.7%）等（见图 8 - 27）。

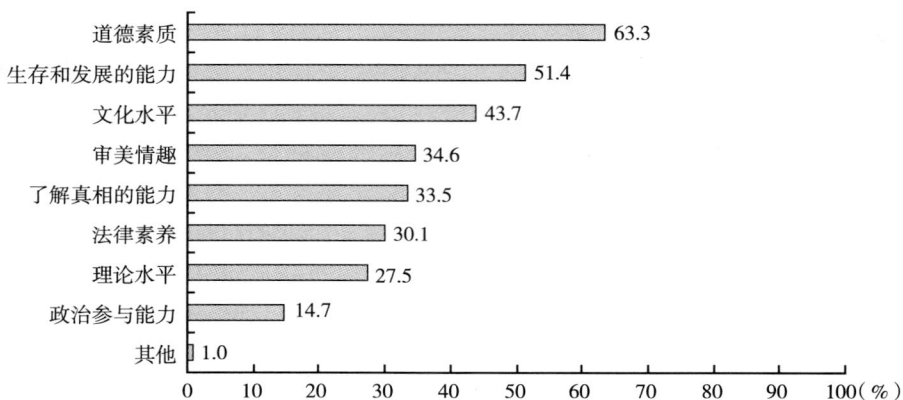

道德素质 63.3
生存和发展的能力 51.4
文化水平 43.7
审美情趣 34.6
了解真相的能力 33.5
法律素养 30.1
理论水平 27.5
政治参与能力 14.7
其他 1.0

0　10　20　30　40　50　60　70　80　90　100(%)

图 8 - 27　期待人文社会科学提高的能力

分地区看，建德选择道德素质和法律素养的比例最高（69.3% 和 34.0%），萧山选择生存和发展的能力的比例最高（56.8%），临安选择文化水平的比例最高（49.3%），选择审美情趣比例最高的是余杭（44.0%）。女性选择文化水平、审美情趣、生存和发展的能力、道德素质和了解真相的能力 5 个方面的比例高于男性。20 岁以下组选择道德素质、生存和发展的能力以及政治参与能力的比例较大，20～29 岁组选择审美情趣、文化水平和法律素养的比例较大。

四 最好的职业

在公众认为最好的职业方面有明显的技术类倾向。居前两位的都是自然科学，由高到低依次为医生（35.0%）、科学研究人员（30.1%）、律师（28.7%）、高校教师（23.9%）、工程技术人员（22.5%）和公务人员（22.4%）；选择比例最低的是工人（1.8%），其次是农民（4.7%）（见图 8－28）。分地区看，选择医生最多的有萧山（41.2%）、淳安（41.1%），选择科学

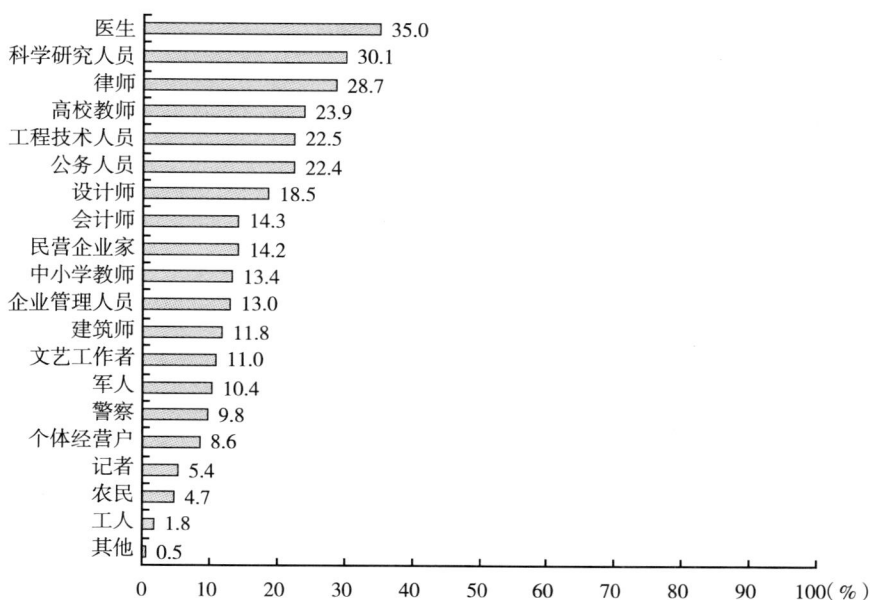

图 8－28 认为最好的职业

研究人员最多的是富阳（36.5%）和余杭（31.0%），选择律师最多的是建德（36.7%）和桐庐（30.0%）。有37.2%的女性选择医生，比男性高4.9个百分点。文化程度对职业选择影响较大，研究生及以上文化组选择最多的是高校教师（51.4%），本科组选择最多的是科学研究人员和律师（均为32.6%）。文化程度较低的选择医生的比例较大，小学及以下文化组选择医生的比例为54.9%。

五　倾向选择的专业方向

假设有子女报考大学，个人倾向于选择专业，由高到低依次为医学（56.2%）、工学（38.4%）、经济学（30.3%）、法学（29.4%）、教育学（26.6%）、管理学（25.0%）、理学（19.7%）、新兴交叉学科（18.1%）、军事学（18.0%）、文学（11.0%）等，有明显的自然科学倾向（见图8-29）。传统文化中两性社会分工偏好对于子女的专业选择仍有较强的影响，女性较倾向于选择医学和教育学，分别比男性高7.6个和12.8个百分点，男性选择工学的比例比女性高13.5个百分点。

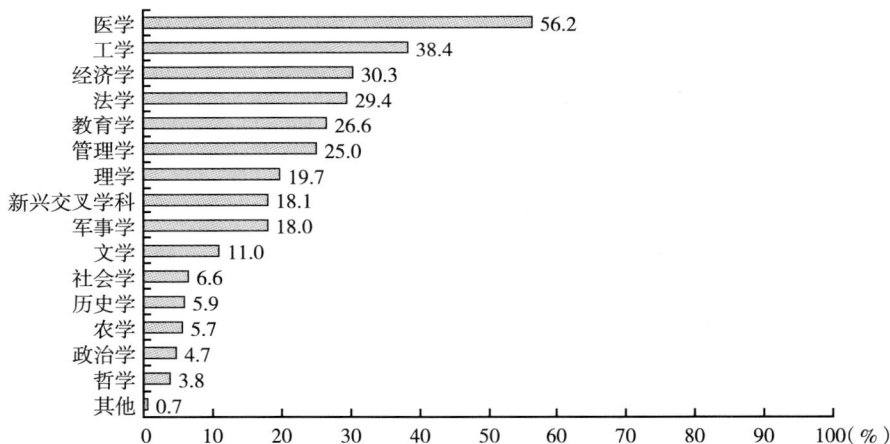

图8-29　选择专业方向的倾向

六　对科学机构的知晓度

公众对国家级科学机构的知晓度高，且对自然科学类的中国科学院、中国工程院的知晓度高于人文社会科学类的中国社会科学院。对浙江省和杭州市社会科学机构的知晓度略高于自然科学机构（见图 8 - 30）。男性对各机构的了解程度都高于女性，相差最大的是对中国社会科学院的了解，相差 8.1 个百分点。桐庐在各项指标上都高于其他六县（市、区）。

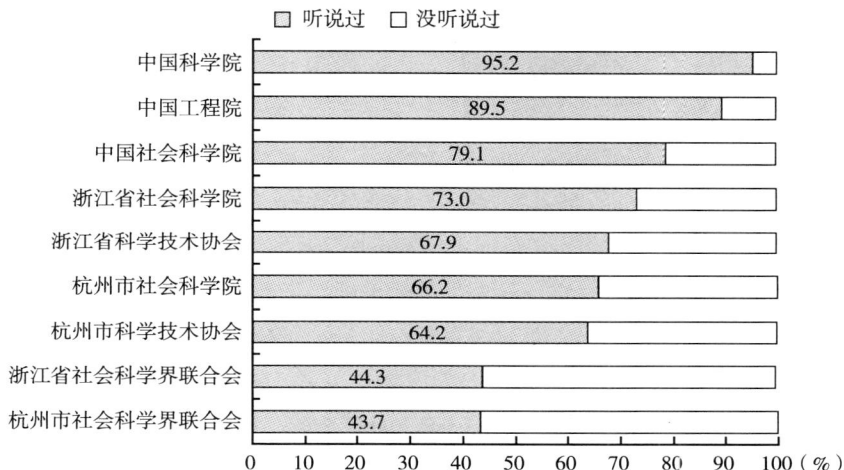

□ 听说过　□ 没听说过

图 8 - 30　对机构的知晓度

第四节　县（市、区）公众对人文社会科学知识普及的基本需求及相关意见

一　对科普工作内容的理解

各县（市、区）公众中有 79.1% 的人认为科学普及是指自然科学和人文社会科学知识的普及，10.3% 的人认为科学普及是自然科学知识的普及，10.1% 的人认为科学普及是人文社会科学知识的普及（见图 8 - 31）。萧山公众把科学普及理解为自然科学与人文社会科学知识的普及的比例最高，达到84.8%。女性认为科学普及是自然科学与人文社会科学知识的普及的比例为82.1%，比男性高 7.5 个百分点。年龄越小的公众认为科学普及是自然科学与人文社会科学知识的普及的比例越高，其中 60 岁及以上组为 62.1%，20～29

岁组比 60 岁及以上组提高了 25.3 个百分点。文化程度越高的公众认为科学普及是自然科学与人文社会科学知识的普及的比例越高，其中大学文化组为 88.3%，比初中文化组高 31.8 个百分点。

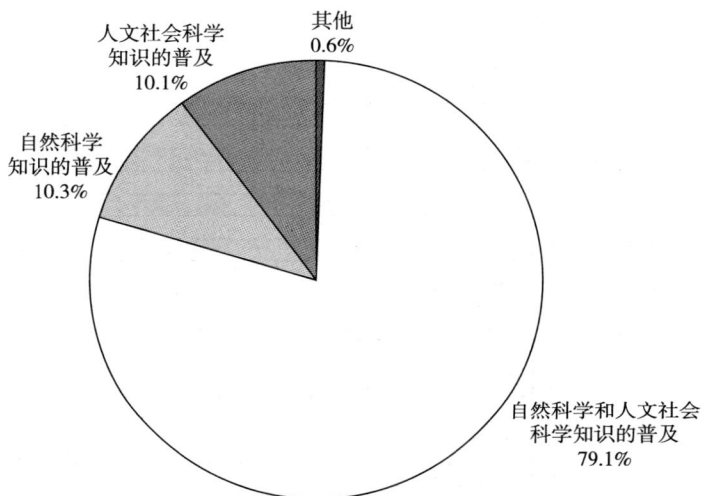

图 8 - 31 对科学普及工作内容的理解

二 对讲座内容的希望

公众希望听到有助于提高自身人文素养和社会交往能力的讲座内容。比例较高的是文学/历史学/哲学知识（16.1%）、人际交往技巧/社交艺术（15.8%）、社会问题分析（15.4%），比例较低的是婚姻家庭问题（3.5%）、政治学知识（3.6%）和管理学知识（3.9%）（见图 8 - 32）。男性希望听到有关社会问题分析讲座内容的比例最大（18.4%），女性则更多关注教育方法与技巧（17.6%）。

三 对讲座形式的希望

最受县（市、区）公众欢迎的是"实用性强，能解决实际问题"和"通俗易懂，生动活泼"的讲座（见图 8 - 33）。这一选择按地区、年龄和性别分组都是相同的。文化程度较低的公众选择"实用性强，能解决实际问题"的讲座的比例较高，小学及以下文化组达到了 100%，比研究生及以上文化组高 24.3 个百分点。

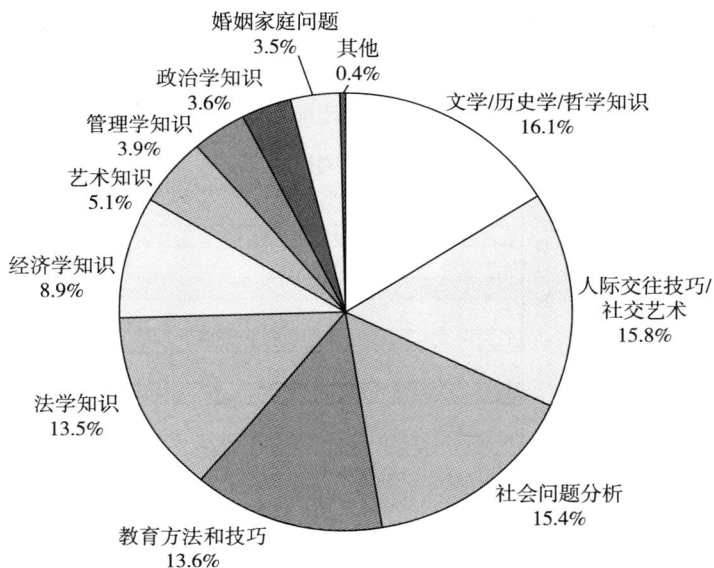

图 8－32 希望听到的讲座内容

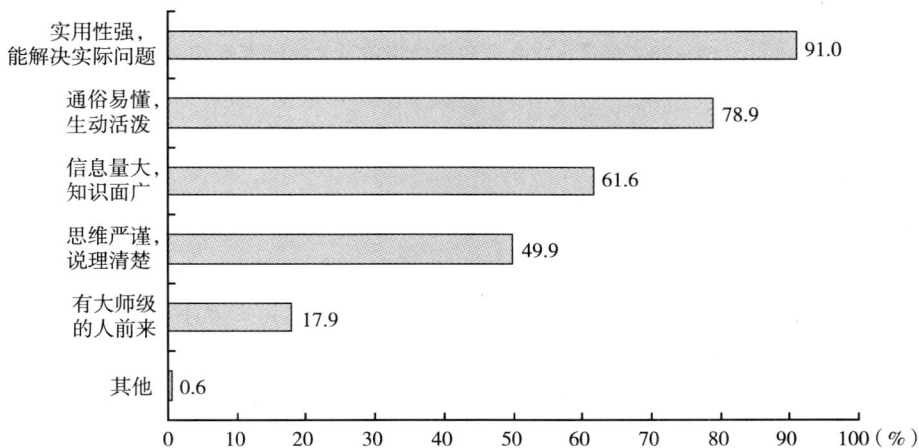

图 8－33 希望听到的讲座形式

四 各项人文社会科学知识普及工作的必要性

在各项人文社会科学知识普及工作中，各县（市、区）公众认为政府每年拨出充足的科普经费（4.254），多建造展览馆、图书馆、人文景点等设施（4.176）和每年组织各类科普活动（4.146）的得分较高（见图8－34）。说明公众也希望通过这些形式多参加科普活动，政府应该发挥其应有的作用。男性只在政府每年拨出充足的科普经费上的选择比例比女性高，其余都是女性高于男性。

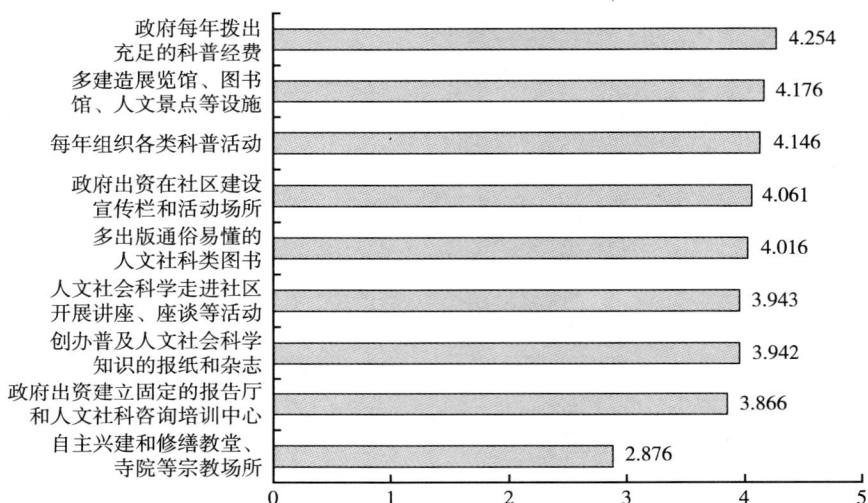

图8－34　各项人文社会科学知识普及工作的重要性

五　此次调查是否必要

各县（市、区）公众对于进行人文社会科学素养调查这一问题，30.8%的人认为"很有必要"，57.7%的人认为"有必要"，两项合计达到88.5%（见图8－35）。桐庐公众认为"很有必要"和"有必要"的比例最高（合计为94.7%）。女性认为"很有必要"和"有必要"的比例合计为85.5%，比男性高2.2个百分点。分年龄组来看，60岁及以上组认为"很有必要"和"有必要"的比例最高（94.0%）。

六　此次调查是否会影响政府未来的政策措施

大部分县（市、区）公众认为本次人文社会科学素养调查对政府未来的政策措施有影响。认为"很有必要"的占16.8%，认为"有必要"的占53.7%，两项合计超过了70%（见图8－36）。

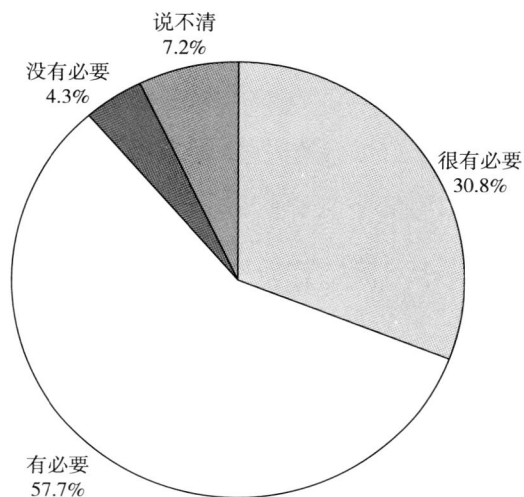

图 8 - 35　此次调查是否必要

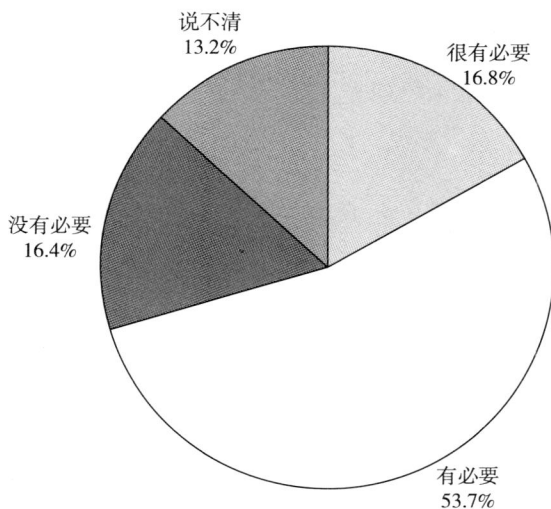

图 8 - 36　此次调查是否会影响政府未来的政策措施

第五节 小结和建议

一 小结

（1）杭州市各县（市、区）公众的人文社会科学素养总体比较高。这是由于杭州本身就是人文荟萃、精神生活富有的地方，长期浸润于此的公众自然地多了些人文之气。加之改革开放以来经济社会的率先发展更是为县（市、区）公众人文社会科学素养的提高增加了新的内容、新的方式和新的渠道，也更快地提升了公众的素养。

（2）县（市、区）公众对人文社会科学的兴趣比较，获取的方式多样又相对集中，网络等新兴媒介已经成为主要渠道。

（3）县（市、区）公众对人文社会科学知识的评价比较高，具有较强的身心娱乐、德性提高的倾向，但在职业选择和子女专业选择时又有一定程度的弃文从理倾向，具有明显的实用性倾向。县（市、区）公众也突出表现为对自身素质提高的需求。

（4）县（市、区）公众希望人文社会科学普及工作要突出实用性和针对性。

（5）普及人文社会科学知识，县（市、区）公众的素养还有较大的提升空间。

二 提高县（市、区）公众人文社会科学素养的思路

进一步提高县（市、区）公众的人文社会科学素养是一个长期的、艰巨的任务。需要政府推动、社会协同和个人努力，为提高县（市、区）公众的人文社会科学素养建构良好的社会环境。

（一）提高对人文社会科学的认识

充分认识公众人文社会科学素养是全面建成小康社会的重要组成部分的观念，提升公众的人文社会科学素养是一项关乎长远发展的大事。中共中央2004年3月发布的《关于进一步繁荣发展哲学社会科学的意见》指出，"要适应建设学习型社会和促进人的全面发展的需要，加强哲学社会科学知识的普及教育，在国民教育中加大人文社会科学知识的比重，不断提高全民族的哲学社

会科学素质"。杭州要实现全面建成小康社会和全面实现现代化，就一定要提高公众的人文社会科学素养。按照中共十八届三中全会的精神，以国家治理体系和治理能力现代化为目标，协同政府、社会和个人，共同努力，提高县（市、区）公众的人文社会科学素养。

（二）政府主导，确立两个"同等重要"

政府要确立两个"同等重要"，即人文社会科学与自然科学同等重要、县（市、区）公众与主城区公众同等重要，把提高县（市、区）公众人文社会科学素养提上重要议事日程，面向广大农村，着力解决人文社会科学知识普及的重点和难点，通过强有力的人、财、物的支持，提供更多更好的公共服务，大幅度提高县（市、区）公众的人文社会科学素养。

1. 加强人文社会科学普及政策法规建设

积极创造条件，推动制定杭州市社会科学知识普及实施条例，完善科普政策，明确政府、社会组织、企业及公民个人在公民科学素质建设中的责任、权利和义务。落实有关社会科学知识普及扶持和优惠措施，鼓励和吸引更多的民间组织、人文社会科学工作者及其他社会力量依法参与社会科学知识普及工作，进一步促进社会科学知识普及事业的发展。

2. 增加人文社会科学投入

市本级的人文社会科学投入要向县（市、区）倾斜。县（市、区）将人文社会科学普及经费列入同级财政预算，并随财政收入的稳步增长，逐步增加财政对人文社会科学普及事业的投入。加大政府购买社会科学普及服务的力度，完善企业事业组织自筹资金和吸引民间、海外资金等多层次、多渠道的社会化科普经费筹集体系，在此基础上建立人文社会科学知识普及事业基金。县（市、区）相关部门要加强对人文社会科学知识普及经费和基金的管理。

3. 加强人文社会科学普及人才队伍建设

完善人文社会科学知识普及专家库，建立人文社会科学普及专家宣讲团，为杭州市各县（市、区）的公众提供服务。加强与国内著名高校和科研机构的联系，邀请更多的知名专家学者参与杭州市各县（市、区）的人文社会科学普及活动。开展多种形式的培训和进修活动，为基层培养一批优秀的专职或兼职人文社会科学知识普及专门人才，建立一支思想好、业务精、能力强的人文社会科学知识普及队伍。充分调动在职人文社会科学工作者、学校师生和离退休社科、教育、传媒工作者等各界人士参与人文社会科学普及工作的积极性，发挥他们的专业和技术特长，形成一支规模宏大、素质较高的志愿者队伍。

4. 推进人文社会科学普及重点项目建设

将"社科普及宣传活动周"常规化，组织专家学者做好人文社会科学知识普及图书的编写出版工作。项目建设要优先考虑县（市、区）公众的需要。

（三）社会协同，形成普及人文社会科学的合力

1. 实施制度创新，建设学习型社会

人文社会科学作为人类共同的财富，具有强烈的历史继承性。杭州市已经确立建设学习型社会，这为人文社会科学的普及提供了良好的社会环境。各级人文社会科学团体作为群众性的学术团体的基本职能之一是普及人文社会科学。开展面向基层、面向群众的社会科学普及咨询活动，以切实提高公众人文社会科学素养。创新人文社会科学普及的工作形式，针对不同的群体特点，选择最适合的普及方式。

2. 发展中介组织，实现社会科学普及社会化

面对县（市、区）面积大、人口较分散的实际，探索以市场化运作的方式整合社会资源，在政府支持和宏观指导下，按照市场规律拓展有效途径，广泛吸收企业、培训机构、社会团体、社区、媒体和科普场馆与设施参与人文社会科学普及工作。

3. 拓展社会传播，提升公众素养

充分利用现有的电视、网络、报纸等大众传媒资源，开辟利用新的资源。积极推进人文社会科学普及活动宣传工作。充分运用报刊、广播、电视、网络等媒体，设立社会科学知识普及专栏、专版，强化社会科学知识普及的宣传；新闻出版、广播影视、文化艺术等单位，要组织出版社会科学知识普及通俗读物，或创作社会科学知识普及文学艺术作品。及时解答公众关心的热点、难点问题，增强公众对哲学人文社会科学的兴趣，形成全社会重视人文社会科学、关心社会科学知识普及活动的良好舆论氛围。

4. 充分利用社区服务中心，大力发展社区文化服务

社区文化服务的实质是文化服务社会化和社会文化服务化的统一。各地已经建成的社区服务中心要拓展服务内容，提高服务水平，增加文化含量，使之成为人文社会科学传播的重要阵地。

（四）个人努力，提高全民人文社会科学素养

最大限度地满足人的需求，发挥人的积极性、主动性和创造性，激发公众参与人文社会科学学习的热情，是推进全民人文社会科学素养的一个重要途径。利用各类信息平台，传播社会科学的基本常识、社会发展中的倾向性问题、新的理念和专家学者研究的各类成果，通过多种渠道传递出去，充分满足不同的社会需求，让民众自己选择。为民众创造学习、参与、分享、展示的条件和氛围，促进大家思考问题、践行研究成果，在参与活动的过程中受到教育，达到科学理念的升华。倡导和鼓励关注共同问题、相同个人特质的民众，建小组、结对子，互帮互助，在探寻中共同学习，自行解决对社会的认识问题。同时，对他们的活动加以引导、提供方便。激发公众自身的教育潜能，推动公众自我教育、相互学习、学会求知，是公众提高人文社会科学素养的不竭动力。

附：

调查样本特征表

单位：%

项　　目	分　　组	所占比例
性别	男	44.94
	女	55.06
	合　计	100
年龄	20 岁以下	12.52
	20～29 岁	26.81
	30～39 岁	23.11
	40～49 岁	16.21
	50～59 岁	12.04
	60 岁及以上	9.31
	合　计	100

项　目	分　组	所占比例
婚姻状况	未婚	31.86
	已婚	62.84
	离异	3.93
	丧偶	1.20
	其他	0.16
	合　计	100
受教育程度	不识字或未受教育	0.24
	小学	3.85
	初中	14.93
	高中/职中	19.74
	中专	5.06
	大专	23.52
	本科	26.65
	硕士	5.78
	博士	0.16
	其他	0.08
	合　计	100
职业	国家机关、党群组织、企业、事业单位负责人	9.15
	专业技术人员	16.77
	办事人员	18.46
	商业、服务业人员	8.51
	农、林、牧、渔、水利业生产人员	2.01
	工业生产、运输设备操作人员及辅助人员	5.62
	家务劳动者	4.33
	学生和待升学人员	19.82
	离退休人员	11.16
	城镇无业、失业、半失业人员	1.36
	丧失劳动能力者	0.32
	其他	2.49
	合　计	100
月收入	1310 元及以下	13.32
	1311～2000 元	15.01
	2001～3500 元	36.20
	3501～5000 元	23.92
	5001～10000 元	9.87
	10001 元及以上	1.69
	合　计	100

附录一 调查数据分析总表（图）

附表1 2013年杭州市和2003年浙江省的人文社会科学知识掌握情况在每一个指标上的比较

单位：%

分类	2013年杭州市调查的项目内容	2003年浙江省调查的项目内容	2013年杭州市	2003年浙江省
术语的了解	"中国梦"	"三个代表"	74.3	52.2
	中国特色社会主义三大文明	政治文明	40.6	33.2
	GDP	GDP	31.3	10.9
	恩格尔系数	恩格尔系数	56.4	23.0
	全面建设小康社会的目标	全面建设小康社会	57.5	41.8
观点的掌握	社区都是以血缘为纽带的社会共同体（错）	社区都是以血缘为纽带的社会共同体（错）	77.3	53.6
	公民就是我们常说的人民群众（错）	公民就是我们常说的人民群众（错）	50.7	23.7
	人类历史是由英雄人物创造的（对）	人类历史是由英雄人物创造的（错）	82.2	57.0
	自然规律是不可以改变的（对）	自然规律是可以改变的	70.3	45.3
	法人是指代表某一个组织的个人（错）	法人是指代表某一个组织的个人（错）	54.7	35.9
	政府会干预市场经济（对）	市场经济就是排除政府干预的经济（错）	60.8	47.5
	发行钞票是人民银行的重要职责之一（对）	发行钞票是商业银行的重要职责（错）	59.4	62.7
	供求关系与价格涨跌无关（错）	供求关系与价格涨跌无关（错）	85.4	66.4
	法律的作用主要是用于保护个人的权利＞惩罚罪犯）	法律主要是根据来惩罚罪犯（错）	85.2	22.3
		所有的法律都是根据宪法制定的（对）	—	72.9
常识的理解	打造信用杭州靠什么（道德约束和法律约束）	打造"信用浙江"靠什么（既靠道德又靠制度）	92.3	79.6
	被称为"最高要科学测量的艺术"（建筑）	被称为"最需要科学测量的艺术"（建筑）	81.0	15.5
	孔子是哪个学派的代表人物（儒家）	孔子是哪个学派的代表人物（儒家）	91.1	70.5
	我国解放战争中三大战役（辽沈.淮海.平津）	我国解放战争中三大战役（辽沈.淮海.平津）	88.5	74.2
	通货膨胀（物价走高，货币贬值）	通货紧缩	93.9	32.9
	哪个国家不是安理会常任理事国（德国）	哪个国家不是安理会常任理事国（德国）	56.5	47.7
	《突发公共卫生事件应急条例》的内容（略）	《突发公共卫生事件应急条例》的内容（略）	83.2	25.2
	"三个和尚没水喝"表达的管理学思想（协调原则）	《男女搭配干活不累》表达的管理学思想（绩效原则）	68.8	5.9
	西湖属于哪一类世界遗产（世界文化遗产）	浙江省内哪个城市曾是我国古代六大古都之一	29.0	—
	—	—	—	70.4

附表 2　调查项目每一个指标的群体性差异（性别、年龄）

单位：%

分类	题号	项目内容	总体状况	性别		年龄					
				男	女	20岁以下	20~29岁	30~39岁	40~49岁	50~59岁	60岁及以上
术语的理解	4-9	"中国梦"	74.3	82.1	68.4	49.5	72.8	78.6	77.6	84.1	74.4
	4-11	中国特色社会主义三大文明	40.6	43.8	38.2	22.9	45.7	48.4	45.1	34.8	21.0
	4-12	GDP	31.3	35.5	28.1	26.6	43.3	31.2	29.9	21.0	15.9
	4-15	恩格尔系数	56.4	58.0	55.2	70.8	67.7	58.6	49.3	43.3	30.7
	4-27	全面建设小康社会的目标	57.5	59.4	56.1	47.9	65.1	60.8	50.7	55.4	51.1
观点的掌握	4-7-1	社区都是以血缘为组带的社会共同体（错）	77.3	77.6	77.1	71.4	77.8	84.3	76.4	72.1	70.5
	4-7-2	公民就是我们常说的人民群众（错）	50.7	54.6	47.7	60.4	64.5	57.6	48.4	28.3	11.4
	4-7-3	人类历史是由英雄人物创造的（错）	82.2	84.8	80.3	83.3	88.2	89.6	78.2	72.5	61.9
	4-7-4	自然规律是不可以改变的（对）	70.3	69.9	70.6	59.9	69.1	70.0	69.9	76.0	79.5
	4-7-5	法人是指代表某一个组织的个人（错）	54.7	54.5	54.9	55.2	63.4	60.6	54.6	41.6	27.8
	4-7-6	政府会干预市场经济（对）	60.8	64.4	58.1	78.6	69.9	65.7	46.9	46.4	44.9
	4-7-7	发行钞票是人民银行的重要职责之一（对）	59.4	67.6	53.3	46.9	63.6	65.1	55.2	54.9	58.0
	4-16	供求关系与价格涨跌无关（错）	85.4	86.7	84.4	93.6	92.7	89.3	77.9	72.4	73.9
	4-17	法律的作用（主要用于保护个人的权利＞惩罚罪犯）	85.2	83.2	86.7	85.9	86.7	85.9	83.6	83.3	83.5
	4-3	打造"信用杭州"靠什么（道德约束个人的艺术的权利＞法律约束）	92.3	90.3	93.8	98.4	94.6	92.9	88.7	90.6	85.8
	4-4	被称为"最高要科学测量量的艺术"的代表人物（篇家）	81.0	79.1	82.4	89.6	87.8	83.5	80.3	68.2	61.4
	4-5	孔子是哪个学派的重要代表人物（儒家）	91.1	91.2	91.0	100.0	96.1	91.8	81.8	87.6	86.4
	4-6	我国解放战争中三大战役（辽沈、淮海、平津）（建筑）	88.5	91.8	86.0	94.8	86.7	88.6	85.7	91.4	88.6
常识的理解	4-13	通货膨胀（物价走高，货币贬值）	93.9	92.9	94.7	91.7	95.6	95.5	93.4	92.3	89.8
	4-14	哪个国家不是实行应急处理原则的（略）（德国）	56.5	70.1	46.2	46.9	55.3	64.3	55.8	58.8	46.6
	4-23	《突发公共卫生事件应急条例》的内容（略）	83.2	81.8	84.3	77.1	84.3	88.8	82.4	76.4	81.3
	4-24	"三个和尚没水喝"表达的管理学思想（协调原则）	68.8	68.0	69.5	78.6	74.7	66.7	62.4	63.9	65.3
	4-33	西湖属于哪一类世界遗产（世界文化遗产）	29.0	32.6	26.3	19.8	28.3	30.0	27.2	33.9	35.2

附表3 调查项目每一个指标的群体性差异（城乡、受教育程度）

单位：%

分类	题号	项目内容	城乡		受教育程度						
			主城区	县(市、区)	小学及以下	初中	中专	高中	大专	本科	研究生及以上
术语的理解	4-9	"中国梦"	81.1	70.4	67.1	62.4	78.0	61.4	67.8	85.6	92.4
	4-11	中国特色社会主义三大文明	48.7	35.9	21.9	17.2	18.3	22.4	36.5	58.1	75.0
	4-12	GDP	34.0	29.7	13.7	18.4	23.2	21.5	28.8	39.9	56.3
	4-15	恩格尔系数	64.4	51.8	37.0	26.8	45.1	53.7	47.1	71.4	87.5
	4-27	全面建设小康社会的目标	60.1	56.1	41.1	34.8	46.3	42.2	53.8	73.4	83.3
观点的掌握	4-7-1	社区都是以血缘为纽带的社会共同体（错）	80.7	75.4	56.2	63.2	80.5	78.2	71.4	84.1	93.1
	4-7-2	公民就是我们常说的人民群众（错）	57.4	46.8	21.9	13.6	23.2	43.7	44.7	70.9	83.3
	4-7-3	人类历史是由英雄人物创造的（错）	86.2	80.0	45.2	62.4	75.6	79.1	81.3	93.5	95.8
	4-7-4	自然规律是不可以改变的（对）	72.6	69.1	61.6	72.0	70.7	64.6	68.0	74.7	70.1
	4-7-5	法人是指代表某一个组织的个人（错）	61.0	51.0	30.1	30.0	40.2	48.7	51.2	68.3	79.2
	4-7-6	政府会干预市场经济（对）	61.5	60.5	47.9	47.6	45.1	62.5	59.1	65.2	79.2
	4-7-7	发行钞票是人民银行的重要职责之一（对）	64.4	56.6	46.6	50.8	53.7	52.8	54.6	67.0	78.5
	4-16	供求关系与价格涨跌无关系（错）	87.2	84.4	59.4	67.7	80.5	84.9	83.3	93.9	98.8
	4-17	法律的作用（主要用于保护个人的权利＞惩罚罪犯）	88.4	83.4	83.6	85.2	84.1	82.6	83.7	86.5	91.7
	4-3	打造"信用杭州"靠什么（道德约束和法律约束）	91.4	93.0	71.2	81.6	93.9	95.3	95.2	94.3	95.8
	4-4	被称为"最高要科学测量的艺术"（建筑）	83.8	79.4	54.8	68.8	72.0	82.3	78.6	88.0	91.7
	4-5	孔子是哪个小学派代表人物（儒家）	92.4	90.4	60.3	75.2	90.2	90.0	93.0	97.9	99.3
	4-6	我国解放战争中三大战役（辽沈、淮海、平津）	89.7	87.9	69.9	76.0	91.5	91.4	87.5	92.5	95.8
常识的理解	4-13	通货膨胀（物价走高，货币贬值）	94.6	93.6	74.0	87.2	92.7	94.7	93.5	97.8	97.2
	4-14	哪个国家不是安理会常任理事国（德国）	62.9	52.8	32.9	40.4	45.1	53.4	45.2	68.9	84.7
	4-23	《突发公共卫生事件应急条例》的内容（略）	84.1	82.9	60.3	72.4	79.3	80.8	82.2	89.6	94.4
	4-24	"三个和尚没水喝"表达的管理学思想（协调原则）	71.5	67.4	53.4	65.6	63.4	71.7	71.4	69.9	66.0
	4-33	西湖属于哪一类世界文化遗产（世界文化遗产）	35.8	25.0	24.7	28.8	35.4	26.8	26.4	30.7	31.9

195

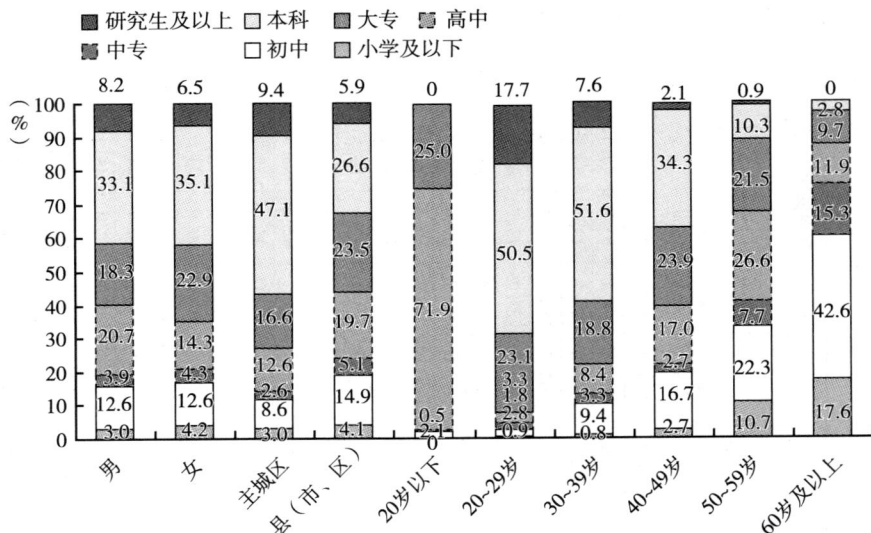

附图1　调查样本不同性别、地区、年龄下的受教育程度分布

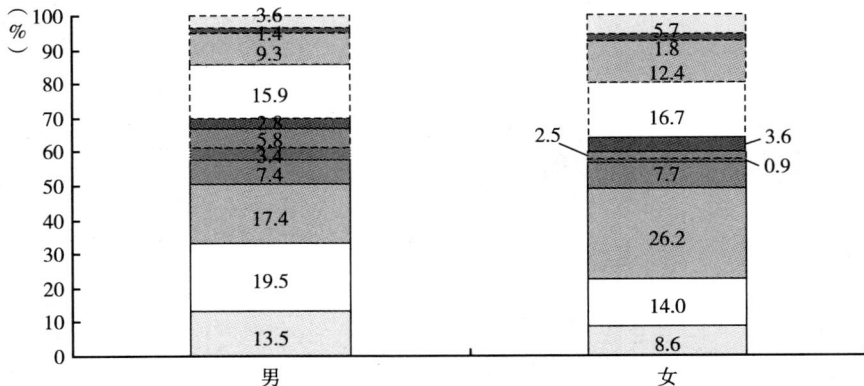

附图2　调查样本男性和女性的职业分布

附录二 2013 年杭州市公众人文社会科学素养与需求调查问卷

附件

_____区（县、市）　　　表　　号：

_____街道（乡、镇）　　制表机关：杭州市社科联

_____社区（村）　　　　审批机关：杭州市统计局

县区编号：□□　　　　　　　批准文号：杭统〔2013〕143 号

问卷序号：□□□□　　　　　有效期至：2013 年 10 月 31 日

2013 年杭州市公众人文社会科学素养
与需求调查问卷

杭州市社会科学界联合会（盖章）

2013 年 9 月

【请调查员宣读下面的文字】

先生/女士：

　　您好！我是杭州市公众人文社会科学素养与需求调查组的调查员（提示：出示工作证）。我们正在进行 2013 年杭州市公众人文社会科学素养与需求的调查工作，主要了解杭州市公众的人文社会科学素养情况、对人文社会科学知识的需求状况及建议等。您大概在 20 分钟的时间内就可以回答这份问卷。由于您参与了一项重大的社会科学研究活动，我们将赠送您一份礼物作为纪念。

　　这次调查采取无记名方式进行，所有问题无所谓对错，请按您的实际情况回答，所有数据将由计算机统一处理，仅供科学研究参考，请您不必有任何顾虑。非常感谢您对我们工作的支持！

杭州市公众人文社会科学素养与需求调查组
课题组联系人：
联系电话：

第一部分　个人基本情况

1–1. 性别（请访员自行勾选）：（1）男　　　（2）女

1–2. 您的出生年份：公元＿＿＿＿＿＿年

1–3. 您的婚姻状况：

    （1）未婚　　　（2）已婚　　　（3）离异

    （4）丧偶　　　（5）其他（请注明）＿＿＿＿＿＿

1–4. 您的受教育程度：

    （1）不识字或未受教育　（2）小学　　　　　　（3）初中

    （4）高中/职中　　　　（5）中专　　　　　　（6）大专［理工科］

    （7）大专［文科］　　　（8）大学本科［理工科］（9）大学本科［文科］

    （10）硕士［理工科］　（11）硕士［文科］　　（12）博士［理工科］

    （13）博士［文科］　　（14）其他（请注明）＿＿＿＿＿＿

1–5. 您现在主要从事什么工作：

    （1）国家机关、党群组织、企业、事业单位负责人

    （2）专业技术人员

    （3）办事人员

    （4）商业、服务业人员

    （5）农、林、牧、渔、水利业生产人员

    （6）工业生产、运输设备操作人员及辅助人员

    （7）家务劳动者

    （8）学生和待升学人员

    （9）离退休人员

    （10）城镇无业、失业、半失业人员

    （11）丧失劳动能力者　　（12）其他（请注明）＿＿＿＿＿＿＿＿

1–6. 您的月平均收入：

    （1）1310 元及以下　　（2）1311～2000 元　　（3）2001～3500 元

    （4）3501～5000 元　　（5）5001～10000 元　　（6）10001 元及以上

第二部分　兴趣与信息的来源

2 - 1. 请依次选择下列您最感兴趣的三门人文社会科学学科（填入代码即可）

　　1. _____　　2. _____　　3. _____

　　（1）文学　　　（2）历史学　　（3）哲学　　　（4）法学

　　（5）教育学　　（6）政治学　　（7）社会学

　　（8）经济学　　（9）管理学　　（10）其他（请注明）_____

2 - 2. 您平时获取人文社会科学知识的渠道主要有哪些？请依次选出主要的
　　　三项（填入代码即可）

　　1. _____　　2. _____　　3. _____

　　（1）报纸　　　（2）杂志　　　（3）图书　　　（4）广播

　　（5）电视　　　（6）互联网　　（7）参观展览　（8）教学上课

　　（9）培训　　　（10）听讲座　　（11）向专业人员咨询

　　（12）和亲友、同事谈话　　（13）其他（请注明）_____

2 - 3. 请您估计一下，自己平均每天花费在以下方面的时间大约是多少？

　　1. 观看电视：_____小时

　　2. 浏览网络：_____小时

　　3. 阅读报纸、杂志与图书：_____小时

　　4. 收听广播：_____小时

　　5. 其他（请注明）_____：_____小时

2 - 4. 在最近的这三个月里，您使用下列方法了解人文社科信息的情况（请圈
　　　选最适当的频率）

	十分频繁			几乎没有	
1. 观看电视中的人文社科类节目	5	4	3	2	1
2. 浏览网站中的人文社科类版块	5	4	3	2	1
3. 阅读报纸的人文社科类专栏	5	4	3	2	1
4. 阅读人文社科类杂志、图书	5	4	3	2	1
5. 收听广播电台的人文社科类节目	5	4	3	2	1

2-5. 从过去至今的一年里，您到这些地方的频率（请勾选最适当答案）

　　1. 博物馆或展览馆

　　（1）没有去过　　（2）一到两次　　（3）三到五次　　（4）五次以上

　　2. 图书馆或阅览室

　　（1）没有去过　　（2）一到两次　　（3）三到五次　　（4）五次以上

　　3. 书市或书店

　　（1）没有去过　　（2）一到两次　　（3）三到五次　　（4）五次以上

　　4. 教堂或寺庙

　　（1）没有去过　　（2）一到两次　　（3）三到五次　　（4）五次以上

　　5. 民间集会（庙会、社戏、赶集等）

　　（1）没有去过　　（2）一到两次　　（3）三到五次　　（4）五次以上

　　6. 名胜古迹或人文风景区

　　（1）没有去过　　（2）一到两次　　（3）三到五次　　（4）五次以上

　　7. 音乐厅或戏剧院

　　（1）没有去过　　（2）一到两次　　（3）三到五次　　（4）五次以上

　　8. 电影院或 KTV

　　（1）没有去过　　（2）一到两次　　（3）三到五次　　（4）五次以上

　　9. 其他文化场合（请注明）＿＿＿＿＿＿＿

　　（1）没有去过　　（2）一到两次　　（3）三到五次　　（4）五次以上

2-6. 您对下述几种机构的信任程度如何？（单选）

	5 非常信任	4 信任	3 普通一般	2 不信任	1 非常不信任	0 不了解
1. 科研院所	□	□	□	□	□	□
2. 教育机构	□	□	□	□	□	□
3. 中介组织	□	□	□	□	□	□
4. 宗教组织	□	□	□	□	□	□
5. 出版社或报社	□	□	□	□	□	□

6. 电台或电视台　　□　□　□　□　□　□

7. 网站　　□　□　□　□　□　□

8. 社区基层组织（居委会、村委会等）　□　□　□　□　□　□

2 – 7. 您认为以下述方式传播人文社会科学知识的效果如何？（单选）

	5 非常好	4 比较好	3 普通一般	2 比较差	1 非常差	0 不了解
1. 影视	□	□	□	□	□	□
2. 教学与培训（听课、讲座等）	□	□	□	□	□	□
3. 知识竞赛	□	□	□	□	□	□
4. 报纸	□	□	□	□	□	□
5. 杂志	□	□	□	□	□	□
6. 图书	□	□	□	□	□	□
7. 广播	□	□	□	□	□	□
8. 互联网	□	□	□	□	□	□
9. 没讲解的展览	□	□	□	□	□	□
10. 有讲解的展览	□	□	□	□	□	□
11. 专家咨询	□	□	□	□	□	□

第三部分　对人文社会科学的态度

3 – 1. 您认为人文社会科学对下面这些方面有什么影响？（单选）

	5 非常积极影响	4 积极影响	3 积极与消极影响差不多	2 消极影响	1 非常消极影响	0 没有影响或说不清
1. 道德水准	□	□	□	□	□	□
2. 文化生活	□	□	□	□	□	□

3. 公众健康 ☐ ☐ ☐ ☐ ☐ ☐

4. 世界和平 ☐ ☐ ☐ ☐ ☐ ☐

5. 环境保护 ☐ ☐ ☐ ☐ ☐ ☐

6. 经济发展 ☐ ☐ ☐ ☐ ☐ ☐

7. 政策制定 ☐ ☐ ☐ ☐ ☐ ☐

8. 社会治安 ☐ ☐ ☐ ☐ ☐ ☐

3－2. 请您评价一下，人文社会科学与自然科学对下面各方面的影响力如何？

（请圈选最适当的答案）

	人文社会科学影响大				自然科学影响大
1. 道德水准	5	4	3	2	1
2. 文化生活	5	4	3	2	1
3. 公众健康	5	4	3	2	1
4. 世界和平	5	4	3	2	1
5. 环境保护	5	4	3	2	1
6. 经济发展	5	4	3	2	1
7. 政策制定	5	4	3	2	1
8. 社会治安	5	4	3	2	1
9. 心灵提升	5	4	3	2	1
10. 人际关系	5	4	3	2	1

3－3. 您最期望人文社会科学知识帮助您提高哪方面的能力/水平？请依次选

择三项（填入代码即可）

1. _____ 2. _____ 3. _____

（1）理论水平 （2）道德素质 （3）审美情趣

（4）生存和发展的能力 （5）了解真相的能力 （6）文化水平

（7）政治参与能力 （8）法律素养

（9）其他（请注明）_____

3－4. 请您排序选出三种最好的职业（填入代码即可）

1. _____ 2. _____ 3. _____

（1）工程技术人员 （2）科学研究人员 （3）医生

（4）会计师　　　　（5）律师　　　　　（6）建筑师

（7）设计师　　　　（8）企业管理人员　（9）民营企业家

（10）个体经营户　（11）记者　　　　　（12）高校教师

（13）中小学教师　（14）一般公务员　（15）军人

（16）警察　　　　（17）文艺工作者　（18）工人

（19）农民　　　　（20）其他（请注明）＿＿＿＿＿＿

3－5. 如果您的子女或亲友今年报考大学，您倾向于让他选择哪些专业方向？

　　　请依喜好次序选择三项（填入代码即可）

　　1. ＿＿＿＿＿　　2. ＿＿＿＿＿　　3. ＿＿＿＿＿

（1）理学（数学、物理、化学等）

（2）工学（信息技术、工程建筑、机械制造等）

（3）医学　　　　（4）农学　　　　（5）法学

（6）教育学　　　（7）政治学　　　（8）社会学

（9）经济学　　　（10）管理学　　（11）哲学

（12）文学　　　（13）历史学　　（14）军事学

（15）新兴交叉学科（电子商务、生物医学等）

（16）其他（请注明）＿＿＿＿＿＿

3－6. 您是否知道下列这些机构？

	听说过	没听说过
1. 中国科学院	1	0
2. 中国社会科学院	1	0
3. 中国工程院	1	0
4. 浙江省社会科学院	1	0
5. 浙江省社会科学界联合会	1	0
6. 浙江省科学技术协会	1	0
7. 杭州市社会科学院	1	0
8. 杭州市社会科学界联合会	1	0
9. 杭州市科学技术协会	1	0

第四部分　地域认知及对人文社会科学知识的理解和运用

4－1. 您依次希望杭州在未来发展成怎样的状态：（填入代码即可）

　　1.＿＿＿＿＿　　2.＿＿＿＿＿　　3.＿＿＿＿＿

　　（1）工业城市　　　（2）森林城市　　　（3）智慧城市

　　（4）东方品质之城　（5）文化名城　　　（6）艺术之都

　　（7）东方休闲之都　（8）中国创新品牌之都

　　（9）民营企业之都　（10）现代农业之都　（11）国际港口之都

　　（12）海洋经济的战略决策城市

　　（13）高科技试点城市　（14）民主政治试点城市

　　（15）流行时尚之都　（16）教育发达城市

　　（17）其他（请注明）＿＿＿＿＿

4－2. 您对于杭州市的整体认同与看法？（请单选）

	5 非常赞同	4 赞同	3 普通一般	2 不赞同	1 非常不赞同
1. 我以身为杭州人为荣	□	□	□	□	□
2. 我认为杭州是全中国最美的地方	□	□	□	□	□
3. 杭州人文化素养很高	□	□	□	□	□
4. 我认为杭州人很讲信用	□	□	□	□	□
5. 杭州是个尊重民意的地方	□	□	□	□	□
6. 杭州人很有正义感	□	□	□	□	□
7. 杭州对外来文化很接纳与包容	□	□	□	□	□
8. 杭州文化休闲活动很多	□	□	□	□	□
9. 杭州是个公平的地方	□	□	□	□	□
10. 杭州人很守法规	□	□	□	□	□
11. 我认为杭州比其他市更适合外国人来居住	□	□	□	□	□

12. 我没有打算迁移到外地去   □   □   □   □   □

13. 如果可以选择，我会待在杭州而不考虑移

    民国外   □   □   □   □   □

4－3. 您认为打造"信用杭州"要靠什么？（请单选）

    （1）仅仅靠道德约束就可以了   （2）仅仅靠法律约束就可以了

    （3）既要靠道德约束，又要靠法律约束   （4）听说过但搞不清楚

    （5）不知道

4－4. 被称为"最需要科学测量的艺术"是什么？（请单选）

    （1）建筑   （2）诗词   （3）舞蹈

    （4）绘画   （5）不知道

4－5. 我国古代著名思想家"孔子"是哪个学派的代表人物？（请单选）

    （1）儒家   （2）道家   （3）法家   （4）名家   （5）不知道

4－6. 解放战争中著名的三大战役是？（请单选）

    （1）辽沈战役、淮海战役、平津战役

    （2）辽沈战役、平津战役、平型关大捷

    （3）淮海战役、平型关大捷、台儿庄大捷

    （4）不知道

4－7. 请您对下列说法做出个人判断：（请单选）

    1. 社区都是以血缘为纽带的社会共同体

    （1）正确   （2）错误   （3）不清楚

    2. 公民就是我们常说的人民群众

    （1）正确   （2）错误   （3）不清楚

    3. 人类历史是由英雄人物创造的

    （1）正确   （2）错误   （3）不清楚

    4. 自然规律是不可以改变的

    （1）正确   （2）错误   （3）不清楚

    5. 法人是指代表某一个组织的个人

    （1）正确   （2）错误   （3）不清楚

6. 政府会干预市场经济

（1）正确　　（2）错误　　（3）不清楚

7. 发行钞票是人民银行的重要职责之一

（1）正确　　（2）错误　　（3）不清楚

4 - 8. 请您对下列观点做出个人判断：（请单选）

1. 义务教育是指法律规定的公民必须接受的教育

（1）正确　　（2）错误　　（3）不清楚

2. 上不上学是个人的事，政府无权过问

（1）正确　　（2）错误　　（3）不清楚

3. 公民接受义务教育既是权利又是义务

（1）正确　　（2）错误　　（3）不清楚

4. 素质教育就是取消考试

（1）正确　　（2）错误　　（3）不清楚

5. 民办学校的唯一办学宗旨是追求利润最大化

（1）正确　　（2）错误　　（3）不清楚

4 - 9. 习近平总书记提出的"中国梦"指的是：（请单选）

（1）实现中华民族伟大复兴　　　（2）基本建成小康社会

（3）实现祖国统一　　　　　　　（4）听说过，但不知道具体内容

（5）没听说过

4 - 10. 越来越多的私营企业主当上了人大代表和政协委员，有人对此做了如
下的不同评价，请发表您的看法：（请单选）

（1）这是好现象，说明我们的民主政治在发展

（2）这是坏现象，有钱人当权会滋生权钱交易等腐败现象

（3）无所谓，只要能给老百姓带来实在好处，谁当选都可以

4 - 11. 建设中国特色社会主义伟大事业要实现三大文明的发展，除了我们常
说的物质文明和精神文明外，另外一个文明是：（请单选）

（1）工业文明　　（2）农业文明　　（3）道德文明

（4）政治文明　　（5）不知道

4 - 12. 国家经济的发展情况基本上是以 GDP 来衡量的，您知道"GDP"指的

是什么吗？（请单选）

    （1）工农业生产总值　　　（2）国民生产总值　　　　（3）国内生产总值

    （4）听说过但不清楚　　　（5）没有听说过

4－13. 您知道"通货膨胀"是指什么吗？（请单选）

    （1）物价持续走高，人民币越来越不值钱

    （2）物价持续走低，人民币越来越值钱

    （3）听说过但搞不清楚　　　（4）不知道

4－14. 下列哪个国家不是安理会常任理事国？（请单选）

    （1）美国　　（2）德国　　（3）中国　　（4）英国

    （5）法国　　（6）俄罗斯　（7）不知道

4－15. 国际上常用"恩格尔系数"来衡量一个国家或地区人民生活水平的高低，您认为"恩格尔系数"指的是什么？（请单选）

    （1）食品支出总额占家庭或个人消费支出总额的百分比

    （2）家庭或个人消费支出总额占食品支出总额的百分比

    （3）听说过但搞不清楚　　　　（4）不知道

4－16. 请您评价下列关于市场供求关系的陈述：（请单选）

    1. 供过于求，价格下跌　　　（1）对　（2）错　（3）不清楚

    2. 供不应求，价格上涨　　　（1）对　（2）错　（3）不清楚

    3. 供求关系与价格涨跌无关　　（1）对　（2）错　（3）不清楚

4－17. 有人对法律的作用做了如下评价，请发表您的看法：（请圈选最适当的答案）

	非常同意				非常反对
1. 法律主要是用来惩罚罪犯的	5	4	3	2	1
2. 法律主要是用来保护个人权利的	5	4	3	2	1

4－18. 现在很多年轻人通过银行按揭买房买车，以下对"按揭消费"的理解您赞同哪几点？（可以多选）

    （1）按揭消费就是今天花明天的钱

    （2）按揭消费就是多花钱多赚钱

    （3）按揭消费是一种享乐主义观念的表现，不值得提倡

（4）按揭消费是一种现代的消费观念，值得提倡

（5）听说过但搞不清楚

（6）没听说过

4－19. 您认为理想中的社会最重要的价值是什么，请选三个自己心中最重要的加以排序（填入代码即可）

1. _____   2. _____   3. _____

（1）尊重少数人的选择   （2）缩小贫富差距   （3）照顾弱小

（4）人尽其才   （5）依法治国

（6）政府信息透明与公开   （7）人与人之间讲信用

（8）普及与专业的医疗设施   （9）社会治安良好

（10）环境整洁   （11）食品安全

（12）公共设施完善   （13）其他（请注明）_____

4－20. 有人对公民向国家纳税做了一些评价，请发表您的看法：（请圈选最适当的答案）

	非常同意	同意	普通一般	不同意	非常不同意	不了解
1. 纳税是公民的一项义务	□	□	□	□	□	□
2. 购买商品时，我会向店家索取发票	□	□	□	□	□	□
3. 人民有权利决定税收用于哪些方面	□	□	□	□	□	□
4. 政府收税主要在于保障社会公平	□	□	□	□	□	□

4－21. 在现实经济生活中，我们越来越多地碰到需要签订合同的情况，假如您现在要签一份合同，您会如何处理：（请单选）

（1）自己找法律条文弄清楚怎么签

（2）找个律师帮助自己签

（3）凭自我感觉签

（4）基本上信任对方，无所谓，随便签

（5）其他（请注明）_____

4－22. 现在假设您急需一个图像处理软件，您会选择哪一种途径得到它？（请

单选）

（1）花 100 元买一个正版软件　　（2）花 5 元买一个盗版软件

（3）自己到网络上去下载　　（4）从朋友电脑上拷贝一个

（5）其他（请注明）＿＿＿＿＿＿＿

4－23. 根据我国《突发公共卫生事件应急条例》，SARS（"非典"）、H7N9
（禽流感）等疾病的流行与蔓延属于公共卫生事件。针对以下做法，您
认为正确的是：（请单选）

（1）对于拒绝接受隔离治疗的，公安机关不可强制执行

（2）各地政府对于突发的公共卫生事件，可根据实际情况来选择报告的时限

（3）任何单位和个人不得隐瞒、缓报、谎报突发公共卫生事件

（4）此期间所有人不得上网发表任何相关的言论

4－24. 民间流传的"三个和尚没水喝"的故事，表达的主要管理学思想是什
么？（请单选）

（1）控制原则　　（2）协调原则　　（3）成本原则

（4）绩效原则　　（5）不知道

4－25. 老龄化社会已逐渐来临，老年人的生活保障问题日益突出，您觉得老
年人最好的生活保障方式是什么？（请单选）

（1）养儿防老，主要靠小辈

（2）自力更生养老，主要靠自己

（3）社会化养老，主要靠政府（进养老院、老人公寓等）

（4）其他（请注明）＿＿＿＿＿＿＿

4－26. 假设您的家人患了一种很奇怪的病，去医院看了很长一段时间仍不见
好转，那么您主张：（请单选）

（1）继续坚持看医生，直到看好为止

（2）寻找民间土方/偏方继续治疗

（3）祈求上帝/真主/菩萨等神灵的帮助

（4）找巫婆/神汉/萨满等民间神媒破解

（5）既看医生，又找巫婆/神汉/萨满等民间神媒破解

（6）其他（请注明）＿＿＿＿＿＿＿

4-27. "全面建设小康社会"的目标包括哪些内容？（可以多选）

（1）经济更加发展　　（2）民主更加健全　　（3）科教更加进步

（4）文化更加繁荣　　（5）社会更加和谐　　（6）人民生活更加殷实

（7）其他（请注明）＿＿＿＿＿＿＿＿＿

4-28. 某村进行村委会换届选举，选举结果是甲当选为村委会主任，他当选后一个月，镇党委、政府认为他不够称职，发文免去了他的村委会主任一职，另指定了一人来担任该村委会主任一职。您认为镇党委、政府这样的做法是否合法？（请单选）

（1）不合法，违反了国家法律

（2）合法，上级政府有权调整下级领导人选

（3）合法，无所谓，只要当选的人能给村民带来好处就行

（4）不知道，没有看法

4-29. 据报道：某社区一老人因附近一所学校使用高音喇叭发出的噪声妨碍了他休息，就把学校告上了法庭，要求学校停止使用高音喇叭并象征性地赔偿他1元精神损失费，您觉得：（请单选）

（1）老人大惊小怪，自己才不会这么做

（2）很支持老人的行为，自己碰到这样的情况也会这么做

（3）赞赏老人的这种行为，但自己不会这么做

（4）其他（请注明）＿＿＿＿＿＿＿＿＿

4-30. 在您个人看来，下列哪些行为是道德瑕疵而最不希望发生在自己身上？请依次选择三项（填入代码即可）

1. ＿＿＿＿＿＿　　2. ＿＿＿＿＿＿　　3. ＿＿＿＿＿＿

（1）做别人婚姻中的第三者

（2）对父母亲不孝顺

（3）没有生小孩

（4）迷上赌博无法自拔

（5）贪污公款

（6）同性恋

（7）其他（请注明）＿＿＿＿＿＿＿

4 - 31. 现在假设一下，经过 5 年的创业奋斗，您积累了 5000 万元的个人财产，那么您会如何支配这笔钱？（请单选）

	5 肯定 会做	4 可能 会做	3 普通 一般	2 不太可能 会做	1 肯定 不会做	0 不 清楚
1. 买房、买车、旅游等消费	□	□	□	□	□	□
2. 办厂、开店等生产经营性投资	□	□	□	□	□	□
3. 帮助亲朋好友	□	□	□	□	□	□
4. 做修桥、铺路等好事，造福乡里	□	□	□	□	□	□
5. 捐资助学、捐建医院等，造福天下百姓	□	□	□	□	□	□
6. 造庙修寺/烧香拜佛/祈求保佑	□	□	□	□	□	□
7. 捐资建造文化活动中心	□	□	□	□	□	□
8. 设立奖学金，帮助困难家庭的学生	□	□	□	□	□	□

4 - 32. 您知道杭州的城市精神是什么吗？

　　（1）非常了解　　　　　　　（2）比较了解

　　（3）听说过，但不太清楚　　（4）没听说过

4 - 33. 2011 年西湖被成功列入世界遗产名录。它属哪一类世界遗产？

　　（1）世界文化遗产　　　（2）世界自然遗产

　　（3）世界文化与自然双重遗产

　　（4）非物质文化遗产　　（5）不太清楚

4 - 34. 您对杭州打造"全国文化创意中心"了解程度如何？

　　（1）非常了解　　　　　　　（2）比较了解

　　（3）听说过，但不太清楚　　（4）没听说过

第五部分　人文社会科学知识的普及

5 - 1. 您认为通常我们所说的"科普工作"的内容是什么？（请单选）

　　（1）自然科学知识的普及

（2）人文社会科学知识的普及

（3）自然科学和人文社会科学知识的普及

（4）其他（请注明）_____

5-2. 假如现在您去参加一场人文社会科学知识的普及讲座，您最希望听到哪一方面的内容？（请单选）

（1）经济学知识 （2）政治学知识 （3）法学知识

（4）管理学知识 （5）文学/历史学/哲学知识（6）艺术知识

（7）教育方法和技巧 （8）社会问题分析

（9）人际交往技巧/社交艺术 （10）婚姻家庭问题

（11）其他（请注明）_____

5-3. 假如现在您去参加一场人文社会科学知识的普及讲座，您最希望听到的讲座形式：（填入代码即可）

1. _____ 2. _____ 3. _____

（1）实用性强，能解决实际问题 （2）通俗易懂，生动活泼

（3）思维严谨，说理清楚 （4）信息量大，知识面广

（5）有大师级的人前来 （6）其他（请注明）_____

5-4. 为了更好地开展杭州市的人文社会科学知识普及工作，您认为下列措施是否有必要：（请单一勾选）

	5 很有必要	4 有必要	3 普通一般	2 不太必要	1 没有必要	0 不清楚
1. 政府每年拨出充足的科普经费	□	□	□	□	□	□
2. 每年组织各类科普活动	□	□	□	□	□	□
3. 政府出资在社区建设宣传栏和活动场所	□	□	□	□	□	□
4. 政府出资建立固定的报告厅和人文社科咨询培训中心	□	□	□	□	□	□
5. 多出版通俗易懂的人文社科类图书	□	□	□	□	□	□
6. 创办普及人文社会科学知识的报纸和杂志	□	□	□	□	□	□

7. 人文社会科学走进社区开展讲座、座谈等
活动　　　　　　　　　　　□　□　□　□　□　□

8. 自主兴建和修缮教堂、寺院等宗教场所　　□　□　□　□　□　□

9. 多建造展览馆、图书馆、人文景点等设施　□　□　□　□　□　□

5－5. 在您看来，我们正在进行的这次调查是否有必要？（请单选）

（1）很有必要　　（2）有必要　　（3）没有必要　　（4）说不清

5－6. 在您看来，我们正在进行的这次调查是否会影响政府未来的政策措施？
（请单选）

（1）很有可能　　（2）有可能　　（3）不可能　　（4）说不清

可否告知您具体的联系方式？我们将会抽取一部分调查对象进行回访，以保证调查质量。如果可以的话，请您在下面登记您的联系方式。

您贵姓：………………目前居住地址：………………………………
………………………固定电话：…………………手机：………………

最后，再一次对您的帮助与合作表示感谢！

调查员记录表（注意：此处由调查员填写）

访问时间			顺利完成	拒绝回答	调查合作情况	调查员签名
月	日	时　　分				
		开始： 结束：			①好 ②一般 ③不好	

编码审核表（注意：此处由编码和审核人员填写）

编码时间	校对时间	编码人签名	审核时间	审核意见		审核人姓名
				通过	复查	舍弃	

主要参考文献

［1］李大光：《科学素养的不同观点和研究方法》，载刘华杰主编《“无用”的科学》，福建教育出版社，2002。

［2］中国科学技术协会中国公众科学素养调查课题组编《2001 年中国公众科学素养调查报告》，科学普及出版社，2002。

［3］石亚军等：《中国公民人文素质研究——数据评析与对策建议》，经济科学出版社，2009。

［4］辛薇主编《杭州都市圈经济社会发展报告（2007～2012)》，社会科学文献出版社，2012。

［5］苏力、陈春声：《中国人文社会科学三十年》，生活·读书·新知三联书店，2009。

［6］丁柏铨、胡治华：《人文社会科学基础》，首都师范大学出版社，2004。

［7］张卫中：《浙江省公共文化服务发展蓝皮书（2012)》，浙江大学出版社，2012。

［8］〔英〕安东尼·吉登斯：《社会学》（第五版），李康译，北京大学出版社，2009。

［9］谢晶仁：《社区文化建设新论》，中央文献出版社，2007。

［10］郑永富：《群众文化学》，中国国际广播出版社，2001。

［11］安徽省社科联课题组：《安徽省城乡公众社会科学素养与需求调查报告》，《学术界》2004 年第 3 期。

［12］马世骁、董文艳、高振东：《公众人文社会科学素养指数建立与实证分析》，《调研世界》2011 年第 9 期。

［13］丁烈云：《对人文社会科学创新发展的几点思考》，《中国建设教育》2006 年第 7 期。

［14］刘颂：《南京城区公众人文社会科学素养状况的调查与分析》，《南京人口管理干部学院学报》2005 年第 7 期。

［15］朱立毅、柴骥程：《人文素养亟待"补钙"——浙江首次公众人文社会科学素养及需求调查评述》，《解放日报》2004 年 4 月 7 日。

［16］薛飞：《浙江省公众人文社会科学素养基本状况分析》，《浙江社会科学》2004 年第 5 期。

［17］黄华新、李军主编《浙江省公众人文社会科学素养及需求调查》，中国社会科学出版社，2005。

［18］梁皑莹：《美国科普场馆志愿服务对我国科普志愿者队伍建设之启示》，《科技管理研究》2010 年第 16 期。

［19］鲍宗豪：《市民文明素质评价研究——以对北京东城区市民文明素质的评价为例》，《湖南社会科学》2008 年第 4 期。

［20］赵磊：《当代大学生人文素养的内涵与提升》，《重庆大学学报》（社会科学版）2002 年第 2 期。

［21］胡秀丽：《提升市民人文素养　推进生活与创业和谐》，《中共杭州市委党校学报》2005 年第 1 期。

［22］朱庆文、吴红星：《杭州市上城区搭建四大平台推进学习型城区建设》，《精神文明导刊》2011 年第 6 期。

［23］谈龙河：《杭州市下城区社区教育的创新发展》，《新农村》2012 年第 4 期。

［24］黄深钢：《杭州市西湖区："三名战略"激起"涟漪效应"》，《中外企业文化》2011 年第 9 期。

［25］倪勇敏：《学习型城区建设的实际问题与对策——杭州市滨江区建设学习型城区的实践与思考》，《继续教育》2012 年第 9 期。

［26］李屏南、文军：《社区文化与社区精神文明建设论略》，《湖南师范大学社会科学学报》1999 年第 4 期。

［27］高翔等：《试论提高北京市民人文素养的四种模式》，《科教导刊》（中旬刊）2012 年第 6 期。

［28］蒋玲玲：《城市公共文明指数调查研究》，南京师范大学硕士学位论文，

2011。

［29］ 白雪峰：《当代中国大学人文精神的培养》，辽宁大学博士学位论文，2010。

［30］ 董濮：《和谐社会构建中城市文化建设研究》，东北林业大学硕士学位论文，2010。

后　记

杭州市首次人文社会科学素养调查从 2013 年 5 月酝酿以来，至今已有一年时间，其间经历了实施方案确定、入户调查问卷设计、调查样本设计、调查人员培训、调查实施、座谈访谈、数据统计、报告撰写等阶段。这是一项较大规模的、较为复杂的系统性工程，随着调研报告全稿的完成，此项课题研究工作也已接近尾声。课题研究工作的如期顺利完成，离不开中共杭州市委宣传部和杭州市社会科学界联合会的指导，离不开全市各区、县（市）委宣传部的通力合作，离不开杭州市社会科学界联合会、杭州市社会科学院广大干部职工、科研人员及在杭有关高校师生的全力配合。当然，课题研究能取得预期成果，也充分体现了课题组研究人员的学术涵养和敬业精神。

课题报告是在调查活动领导小组的指导下，在前期广泛深入调查访谈的基础上，由调研报告课题组经过反复多次的讨论和分析研究精心撰写而成的，是集体智慧的结晶。各部分执笔人如下。

第一章：吴爽、唐龙尧（杭州市社会科学院）

第二章：章琼（杭州市社会科学院）、施婕妍（浙江理工大学硕士生）

第三章：钭利珍（浙江科技学院）

第四章：沈芬、李一凡（杭州市社会科学院）

第五章：孙虹（浙江理工大学）

第六章：唐龙尧、吴爽（杭州市社会科学院）

第七章：潘玮丽、王艳、叶加申（浙江大学城市学院）

第八章：秦均平、凌云（杭州师范大学）

唐龙尧、张祝平承担了全书的写作提纲和研究框架的编制工作。吴爽、施婕妍和浙江工商大学硕士生黄益飞还承担了部分图表的制作和相关文字的修改工作。唐龙尧、张祝平等认真完成了研究报告的统稿工作，研究报告由唐龙尧定稿。

感谢陈璇、周旭霞、肖剑忠、方晨光、尹晓宁、梁坤、冯端儿、魏峰、费勤龙、徐祖荣、沈向荣、钱航军等同志的大力支持。

再次感谢中共杭州市委宣传部领导对本课题研究工作的关心，感谢各地宣传部门领导对课题调研工作的支持，感谢全市参与此次调查的广大社会公众的通力合作。

杭州市首次人文社会科学素养调查课题组

2014 年 5 月

图书在版编目(CIP)数据

杭州市公众人文社会科学素养调查报告/唐龙尧等著. —北京：
社会科学文献出版社，2014.7
ISBN 978 - 7 - 5097 - 6176 - 2

Ⅰ.①杭… Ⅱ.①唐… Ⅲ.①公民教育 – 人文素质教育 – 调查
报告 – 杭州市 Ⅳ.①D648.3 ②G40 – 012

中国版本图书馆 CIP 数据核字（2014）第 133783 号

杭州市公众人文社会科学素养调查报告

著　　者／唐龙尧　张祝平　等

出 版 人／谢寿光
出 版 者／社会科学文献出版社
地　　址／北京市西城区北三环中路甲 29 号院 3 号楼华龙大厦
邮政编码／100029

责任部门／经济与管理出版中心（010）59367226　　责任编辑／冯咏梅
电子信箱／caijingbu@ ssap. cn　　　　　　　　　责任校对／王立华
项目统筹／恽　薇　　　　　　　　　　　　　　　责任印制／岳　阳
经　　销／社会科学文献出版社市场营销中心（010）59367081　59367089
读者服务／读者服务中心（010）59367028

印　　装／北京季蜂印刷有限公司
开　　本／787mm×1092mm　1/16　　　　　　　印　　张／14.75
版　　次／2014 年 7 月第 1 版　　　　　　　　　字　　数／236 千字
印　　次／2014 年 7 月第 1 次印刷
书　　号／ISBN 978 - 7 - 5097 - 6176 - 2
定　　价／59.00 元